语言治理学刊

王春辉 主编

2024年第2辑 总第2辑

中国社会科学出版社

图书在版编目（CIP）数据

语言治理学刊. 2024年. 第2辑：总第2辑/王春辉主编. -- 北京：中国社会科学出版社，2025.3.
ISBN 978-7-5227-5214-3

Ⅰ.H0-53

中国国家版本馆CIP数据核字第2025NC5057号

出 版 人	赵剑英
责任编辑	单 钊
责任校对	苗祎琦
责任印制	李寡寡

出　　版	中国社会科学出版社
社　　址	北京鼓楼西大街甲158号
邮　　编	100720
网　　址	http://www.csspw.cn
发 行 部	010-84083685
门 市 部	010-84029450
经　　销	新华书店及其他书店
印　　刷	北京明恒达印务有限公司
装　　订	廊坊市广阳区广增装订厂
版　　次	2025年3月第1版
印　　次	2025年3月第1次印刷
开　　本	787×1092　1/16
印　　张	15.25
字　　数	291千字
定　　价	89.00元

凡购买中国社会科学出版社图书，如有质量问题请与本社营销中心联系调换
电话：010-84083683
版权所有　侵权必究

学术委员会

主　任：李宇明（北京语言大学）

委　员：戴曼纯（北京外国语大学）　　　　郭　熙（暨南大学）

　　　　黄　行（中国社会科学院）　　　　梁晓波（国防科技大学）

　　　　刘海涛（复旦大学）　　　　　　　屈哨兵［香港科技大学（广州）］

　　　　苏新春（厦门大学）　　　　　　　孙茂松（清华大学）

　　　　王东杰（清华大学）　　　　　　　王立军（北京师范大学）

　　　　文秋芳（北京外国语大学）　　　　徐大明（南京大学）

　　　　徐　杰（澳门大学）　　　　　　　杨亦鸣（江苏师范大学）

　　　　张治国（上海海事大学）　　　　　赵蓉晖（上海外国语大学）

　　　　赵守辉（挪威卑尔根大学）　　　　赵世举（武汉大学）

　　　　周建设（首都师范大学）　　　　　周庆生（中国社会科学院）

　　　　Marinus van den Berg 范德博（荷兰莱顿大学）

　　　　Adams Bodommo 博艾敦（奥地利维也纳大学）

　　　　Ingrid Piller（德国汉堡大学）

　　　　Hans Van de Velde（荷兰乌特勒支大学）

编辑委员会

主　编：王春辉

副主编：董洪杰　惠天罡　宋　晖　张　洁

委　员：陈振铎　曹克亮　董　洁　樊　鹏　韩江华　黄立鹤　方小兵　何山华

　　　　赫　琳　黄　伟　姜国权　李秉震　李春风　李　佳　李英姿　刘楚群

　　　　刘知远　马晓雷　饶高琦　沈　骑　孙学峰　完　权　王海兰　王　辉

　　　　王莉宁　徐欣路　禤健聪　俞玮奇　袁　伟　张慧玉　张　伦　张天伟

　　　　张　翔　张卫国　郑咏滟　邹　煜　祝晓宏

编辑部主任：梁德惠

编辑部成员：龚　漫　吉　晖　姜昕玫　石　琳　邵明明　赵立博

目　　录

【理论特稿】
脑机接口的相关语言问题 ··· 王春辉　1

【语言生活与语言治理】
老年人词语产出能力的增龄相关性研究 ················ 刘楚群　徐颖笛　龙海平　13
语言接触与城市青年语言变异与变化 ···································· 李素琼　30
城市国际交往语言环境治理评价体系构建 ······················· 滕延江　刘永芳　45
危机情况下聋人应急手语服务的实践与思考 ····················· 张　洁　吕　黎　57
武汉本土家庭语言规划驱动过程研究 ························· 臧　岚　Lan Yang　75
丹东市高丽街语言景观形成机制研究 ························· 赵玉荣　时艺杰　87
区域医疗语言服务研究：以语言景观调查为例 ··························· 吴　瀛　103
教育改革语境下高考标语的话语模式及价值反思 ······ 董洪杰　王雅荔　周敏莉　117

【国际中文教育】
基于朋辈教育理念的线上中文社区实证研究 ···························· 路　云　129
国际中文教育志愿者 AI 工具教学使用现状：问题与应对 ······ 汪叙安　施麟麒　142
华语代际传承的困境和启发
　　——以 21 世纪移民澳大利亚的中国家庭为例 ················ 王依宁　王　健　159

【语言与新科技】
互联网时代"文字失语症"的表现形式与对策
　　——基于豆瓣社群"文字失语者互助联盟"的
　　　大数据分析 ··· 刘永厚　汪　杉　邹　煜　179
中国政务新媒体的机构语体性质 ································· 宋　晖　王玉红　193

目　录

【博硕士新视点】

涉老纠纷调解话语中的老年人面子维护策略分析 …………… 李双双　黄　萍　204

"中文和英文都是我的母语"
　　——美国华裔青少年的双重语言与文化认同 ………… 唐溪若　郑咏滟　223

【理论特稿】

脑机接口的相关语言问题*

王春辉**

提　要　脑机接口（BCI）技术作为神经科学与工程领域的前沿创新，已在语言障碍的治疗与语言生成方面展现出广阔应用前景。BCI 在语言病理学、语音生成、语言合成及多模态语言恢复等领域的研究取得了显著进展，尤其在失语症和运动障碍患者的语言恢复方面具有潜力。与此同时，BCI 技术的应用也引发了一系列伦理问题，特别是在思想隐私、语言自主性以及语言操控等方面。随着技术的不断成熟，BCI 的跨学科整合、个性化语言生成与表达，以及语言社会学与文化问题逐渐成为研究重点。未来 BCI 在语言治疗中的应用不仅有望改变传统的治疗模式，也可能带来深远的社会影响。因此，合理设计与伦理规范的制定将成为推动这一技术普及与应用的关键。

关键词　脑机接口；语言病理；语言伦理；人工智能

Language Issues Related to Brain-Computer Interfaces
Wang Chunhui

Abstract　Brain-Computer Interface (BCI) technology, as a cutting-edge innovation in the field of neuroscience and engineering, has demonstrated vast potential in the treatment of language disorders and language generation. Significant progress has been made in BCI research related to language pathology, speech generation, language synthesis and multimodal language rehabilitation, particularly in its potential to restore language capabili-

---

* 本文系国家语委"十四五"科研规划 2021 年度重大项目"我国语言文字治理体系现状及创新研究"（ZDA145-1）阶段性研究成果。

** 王春辉，博士，首都师范大学教授、语言治理研究中心主任，研究方向为语言治理与国家治理、国际中文教育、汉语句法语义等。

ties in patients with aphasia and motor impairments. At the same time, the application of BCI technology has raised a series of ethical concerns, especially regarding thought privacy, language autonomy and language manipulation. As the technology continues to mature, the interdisciplinary integration of BCI, personalized language generation and expression, as well as sociolinguistic and cultural issues have gradually become research focuses. In the future, the application of BCI in language therapy is not only expected to transform traditional treatment paradigms, but also to bring far-reaching social impacts. Therefore, rational design and the establishment of ethical guidelines will become the key to promoting the popularization and application of this technology.

Key words Brain-Computer Interface; Language Pathology; Language Ethics; Artificial Intelligence

引 言

脑机接口（Brain-Computer interfaces，简称 BCI；也称为 Brain-Machine interface，简称 BMI），是脑电活动与外部设备（最常见的是计算机或机器人肢体）之间的直接通信联结。尽管它们也提出了消除大脑和机器之间区别的可能性，但它们通常被概念化为一种可以跳过移动身体部位的中介的人机接口。根据电极与脑组织的物理距离，BCI 的实现范围涵盖了从非侵入式（EEG、MEG、MRI）和部分侵入式（ECoG 和血管内）到侵入式（微电极阵列）等不同类型。该技术最初是在美国政府资助的早期生物控制论和人机交互未来研究背景下开发的，而这启发了雅克·维达尔（Jacques Vidal）提出将解决问题的归纳性心理过程与计算机的符号处理和推理能力直接联系起来，并在 1973 年发表的开创性论文中创造了"脑机接口"一词。①

BCI 通常用于研究、绘制、协助、增强或修复人类的认知或感觉运动功能，在医学、教育、娱乐和军事等领域拥有重要的应用前景。全球脑机接口技术的研究方兴未艾，例如 Neuralink、Kernel、BrainGate 和 Facebook 的 Building 8、脑虎科技等都是较为知名的公司。2024 年 1 月 28 日，埃隆·马斯克创立的脑机接口企业 Neu-

---

① Vidal JJ. Toward direct brain-computer communication [J]. Annual Review of Biophysics and Bioeng, 1973, 2: 157-180；关于 BCI 的历史，可参看：Lotte F, Nam CS, Nijholt A. Introduction: Evolution of Brain-Computer Interfaces [A]. In Nam CS, Nijholt A, Lotte F (eds.) Brain-Computer Interfaces Handbook: Technological and Theoretical Advances [C]. Oxford, UK: CRC Press (Taylor & Francis), 2018: 1-8。

ralink 成功实施了首例人类大脑芯片植入手术，这也标志着脑机接口技术从理论研究走向了实际应用。2024 年 12 月，脑虎科技联合华山医院神经外科吴劲松教授团队，开展了国内首例高通量植入式柔性脑机接口实时合成汉语言临床试验。为抢抓全球脑机接口发展机遇，打造高水平脑机接口创新与产业高地，2025 年 1 月初，北京和上海相继发布了《加快北京市脑机接口创新发展行动方案（2025—2030年）》①和《上海市脑机接口未来产业培育行动方案（2025—2030 年）》②。

基于动物和人类研究，BCI 技术的最新发展使感知和身体运动能力的恢复和潜在增强成为可能，甚至可以实现大脑之间的信息传递。大脑活动可以通过侵入式和非侵入式监测设备进行解读，从而为残疾人士和其他非医疗应用提供新颖的治疗解决方案。以马斯克的 Neuralink 侵入式硬核技术为代表，运动解码方向在美国、欧洲、亚洲多地取得了不少令人惊喜的突破，比如让瘫痪病人用意念遥控机械臂喝水，操纵鼠标玩游戏，或是遥控外骨骼恢复行走。目前科学家们预测和期待下一级的突破，是解码语言。③

本文旨在以综述和展望的方式来呈现脑机接口相关的语言问题，以期为后续相关主题的研究提供些许借鉴。

语言相关问题举隅

从目前已有的研究来看，与语言相关的脑机接口研究主要涉及语言病理、语言伦理、身份与文化等议题，对于语言生活和语言治理的关注亟须加强。本节兹举几例。

（一）语言病理学与治疗

这个方向的研究也是目前为止成果最为丰硕的。主要涵盖了以下一些方面。

1. 语言恢复与神经修复，话题包括脑机接口技术是否能有效恢复语言障碍患者（如失语症、脑卒中后语言障碍患者）的语言功能，其在语言治疗中的应用前景如何等。

脑机接口可以将试图说话时产生的皮质活动转换为计算机屏幕上的文本，从而使瘫痪者能够进行交流。Willett 等的研究演示了一种语音到文本的 BCI，它可以记

---

① 北京市人民政府网：https://www.beijing.gov.cn/zhengce/zhengcefagui/202501/t20250109_3984788.html。
② 上海市人民政府网：https://www.shanghai.gov.cn/nw12344/20250110/312238cb2b1248c2898dade518460a30.html。
③ 新浪网：https://finance.sina.com.cn/jjxw/2025-01-02/doc-inecqhfv0425636.shtml。

录来自皮层内微电极阵列的脉冲活动，通过空间混合调谐到语音发音器官，这使得仅从皮质的一小部分区域就可以进行准确解码（Willett et al.，2023）。Moses 等在患有脑干中风引起的构音障碍（丧失说话能力）和痉挛性四肢瘫痪的人的感觉运动皮层控制言语的区域植入了一个硬膜下高密度多电极阵列（Moses et al.，2021）。研究者在 48 个疗程中记录了 22 小时的皮层活动，同时参与者尝试说出 50 个单词集里面的单个单词。研究使用深度学习算法创建计算模型，用于根据记录的皮层活动模式检测和分类单词。他们应用这些计算模型以及自然语言模型（该模型根据序列中的前一个单词得出下一个单词的概率）来解码参与者试图说出的完整句子。以前的接口准确度有限，大约四分之一的单词被错误解码，而且它们还需要长时间的校准才能使用。Card 等人开发了一种脑机接口，可以在相对较少的校准下准确解码来自神经信号的语音（Card et al.，2024）。他们的实验显示，对于患有肌萎缩侧索硬化症（ALS）和严重构音障碍的人，皮层内言语神经假体在短暂训练后达到了适合恢复对话交流的性能水平。Angrick 等对一名因肌萎缩侧索硬化症而发音受损的男性的研究显示，ALS 言语障碍患者可以使用长期植入的 BCI 来可靠地生成合成单词，同时保留参与者的语音特征，并为语音 BCI 的皮层电图稳定性提供了进一步的证据（Angrick et al.，2024）。在此前一年，Tang 等（2023）介绍了一种非侵入性解码器，它从使用功能性磁共振成像（fMRI）记录的皮质语义表征中重建连续语言。给定新的大脑记录，该解码器会生成可理解的单词序列，这些序列可以恢复感知语音、想象语音甚至无声视频的含义，这表明单个解码器可以应用于一系列任务。他们在皮质上测试了解码器，发现可以从多个区域分别解码连续语言。此项研究结果证明了非侵入性语言脑机接口的可行性。在此基础上，Li 等（2024）的研究使用大脑反应作为语言生成模型的控制条件，目标是反转编码模型以确定最合适的刺激。这项研究中语言解码的成功主要归因于大脑中语义表征的分布式特性，以及语音感知过程中的语义表征可以被 BOLD 信号可靠地捕获的事实。其提出的语义重建方法有望用于解码更高级的非模态概念，例如解码无声视频中的文本，而这无法通过侵入式语音运动 BCI 轻松实现。

目前为止 BCI 研究的主要重点是恢复粗大运动技能，例如伸手抓握或用电脑光标点击打字。然而快速的一系列高度灵巧的行为（例如手写或触屏打字），可能会加快交流速度。Willett 等（2021）的研究开发了一种皮层内 BCI，它使用循环神经网络解码方法，从运动皮层的神经活动中解码尝试的手写动作，并将其实时转换为文本。使用这种 BCI，研究参与者（他的手因脊髓损伤而瘫痪）的打字速度达到每分钟 90 个字符，在线原始准确率为 94.1%，离线准确率超过 99%。这一研究也证明了在瘫痪多年后准确解码快速灵巧动作的可行性。神经假体有可能帮助瘫痪而无法说话或打字的人恢复交流，然而目前尚不清楚是否可以通过默默尝试说话来控制交流神经假体。Metzger等（2022）的研究结果证明了静默控制的语音神经假体的临床可行性，它可以通过基于拼写的方法从大型词汇表中生成句子，补充了之前对直接全词解码的演示。

失语症是一种理解或产生语言障碍的疾病，传统的言语和语言治疗包括各种正式的干预措施，以提高语言和沟通能力。在中风后的慢性期，与不治疗相比，这种方法是有效的，但效果不大。Musso等（2022）提出了一种基于脑机接口系统的失语症患者康复的新语言训练方法。该方法利用其提供与大脑状态时间锁定的反馈的能力，实现了这样一种想法，即强化适当的语言处理策略可能会诱导有益的大脑可塑性。研究这种基于脑机接口的语言训练的可能作用模式，神经影像数据（EEG和静息态功能MRI）表明，训练可以加快文字处理速度、增强语言网络以及语言和默认模式网络之间的重新平衡。

在中文文献方面，王琳琳等（2021）研发了基于稳态视觉诱发电位脑机接口的卒中后语言障碍辅助交流系统，即卒中语言之星系统，以提高卒中后语言障碍患者的生活质量，并对系统的实际使用进行了测试。为了更好地帮助残障群体实现与外界的交流，高天毅（2021）利用P300脑电信号、语音信号、眼电信号设计了两套即时通信系统，使用者可以通过它完成聊天和邮件通信。郭苗苗等（2018）设计了基于汉字默读的语言脑机接口实验，将9位被试者脑电信号从时域、频域和空间域三方面进行特征选择和优化，用于汉字识别。结果表明：默读汉字所引起的脑电信号时频能量变化主要分布在α波和β波，且随默读时间动态变化。特征选择时，相较于较固定时间与频率区间，改进时间与频率区间均能有效提高汉字的平均匹配准确率，若同时改进时间与滤波范围，匹配准确率提高范围达到3.37%。

2. 语音生成与语言合成，主要关注脑机接口如何与语音合成技术结合，以帮助失语症患者重建语音输出能力。瘫痪后的语言丧失是毁灭性的，但通过解码完整皮质活动绕过运动通路损伤，语音脑机接口（speech BCI）可以通过将尝试讲话引起的神经活动解码为文本或声音，有望帮助瘫痪患者恢复自然交流。Silva等（2024）的研究表明，语音产生的关键在于声道发音和运动规划皮质表征的协调活动。文章讲述了这些进展及其在语音解码中的应用，这一过程首先在植入颅内电极用于临床癫痫监测的个体中得以实现，随后在瘫痪患者中作为恢复语言能力的早期可行性临床试验的一部分得以开展。这些研究利用高时空分辨率神经接口和先进的语音计算算法，在将神经活动解码为文本、可听语音和面部动作等方面取得了显著进展。尽管恢复自然语言是长期目标，现有语言神经假体的通信速率已超越当前辅助通信技术。研究人员提出了速度和准确性等关键评估指标，以标准化跨研究的成果，并强调进一步探索言语和语言多维特征空间的重要方向，预示着临床可行的语音神经假体的加速进展。文章还讨论了言语神经假体的发展，并提出了三个未来方向：深入理解大脑中语音产生的编码方式、改进工程技术以更好地采集和解码神经活动、扩展到不同言语丧失的患者群体。通过研究大脑中与语音相关的区域和神经元活动，可以加速言语神经假体的发展。Rabbani 等（2019）的研究综述显示，语音 BCI 可通过尝试或想象的语音的神经关联实现实时通信。这种技术可能会恢复交流并改善闭锁症患者和其他严重交流障碍患者的生活质量。神经解码器、神经特征提取和脑记录模式方面最近取得了许多进展，促进了 BCI 用于控制假肢和自动语音识别（ASR）。事实上，ASR 及相关领域在过去几年中取得了长足的进展，为语音 BCI 的要求、目标和策略提供了诸多极具价值的见解。神经语音解码是一个相对较新的领域，但已显示出很大的前景，最近的研究表明使用皮层脑电图（ECoG）和其他神经记录模式进行语义、听觉和发音解码具有可行性。由于语音和语言的神经表征广泛分布在横跨额叶、顶叶和颞叶的皮质区域，因此 ECoG 表面电极阵列捕捉到的中观群体活动规模可能对语音 BCI 具有明显优势，而微电极阵列对上肢 BCI 则具有优势。

随着 BCI 被视为一种有前途的 AAC 系统，一致的语言样本转录和分析程序对于绩效结果的可靠性和有效性至关重要。为了记录使用 BCI 进行日常交流的转录程序的可靠性，Hill 等计算了 15 名 ALS 受试者在使用电子邮件或写字板程序时的主要交流指标。通过转录 345 个去语境化的每日日志文件样本，三位评分员对单词和话语的逐点可靠性进行了一致的测量。这些结果表明，实施数据记录和日志文件分析工具（如 LAM 和 PeRT）为分析 BCI 语言样本以报告语言绩效指标提供了一种高效且有效的方法。

中文文献方面，钱重阳（2013）采用的语言中枢解码方法基于近红外脑机接口，提取人脑默想汉语音素时的耳额穴处的透射信号，改良 MATLAB 代码语谱图，以期达到识别汉语音素不同特征的目的。王力等（2014）基于汉语的研究显示，时频分析能更好地显示脑电信号的能量变化率，并改善语言想象脑机接口的性能。郭苗苗（2016）围绕人脑听觉脑电事件相关电位和语言任务信息加工的时频特征分析的科学问题，以脑机接口和脑网络技术为手段，将脑皮层标准电极和微电极相结合，以临床实验室数据为依据，系统研究了听觉认知和语言任务下脑电时频网络特征提取与分类方法，构建了动态的因效脑功能网络，分析了相关时频特征及网络性能，探索了大脑对听觉及语言信息加工的特点、动态处理过程及表征方法，为基于听觉与语言任务的脑机接口和脑网络研究提供了依据。魏佳鑫（2021）对听觉诱发BCI的模型构建与实验范式、EEG识别算法等进行了深入研究。王小娜（2018）针对P300句子拼写实时性问题，提出一个基于P300的脑机接口语音系统，该语音系统可以根据用户简略拼写的句子播放出用户想要的句子。基于P300的脑机接口语音系统将用户大脑的想法形象具体地表达出来，该系统包括句子拼写模块、句子修正模块和语音播放器模块。句子拼写模块产生一串字符序列，句子修正模块将用户拼写的字符序列修正为一个完整的句子，语音播放器播放一个完整的句子。齐志光（2019）基于汉字默读的语言脑机接口技术，通过解析离线脑电实验数据，对汉字默读时的脑电分类特征提取做出优化探究，并以镜像神经元系统为原理，对比分析了图片、音频和视频三类刺激材料所对应的大脑激活状态。邬文静（2022）提出了基于混合脑机接口的中文字符拼写系统，结果显示该系统可实现中文字符快速拼写，有效提高了常用中文字符拼写效率。针对现有的面向文本的运动想象脑机接口中存在侵入式安全性风险且实验复杂度较高，非侵入式采集精度较低且主要针对印刷体文本等问题，赵珍（2023）的研究基于非侵入脑电采集方式，考察了面向手写文本的脑活动转化为文本的识别表征方法。陆家浩（2022）搭建了颅内立体定向脑电图的语音加工任务实验平台，通过自主设计的数据采集实验，构建了基于汉语语音任务的颅内立体定向脑电数据集。此外，他还提出了基于颅内立体定向脑电的汉语语音脑机接口系统。

3. 多模态语言恢复，主要涉及在语言障碍患者中，如何结合视觉、听觉等多模态信息通过脑机接口进行语言治疗。脑机接口有可能改善那些需要但无法使用传统辅助和替代沟通（AAC）设备的人的沟通能力。随着BCI走向临床实践，语言治疗师（SLP）将需要考虑其是否适合进行辅助和替代沟通干预。Brumberg（2018）介绍了BCI作为AAC未来发展的一些重要考虑：（a）尽管在AAC领域拥有广泛的言语病理学专业知识，但关于使用BCI作为AAC访问技术的临床指南和建议却很少；（b）最成熟的BCI技术被设计为访问通信接口的方法，而不是直接从大脑访问思想、话语和言语运动计划；（c）BCI是各种脑机技术的总称，这些技术需要进行全面评估，以便将可能使用BCI的人与最合适的设备进行匹配。几十年来，BCI使用的是相当简单的线性分类器，但随着更强大的计算机和大量数据的出现，BCI现在越来越多地与先进的人工智能算法相结合。Sorino等（2024）基于脑机接口设备和大语言模型提出了一个ARIEL系统，以有效解决情感支持对话（ESConv）任务。它采用了一种创新策略，通过对话吸引用户，以缓解他们的精神困扰，其方法是采用脑机接口（BCI）设备来可靠地检测他们的感受。作者提议利用情感计算和语言建模领域的最新发现，将基于 BCI 的情感识别模型和基于大型语言模型（LLM）的对话代理（CA）相结合，以有效解决情感支持对话（ESConv）任务。

正如 Herbert（2024）所指出的，尽管之前的研究已经考察了大量的人为因素，但对于脑机接口用户的语言以及 BCI 用户之间信息处理方面的文化差异如何影响 BCI 效率，人们知之甚少。跨学科、理论驱动的语言和文化因素及其与设计和工程方面的相关性的探索尚未成为以用户为中心的 BCI 方法的基本组成部分。所以作者讨论了为什么在未来的 BCI 研究中，考虑用户的语言，其在感知、动作和情感中的具体基础，以及其与信息处理中的文化差异的相互作用很重要。根据最近研究的证据，作者提出语言能力检测和语言训练是未来 BCI 研究的两个主要探究主题，以将弱势群体和健康人群中 BCI 用户之间的交流从实验室扩展到临床以及现实世界的应用中。语言和文化在时间、身体、行为或参考空间等概念上的表征差异可能需要为文化异质的用户设计 BCI 界面。

中文文献方面，王力（2015）以基于汉字默读的语言想象为起点，将语言想象扩展为附加语言想象的意识任务和单一的意识任务两类多模态脑机接口，结果表明附加语言想象的意识任务所产生的信号更具有稳定性。袁雷（2017）考察了基于语言想象的脑机接口模式，提出了一种关于拼音元音字母的语言想象范式，而实验结果表明混合想象模式比单一想象模式更能提高受试者的注意力，分类效果更好，更适用于脑机接口系统。胡燕（2018）也提出了设计一种基于汉语语言想象的自发 BCI 模型。为了提高语言想象脑—机接口（BCI）控制任务的准确率，张灵维等（2023）提出了融合离散小波变换（DWT）与经验模态分解（EMD）的语言想象脑电信号特征提取与分类方法。岳超（2021）从脑电信号特征提取、实验范式设计和在线系统实现等方面进行分析，设计实现了具有语言想象增强功能的运动想象脑机接口控制系统。

（二）语言伦理相关问题

在使用 BCI 技术时，人们已经发现了一些伦理和政策问题，在不久的将来，该技术的进步可能会引发社会从未应对过的独特伦理和政策问题（Burwell et al., 2017）。Dubljević 和 Coin（2023）这一文集就重点关注北美背景下 BCI 临床和商业应用的政策导向伦理分析，并提供了 BCI 的伦理、社会和政策影响的最新概述。

Klein（2024）的研究表明，个人词汇的纳入引发了道德问题。利益相关者希望在 BCI 通信技术开发过程中考虑他们的价值观。随着 BCI 通信技术的快速发展，纳入个人对个性化语言模型存储和使用道德担忧的反馈至关重要。利益相关者对残疾、隐私、身份和关系的价值观和偏好应该推动设计、创新和实施。

2020年，埃隆·马斯克在一档电视节目中提到，如果人能与机器结合，将实现更快更准确的沟通，这种非语言交流是人们更好地彼此沟通的机会，并且他预言5年至10年后人们主要将进行非语言交流，人类语言将会消失。目前来看这一预言可能还为时尚早，但随着脑机接口技术的发展，有没有可能人类就直接通过脑置芯片进行信息传输，而不用或少用语言来实现交际了，这可能也是一个需要思考的伦理问题。

整体来看，这个方向的研究还方兴未艾。未来值得研究的问题至少包括：（1）思想隐私与脑数据安全，即脑机接口能够读取甚至改变大脑活动，这引发了关于"思想隐私"的严重伦理问题，如何保护个体的语言思维不被外部干预或滥用；（2）自我认同与语言控制，即通过脑机接口干预患者语言输出时，是否会影响其个体的自我认同和语言表达的自由度，这类技术对患者自我意识和语言表达的主导权有何影响；（3）脑机接口对语言自主性的威胁，即脑机接口可以直接通过大脑信号控制外部设备，是否可能改变个体在语言表达中的自主性，尤其是在决策、表述意见等场景中的潜在威胁（甘莅豪，2024）；（4）脑机接口的滥用风险，即是否存在通过脑机接口对个体语言行为进行"操控"或"伪造"的可能，特别是在政治、社会控制等敏感领域。

（三）未来需要关注的领域

脑机接口作为一个新领域，跟语言研究的结合还需要更多的探索。在上面两个主题之外，未来可能需要在以下几个方面尤其注意。

1. 跨学科语言研究的挑战。涉及：（1）语言与神经科学的融合，脑机接口的运作原理对语言学理论提出了新的挑战，如何将语言学的结构与神经科学中的脑部活动模型进行有效结合，促进跨学科研究；（2）脑机接口与多语言的关系，对多语言使用者来说，脑机接口如何准确识别和处理多语言大脑活动模式，是否能够支持多语言环境中的语言切换与语言治疗；（3）语言处理与认知模型：脑机接口不仅涉及语言的输出，还关系到语言理解、语义处理等认知过程，如何设计脑机接口以适应不同的语言认知需求。

2. 语言生成与表达。涉及：（1）语言生成能力的增强，脑机接口如何帮助那些无法通过传统方式表达自己的人（如重度语言障碍患者）以更自然的方式生成语言；（2）虚拟语音和文字表达，除了语音输出，脑机接口是否可以通过文字、图像等形式帮助患者表达自己的思想，尤其是在没有言语能力的情况下；（3）语音和文本的同步生成：如何通过脑机接口实现语音和文本的双重输出，帮助有语言障碍的患者在不同情境下使用语言表达。

3. 语言的个性化与定制化。涉及：（1）语言模型个性化，不同患者的语言需求、表达方式、认知方式可能不同，脑机接口如何根据个体的神经语言模式定制个性化的语言输出；（2）语音个性化问题，脑机接口如何根据患者的声带、情感状态、认知特征等，生成更贴近个体需求的语音或语言输出。

4. 语言社会学与文化问题。涉及：（1）语言身份的数字化，随着脑机接口技术的发展，个体的语言能力和语言输出是否会受到技术工具的"数字化"影响，这种变化如何影响人们的语言身份与文化认同；（2）跨文化语言问题，不同文化背景下，脑机接口的应用可能会面临语言习惯、语法结构等方面的挑战，如何保证跨文化的语言准确性和可理解性；（3）语言歧视与偏见，脑机接口在语言治疗中是否存在算法偏见，如何避免技术对某些群体（如特定语言、方言使用者）产生不公平对待。

5. 脑机接口的长期影响与未来展望。涉及：（1）大规模语言数据收集与分析，脑机接口技术将大规模收集与分析用户语言数据，这对语言学、社会学及伦理学带来了深远影响，如何平衡数据采集与隐私保护；（2）人机协作中的语言作用，随着脑机接口的普及，语言不仅是人与人之间的沟通工具，还可能成为人与机器之间的桥梁。如何确保语言在此类互动中的精准性与有效性；（3）语言与认知功能的未来演化，脑机接口对语言能力的增强是否可能对人类的语言进化产生影响，例如，脑机接口是否会改变语言思维的深度、表达的形式，甚至改变人类思维的模式。

结　语

脑机接口技术的飞速发展为语言学和神经科学的融合提供了前所未有的机遇，特别是在语言障碍的治疗、语言生成与表达、个性化语言定制以及跨文化的语言挑战等方面。尽管现有研究取得了显著进展，特别是在神经信号的解码和恢复语言功能的应用上，但脑机接口的全面临床应用仍面临许多技术、伦理和社会挑战。如何平衡技术创新与隐私保护、个体自由与语言表达的自主性，以及如何处理跨文化和多语言环境中的语言问题，都是未来必须高度关注的议题。随着技术的不断发展，脑机接口不仅有望改变语言治疗领域，还可能在更广泛的社会层面引发深远的影响。从语言伦理到文化认同，BCI 的应用必须以人本为核心，综合考虑技术的社会责任和长远影响。未来的研究应加强跨学科合作，重视其对于人类语言生活和语言治理的影响，推动更加个性化、灵活且安全的语言治疗方法的发展，同时建立更加完善的伦理框架，为这一前沿技术的发展指引方向。

参考文献

甘莅豪. 脑机接口技术如何重塑人类交流［N］. 社会科学报，2024-06-27（006）.

高天毅. 面向肢体残疾和语言障碍患者的混合脑机接口即时通讯系统［D］. 华南理工大学，2021.

郭苗苗，齐志光，王磊，等. 语言脑机接口康复系统中的参数优化研究［J］. 信号处理，2018，34（8）：974—983.

郭苗苗. 语言任务下脑电时频网络特征提取及在脑机接口中的应用［D］. 河北工业大学，2016.

胡燕. 基于汉语语言想象脑机接口的研究［D］. 北京理工大学，2018.

陆家浩. 基于颅内立体定向脑电的汉语语音脑机接口研究［D］. 深圳大学，2022.

齐志光. 基于汉字默读的脑机接口特征分类及参数优化［D］. 河北工业大学，2019.

钱重阳. 语言中枢间接解码的算法研究［D］. 苏州大学，2013.

王力. 基于汉字的多模态脑机交互技术研究［D］. 东南大学，2015.

王力、张雄、仲雪飞，等. 时频分析在语言想像脑机接口中的应用［J］. 东南大学学报（自然科学版），2014，44（6）：1126—1130.

王琳琳，李晓阳，杨晨，等. 基于稳态视觉诱发电位脑机接口的卒中后语言障碍辅助交流系统的研发与验证［J］. 中国卒中杂志，2021，16（11）：1123—1130.

王小娜. 基于P300的脑机接口语音系统研究［D］. 福州大学，2018.

魏佳鑫. 面向语音识别的听觉诱发脑机接口研究［D］. 太原科技大学，2021.

邬文静. 基于混合脑机接口的中文字符拼写系统研究［D］. 华南理工大学，2022.

袁雷. 基于想象语言识别的特征提取研究［D］. 北京理工大学，2017.

岳超. 语言想象增强的运动想象脑机接口研究与应用［D］. 天津理工大学，2021.

张灵维，周正东，许云飞，等. 基于特征融合的语言想象脑电信号分类［J］. 浙江大学学报（工学版），2023，57（4）：726—734.

赵珍. 面向手写文本的运动想象脑机接口系统研究［D］. 太原科技大学，2023.

Angrick, M., et al. Online speech synthesis using a chronically implanted brain-computer interface in an individual with ALS［J］. *Scientific Reports*，2024，14（1）：9617.

Brumberg, J. S., et al. Brain-Computer Interfaces for Augmentative and Alternative Communication：A Tutorial［J］. *American Journal of Speech-Language Pathology*，2018，27（1）：1-12.

Burwell, S., M. Sample & E., Racine, Ethical aspects of brain computer interfaces：a scoping review［J］. BMC Medical Ethics，2017，18（1）：60；Coin A, Mulder M, Dubljević V. Ethical Aspects of BCI Technology：What Is the State of the Art?［J］. *Philosophies*，2020，5（4）：31.

Card, N. S., et al. An Accurate and Rapidly Calibrating Speech Neuroprosthesis［J］. *New England Journal of Medicine*，2024，391（7）：609-618.

Dubljević, V. & Coin, A., Policy, Identity, and Neurotechnology［C］. *Suiza*：*Springer Nature*，2023.

Herbert C., Brain-computer interfaces and human factors: the role of language and cultural differences-Still a missing gap? [J]. *Frontiers in Human Neuroscience*, 2024, 18: 1305445.

Klein E, Kinsella M, Stevens I, Fried-Oken M., Ethical issues raised by incorporating personalized language models into brain-computer interface communication technologies: a qualitative study of individuals with neurological disease [J]. *Disability and Rehabilitation: Assistive Technology*, 2024, 19 (3): 1041-1051.

Li, S., Y. Li and R. Zhang. Reconstructing continuous language from brain signals measured by fMRI based brain-computer interface [J]. *Brain-X*, 2024, 2 (3): e70001.

Metzger, S. L., et al. Generalizable spelling using a speech neuroprosthesis in an individual with severe limb and vocal paralysis [J]. *Nature Communications*, 2022, 13 (1): 6510.

Moses DA, Metzger SL, Liu JR, et al. Neuroprosthesis for Decoding Speech in a Paralyzed Person with Anarthria [J]. *New England Journal of Medicine*, 2021, 385 (3): 217-227.

Musso M, Hübner D, Schwarzkopf S, et al. Aphasia recovery by language training using a brain-computer interface: a proof-of-concept study [J]. *Brain Communications*, 2022, 4 (1): fcac008.

Rabbani Q, Milsap G, Crone NE. The Potential for a Speech Brain-Computer Interface Using Chronic Electrocorticography [J]. *Neurotherapeutics*, 2019, 16 (1): 144-165.

Silva, A. B., et al. The speech neuroprosthesis [J]. *Nature Reviews Neuroscience*, 2024, 25 (7): 473-492.

Sorino, P., et al. ARIEL: Brain-Computer Interfaces meet Large Language Models for Emotional Support Conversation [C]. in Adjunct Proceedings of the 32nd ACM Conference on User Modeling, Adaptation and Personalization. 2024. Cagliari, Italy: Association for Computing Machinery.

Tang, J., et al. Semantic reconstruction of continuous language from non-invasive brain recordings [J]. *Nature Neuroscience*, 2023, 26 (5): 858-866.

Willett, F. R., et al. A high-performance speech neuroprosthesis [J]. *Nature*, 2023, 620 (7976): 1031-1036.

Willett, F. R., et al. High-performance brain-to-text communication via handwriting [J]. *Nature*, 2021, 593 (7858): 249-254.

责任编辑：邵明明

【语言生活与语言治理】

老年人词语产出能力的增龄相关性研究*

刘楚群　徐颖笛　龙海平**

提　要　本文以名词、动词、形容词为对象，使用词语产出流畅性测验和 SPSS 统计方法，探讨老年人词语产出能力与增龄之间的相关性情况。研究发现，老年人的词语产出能力确实受到衰老的影响，其中 80 岁之后是局部能力下降的重要时间节点，而 85 岁之后整体能力下降明显。名词、动词的产出能力与增龄间的联系达到了统计学上的显著相关性，但形容词的产出能力与增龄间的联系没有达到统计学上的显著相关性。

关键词　老年人语言；语言能力；词语产出；词语产出流畅性测验

Age-Related Decline in Word Production Ability Among Older Adults
Liu Chuqun　Xu Yingdi　Long Haiping

Abstract　This study examines the correlation between word production ability and ageing in older adults, focusing on nouns, verbs, and adjectives. Using the Verbal Fluency Test and SPSS statistical analysis, the research reveals that ageing significantly affects word production ability in older adults. A notable decline in specific word production capacities begins after the age of 80, with a more pronounced overall decline observed after

---

* 本文获得国家社科基金重点项目"老年人口语词汇产出及其衰老关联度研究"（18AYY001）资助国家社科重大项目"基于汉语史的话语标记词库建设和研究"（24&ZD250）、江西省高校人文社会科学研究 2023 年度青年项目"随迁老人语言生活状况调查"（YY23209）。文章在浙江大学"西溪语言论坛"上宣读，方一新、彭利贞、罗天华等先生提出宝贵意见，谨致谢意！

** 刘楚群，江西师范大学教授，博士，研究方向为现代汉语语法、社会语言学等。徐颖笛，深圳市公明中学（集团）教师，硕士，研究方向为社会语言学。龙海平，中山大学教授，博士，研究方向为话语语法、语法化和语言类型学。

age 85. The correlation between noun and verb production and ageing was statistically significant, while the relationship between adjective production and ageing did not reach statistical significance.

Key words Older Adults' Language; Language Proficiency; Word Production; Verbal Fluency Test

引 言

老年人词语产出能力与增龄之间是否具有相关性，学术界有过相关探讨。许淑莲等（1989）发现，老年人词语产出流畅性比中年人和青年人有显著衰退；胡云霄（2017）认为，从50岁至70岁，产词量随着年龄的增长而减少。吴翰林等（2020）指出，老年人词汇的言语流畅性要明显低于青年人，词汇识别速度也要明显慢于青年人。国外一些研究表明，正确产词量从60—70岁开始就缓慢下降（Van Der Elst et al.，2006；Harris & Deary，2011；Gustavson et al.，2018），老年人产出重复词语的频率与年龄呈正相关（Hankee et al. 2013）。但也有不一致的研究结论，Rodríguez-Aranda & Sundet（2006）发现年龄与词语产出流畅性之间无显著关联，Farina 等（2020）认为认知能力正常的老年人在短期内词语产出流畅性测验得分的下降幅度与衰老的相关性在统计学上不显著。本文试图使用词汇产出流畅性测验方法，以名词、动词、形容词为测验对象，探讨老年人词汇产出能力与增龄之间的相关性问题。

一 词语产出流畅性测验研究设计

词语产出流畅性（Verbal Fluency，简称VF），指在特定时间内产出符合一定标准要求的词语的能力（Nickles，2000），是衡量词语产出能力的重要指标。词语产出流畅性测验（Verbal Fluency Test，简称VFT），基本操作方法是要求受试者在一定时间内尽可能多地说出某一类词，以此为基础进行相关统计分析。词语产出流畅性测验的广泛应用源于它作为语义记忆和执行控制的有效测验工具（Fitzpatrick et al.，2013）。在词语产出流畅性测验阶段，受试者需要根据测验要求访问他们的心理词库，选择符合要求的词语进行表达，并避免重复，这涉及一个复杂的执行控制过程，可以激活皮层前额叶、额颞叶和顶叶区域的血流动力学反应（Heinzel et al.，2013）。因此，词语产出流畅性测验可以作为一般语言能力的有效筛查工具（Shao et al.，2014），有助于预测老年人未来的认知障碍（Aretouli et al.，2011），并可以预测轻度认知障碍和阿尔茨海默病的发病可能性（Saxton et al., 2004; Oh et al., 2019）。

词语产出流畅性测验，国际上主要有两种方法。其一，语音流畅性测验（Letter/Phonetic Verbal Fluency Test），要求受试者在一分钟内尽可能多地说出以某一个字母开头的单词。这项测验在西方国家比较常见，但对表意体系文字的产出研究并不完全适用。我国一些学者曾根据汉语汉字的特点进行过改进，但在适用性方面存在争议。其二，语义流畅性测验（Category / Semantic Verbal Fluency Test），要求受试者在一分钟内说出尽可能多的特定类别词语。测验中选取的特定类别词语通常为某类名词，最常见为动物名称，也用"食品和服装""超市物品""水果和蔬菜""颜色"等。语义流畅性测验受语言类型差异的影响相对较小，其应用范围较语音流畅性测验更为广泛。

本研究参考蒙特利尔认知评估量表（Montreal-Cognitive Assessment，简称 MoCA）中测定词语产出流畅性的方法，以名词、动词、形容词为对象进行测验。名词、动词、形容词是词汇系统中最具代表性的三大核心实词，具有开放性，成员无限，有词汇意义，在句子中最常用，测验对象最熟悉也最容易产出，测验这三类词的产出状况能在一定程度上窥测老年人的词语产出能力。测验问题："请在 60 秒钟之内尽可能多地说出您所知道的动物的名称/动词/形容词。"测验结束后，将受试者在测验过程中产出的所有词语按时间顺序转写出来（包括错误类别的词语和重复词语），以此展开分析讨论。

在受试者的选择上，为满足社会语言学的"同质性原则"，即调查群体内部需尽可能保持较多共性，与群体外成员尽可能保持区分，我们将研究对象确定为江西师范大学的退休教师，这个群体属于同一个言语社区，都是高级知识分子。为避免性别因素的干扰，只选取男性老年人作为测验对象。所有受试者都是 65 岁及以上，都具有生活自理能力，无影响语言交际的重大疾病，语言交流没有障碍，属于正常老化的老年人。采用实验的办法对受试者进行分组，按 5 岁为一个年龄段把受试者分为 5 组，老年一组（65—69 岁），老年二组（70—74 岁），老年三组（75—79 岁），老年四组（80—84 岁），老年五组（85 岁及以上），每组都由 10 位男性老年人组成。

在数据统计方法上，使用 SPSS 26.0 数据分析软件，采用 Pearson 相关分析方法验证变量之间的相关性情况。在方差齐性前提下，组间比较采用单因素 ANOVA 检验，并结合 LSD 检验进行事后两两比较分析。所有统计检验均为双尾检验，$p<0.05$ 表示差异具有统计学意义，$p<0.01$ 表示差异在统计学上非常显著。词语产出能力分

析采用流畅性测试常用的分析视角，主要从三方面展开：一是产词量，二是聚类大小，三是聚类间转换次数。

二 产词量的增龄相关性分析

产词量是指在完成词语产出流畅性测验任务的规定时间内受试者产出正确词语的数量，即受试列举某类词总数减去错误词语数和重复词语数。如某位受试者在动物类词语测验中，产出了"狗、鸡、苍蝇、萤火虫、鸭、蜈蚣、狗、窗户"8个词，这里"狗"出现了2次，需去掉重复的次数，"窗户"不属于动物类名词，也需去除，共计产词量6个。

（一）名词产出量的增龄相关性

本次测验的50位受试者，共产出动物类名词词种数144个，词次数719次。其中出现10次的动物名词有20种，依次是"狗、猫、老虎、牛、鸡、猪、羊、鸭、狮、马、豹、狼、蛇、老鼠、熊猫、兔子、天鹅、麻雀、大象、猴子"。另有59种动物名词只出现过1次，如"长臂猿、萤火虫、眼镜蛇、田螺、螳螂、三文鱼、蚯蚓、企鹅、牛蛙、泥鳅"等。依据词汇产出量的计算方法，统计出每一位受试者的名词产出量，并计算出每一个年龄组的平均产词量，制作成表1。表中"每位老人产词量"一栏，每一行10个数字对应10位老年人的产词量，数字从左到右的顺序对应老年人年龄从小到大的顺序。

表1　　　　　　　　　　老年人名词产出量

	每位老人产词量	平均产词量（平均值±标准差）
65—69岁	18 10 20 9 10 22 21 18 10 19	16.50±4.91
70—74岁	16 28 16 20 15 25 14 14 20 12	18.00±5.19
75—79岁	17 12 13 9 11 12 11 17 14 22 18	14.50±3.92
80—84岁	9 15 20 12 16 10 17 13 10 11	13.30±3.59
85岁及以上	9 9 22 10 10 9 6 8 5 8	9.60±4.65

由表1的数据可知，受试老年人产词量介于5—28个之间，平均14.4个。总体看来，低龄老人的产词量要明显多于高龄老人。用SPSS软件对个体年龄和名词产出量进行Pearson相关性检测，年龄与名词产出量的对应显著性$p=0.000<0.01$，在0.01水平（双侧）上显著相关，Pearson相关性系数为-0.508。可见，年龄和名词

产出量之间存在显著的强负相关,即老年人的名词产出量整体上随着衰老程度的增加而显著减少。

5个年龄组的平均产词量,随衰老程度增加呈先增后减的趋势,70—74岁年龄组老年人名词平均产出量最大,之后持续减少。单因素方差分析结果(F=5.160,p=0.002<0.01)显示,不同年龄段样本对于名词产出量整体上呈现出显著性,说明年龄因素显著影响了名词产出量。进行事后LSD法两两比较,结果见表2。由表2数据可知,65—69岁、70—74岁、75—79岁这3个年龄组与85岁及以上年龄组的名词产出量之间的显著性分别为:p=0.001<0.05、p=0.000<0.001和p=0.019<0.05,另外,70—74岁与80—84岁的名词产出量之间的显著性p=0.024<0.05,说明这四个组别之间存在统计学上的显著差异。由此可知,85岁及以上老年人与79岁及以下老年人的名词产出量有显著差异,据此我们认为80—84岁是老年人名词产出量显著变化的重要时间节点。

表2　　　　　　　　不同年龄段老年人名词产出量的事后两两比较

年龄组别(I)	年龄组别(J)	平均值差值(I—J)	标准误	显著性 p
65—69 岁	70—74 岁	−1.500	2.008	0.459
65—69 岁	75—79 岁	2.000	2.008	0.325
65—69 岁	80—84 岁	3.200	2.008	0.118
65—69 岁	85 岁及以上	6.900*	2.008	0.001
70—74 岁	75—79 岁	3.500	2.008	0.088
70—74 岁	80—84 岁	4.700*	2.008	0.024
70—74 岁	85 岁及以上	8.400*	2.008	0.000
75—79 岁	80—84 岁	1.200	2.008	0.553
75—79 岁	85 岁及以上	4.900*	2.008	0.019
80—84 岁	85 岁及以上	3.700*	2.008	0.072

(二) 动词产出量的增龄相关性

50位受试者在测验中共产出动词词种数234个,其中单音节166个,双音节68个;产出动词词次数603次,其中单音节513次,双音节90次。234个动词词种中,出现10次以上的动词有"跳、跑、走、打、说、看、吃、飞、爬",有143个动词只出现过1次,如"按,搬,绑,抱,背,奔跑,奔腾,奔袭,比赛,表扬"等。50位老人的动词产出量及5个年龄组的平均产词量见表3。

表 3　　　　　　　　　　　老年人动词产出量

	每位老人产词量	平均产词量（平均值±标准差）
65—69 岁	14　14　12　21　14　29　13　10　8　18	15.30±6.06
70—74 岁	18　13　15　19　16　12　20　11　13　9	14.60±3.63
75—79 岁	14　11　8　6　4　8　18　7　16　16	10.80±4.89
80—84 岁	6　19　16　5　12　5　8　16　15　9	11.10±5.17
85 岁及以上	9　20　7　9　6　5　5　18　2　4	8.50±5.95

表 3 统计数据显示，受试老年人产出的动词数量介于 2—29 个之间，平均数值为 12.1，整体来说，低龄老人产出动词数明显多于高龄老人。相关性检测显示，年龄与动词产出量之间的 Pearson 相关性系数为 -0.460，对应的显著性 p=0.001<0.01，在 0.01 水平（双侧）上显著相关。可见，年龄和动词产出量两变量之间存在显著的强负相关，即老年人的动词产出量随着年龄的增长而减少。

各年龄组的动词产出量变化趋势特征也非常明显，随着衰老程度的增加而逐渐减少。单因素方差分析结果（F=2.955，p=0.030<0.05）显示，不同年龄段样本对于动词产出量均呈现出显著性特征，说明年龄因素显著影响了老年人的动词产出量。事后 LSD 法两两比较结果如表 4 所示，65—69 岁、70—74 岁老年人与 85 岁及以上老年人动词产出量之间的显著性分别为：p=0.006<0.05 和 p=0.012<0.05，可见它们之间存在统计学上的显著差异，据此判断，85 岁是老年人动词产出量显著减少的重要时间节点。

表 4　　　　　　不同年龄段老年人动词产词量的事后两两比较

	年龄组别（I）	年龄组别（J）	平均值差值（I—J）	标准误	显著性 p
动词产词量的事后 LSD 法两两比较	65—69 岁	70—74 岁	0.700	2.332	0.765
	65—69 岁	75—79 岁	4.500	2.332	0.060
	65—69 岁	80—84 岁	4.200	2.332	0.078
	65—69 岁	85 岁及以上	6.800*	2.332	0.006
	70—74 岁	75—79 岁	3.800	2.332	0.110
	70—74 岁	80—84 岁	3.500	2.332	0.140
	70—74 岁	85 岁及以上	6.100*	2.332	0.012
	75—79 岁	80—84 岁	-0.300	2.332	0.898
	75—79 岁	85 岁及以上	2.300	2.332	0.329
	80—84 岁	85 岁及以上	2.600	2.332	0.271

(三) 形容词产出量的增龄相关性

50位老年人共产出230个形容词词种,其中双音节147个,单音节69个,三音节和四音节共14个;形容词词次数共553次,其中双音节284次,单音节255次,三音节和四音节14次。出现过10次以上的形容词包括"漂亮、大、美丽、小、高、好、红",有230个形容词只出现过1次,如"矮小,安静,暗,暗淡,斑斓,卑劣,卑怯"等。老年人的形容词产出情况见表5。

表5　　　　　　　　　　　老年人形容词产出量

	每位老人产词量	平均产词量(平均值±标准差)
65—69岁	19　12　10　13　10　25　8　8　6　15	12.60±5.78
70—74岁	12　17　2　10　9　11　26　9　14　11	12.10±6.23
75—79岁	15　16　8　6　10　10　5　5　19　17	11.10±5.26
80—84岁	3　10　19　7　12　5　13　10　18　8	10.50±5.19
85岁及以上	10　10　16　11　5　5　2　22　3　6	9.00±6.24

统计数据显示,老年人的形容词产出量最多的有26个,最少的只有2个,平均11个,低龄老人的产词量整体上要多于高龄老人。但相关性检测显示,年龄与形容词产出量之间的Pearson相关性系数为−0.217,对应的显著性p=0.130>0.05,说明年龄和形容词产出量之间不具有统计学上的显著相关性。

5个年龄组老年人的形容词产出量整体上随年龄增加而呈递减趋势,但每个年龄组之间的差值不是太大,大约相差1个词。单因素方差分析结果(F=0.605,p=0.661>0.05)显示,不同年龄组样本对于形容词产出量均未呈现出显著性,说明年龄段因素对老年人形容词产出量的影响并没有达到统计学上的显著差异,其原因可能是不同年龄段老年人尽管产词量有差别,但绝对数值差异较少,所以区分度不明显。

综合以上分析可知,在词汇产出流畅性测验中,增龄对老年人名词和动词产出量的影响达到了统计学上的显著相关性,但对形容词产出量的影响没有达到统计学上的显著相关性。

三　聚类大小的增龄相关性分析

在词语产出流畅性任务中,聚类是指受试者连续产出的属于同一类范畴的词语

(Troyer et al., 1997)。各聚类中连续列举的词语,自第二个词语开始计数,直至转换至另一聚类为止,将各聚类串联数相加即得出受试者在本次测验任务中的聚类大小。如某位受试者产出"猫、狗、兔子、仓鼠、麻雀、鸽子、海鸥、天鹅、鹦鹉"这9个名词,构成"宠物"和"鸟类"这两个聚类,聚类大小为宠物数减1加上鸟类数减1,即(4-1)+(5-1)=7。聚类大小是比产词量更高层次的考量指标,产词量只是单纯考察词语产出的数量,而聚类大小则要考量不同语义范畴词语的产出量,这是从更高层面上检测受试者的词汇产出质量。比如,受试者甲产出了"鸡、牛、鸭、鹅、马、骡子、驴、猪、羊",受试者乙产出了"鸡、牛、鸭、鹅、马、骡子、蚂蚁、甲壳虫、蟑螂",尽管甲和乙都是产出了9个名词,但甲产出的都是农场动物,而乙则产出了农场动物和昆虫类动物,可见乙的词语产出流畅性任务完成得比甲要好。词语产出流畅性测验不是随机的记忆搜索,而是受测验规则的限制,受试者的词汇产出情况显示了语义记忆中精细组织的网络系统,这可能涉及一些有效的搜索策略。Gruenewald & Lockhead(1980)的研究表明,词语产出流畅性测验中的词语不是随机产生的,而是倾向于以语义组(聚类)的形式传递,平均包含2—3个语义相关的词语。聚类计算在词语产出流畅性测验中很重要,语义记忆的激活扩散理论(Collins & Loftus,1975)认为,记忆中的表征相互联系,记忆的基本单位是概念结点,每个概念结点又进一步分解成更多的小结点,结点与结点相互联系构成一个庞大的记忆网络。记忆搜索的实质就是概念结点的激活和在记忆网络中的扩散。

(一) 名词聚类大小的增龄相关性

名词根据语义可以分成多个小类,本文参考梅家驹等(1996)和苏新春(2013)的分类,将动物类名词分为7小类:农场动物,宠物,水生动物,昆虫,爬行动物,鸟类,其他野生动物。依据聚类大小计算方法统计出50位老年人产出名词的聚类大小数值以及5个年龄组的平均数,制作成表6。

表6　　　　　　　　　　老年人产出名词聚类大小

	每位老人产词聚类大小	平均聚类大小(平均值±标准差)
65—69岁	12 8 13 6 6 15 16 11 15 11	11.30±3.65
70—74岁	10 25 10 12 9 19 9 7 13 5	11.90±5.95
75—79岁	11 8 6 5 7 10 9 15 12	8.90±3.14
80—84岁	4 11 14 9 11 6 10 8 5 6	8.40±3.17
85岁及以上	5 7 15 7 9 6 6 2 4	6.80±3.46

表6显示，受试老年人产出名词聚类大小数值介于2—25之间，平均数值为9.5，整体上低龄老人的数值要明显大于高龄老人。相关性检测显示，年龄与名词聚类大小之间的Pearson相关性系数为-0.436，对应的显著性p=0.002<0.01，说明在0.01水平（双侧）上显著相关。可见，年龄和名词聚类大小两变量之间存在显著的强负相关性，即老年人产出的名词聚类大小数随年龄增加而显著减少。

5个年龄组，随着衰老程度的增加，其聚类大小数值逐渐减少，特别是75岁以后数值变化尤为明显。单因素方差分析结果（F=2.767，p=0.039<0.05）显示，不同年龄组样本对于名词聚类大小整体上呈现出显著性，说明年龄段因素显著影响了名词聚类大小。事后LSD法两两比较结果如表7所示，65—69岁、70—74岁与85岁及以上老年人的名词聚类大小之间的显著性分别为：p=0.016<0.05和p=0.007<0.05，达到了统计学上的显著差异。据此认为，85岁是老年人名词产出聚类大小变化的一个重要时间节点，在此年龄之后，名词产出聚类数值显著变小。

表7　　　　　　　　　不同年龄段老年人名词聚类大小的事后两两比较

年龄组别（I）	年龄组别（J）	平均值差值（I—J）	标准误	显著性p
65—69岁	70—74岁	-0.600	1.796	0.740
65—69岁	75—79岁	2.400	1.796	0.188
65—69岁	80—84岁	2.900	1.796	0.113
65—69岁	85岁及以上	4.500*	1.796	0.016
70—74岁	75—79岁	3.000	1.796	0.102
70—74岁	80—84岁	3.500	1.796	0.058
70—74岁	85岁及以上	5.100*	1.796	0.007
75—79岁	80—84岁	0.500	1.796	0.782
75—79岁	85岁及以上	2.100	1.796	0.248
80—84岁	85岁及以上	1.600	1.796	0.378

（二）动词聚类大小的增龄相关性

参考学界研究，将动词从语义上分为7小类：肢体动作类，头部动作类，全身动作类，心理活动类，工作生活类，现象状态类，关联类。50位老人的动词聚类大小数及5个年龄段的平均数见表8。

表 8　　　　　　　　　　　老年人产出动词聚类大小

	每位老人的动词聚类大小	平均聚类大小（平均值±标准差）
65—69 岁	7　7　8　6　5　22　9　5　3　10	8.20±5.27
70—74 岁	11　6　13　13　10　11　13　7　6　6	9.60±3.06
75—79 岁	10　3　2　3　2　4　8　3　12　11	5.80±3.99
80—84 岁	3　13　13　2　8　2　6　8　13　6	7.40±4.43
85 岁及以上	5　12　4　6　3　3　3　12　1　2	5.10±3.90

表 8 显示，受试老年人动词聚类大小数值介于 1—22 之间，平均数值为 7.2，整体上低龄老人的数值要明显大于高龄老人。相关性检测显示，年龄与动词聚类大小之间的 Pearson 相关性系数为-0.291，对应的显著性 p=0.041<0.05，说明在 0.05 水平（双侧）上显著相关。可见，年龄和动词聚类大小两变量之间存在一定程度的负相关，即老年人产出的动词聚类大小受到了增龄的影响。5 个年龄组的数值并没有表现出很明显的规律性特征。单因素方差分析结果（F=1.873，p=0.132>0.05）显示，几个年龄组相互之间的动词聚类大小差异未达到统计学上的显著相关性。

（三）形容词聚类大小的增龄相关性

结合学界研究，将形容词从语义上分为 6 小类：外部特征类，性质评价类，机体感觉类，品性行为类，情绪情感类，社会生活类。依据聚类大小计算方法，统计出 50 位老年人的形容词聚类大小数值及 5 个年龄组的平均数值，制作成表 9。

表 9　　　　　　　　　　　老年人产出形容词聚类大小

	每位老人的聚类大小	平均聚类大小（平均值±标准差）
65—69 岁	13　6　6　11　6　18　4　6　2　9	8.10±4.75
70—74 岁	6　12　1　5　5　8　20　5　8　8	7.80±5.16
75—79 岁	10　8　4　3　7　8　3　3　10　11	6.70±3.20
80—84 岁	1　13　15　5　8　2　7　5　13　3	7.20±4.96
85 岁及以上	5　7　12　5　1　1　0　17　0　3	5.10±5.61

表 9 显示，受试老年人产出的形容词聚类大小介于 0—20 之间，平均数值为 7，低龄老人的数值要略大于高龄老人；但相关性检测显示，年龄与形容词聚类大小之间的 Pearson 相关性系数为-0.203，对应的显著性 p=0.158>0.05，说明年龄和形容词聚类大小之间不具有统计学上的显著相关性。5 个年龄组老年人的聚类大小数值，

整体上随衰老程度的增加而减少，但具体数值差别不是很大。单因素方差分析结果（F=0.605，p=0.661>0.05）显示，不同年龄组老年人形容词聚类大小的差异在统计学上不显著。

综上所述，在词语产出流畅性测验中，老年人产出的名词聚类大小与增龄之间达到了统计学上的显著相关性；形容词聚类大小与增龄之间没有达到统计学上的显著相关性；动词聚类大小，50位老年人的差异与增龄之间达到了统计学上的显著相关性，但5个年龄组之间的差异没有达到统计学上的显著相关性。

四　聚类间转换次数的增龄相关性分析

转换，在词语产出流畅性测验中指从一个聚类切换到另一个聚类。当受试者在一个聚类中搜寻并产出所能想到的所有词语时，就会尝试转换到另一个聚类。如受试者在产出动物名称时，先后说出了"麻雀、喜鹊""鲤鱼、鲫鱼""老鹰、鹦鹉"，就从"鸟类动物"转换到"水生动物"，再转到"鸟类动物"，进行了两次聚类间的转换，转换次数为2。(Troyer et al.，1997) 最早提出聚类能力和转换能力的概念，并通过研究发现，在词语产出流畅性测验中，健康受试者常常会连续产出某类语义子类别内的词语，如果某类语义子类别中的词语耗尽，就会切换到另一个子类别。对于受试者来说，转换到一个新的子类别是比耗费时间精力从当前子类别中寻找词语更有效的策略。因此，聚类和转换两种潜在的能力在一定程度上支配着词语产出流畅性测验的表现。聚类和转换反映出两种不同的认知机制，聚类是一个相对自动化的过程，而转换则是相对主动的策略。在受试者完成词语产出流畅性任务时，这两种策略可能依次激活，也可能只激活其中任何一种，但成功的词语产出流畅性表现，既依赖于同一聚类内的深度搜索，也依赖于不同聚类之间的灵活转换。

（一）名词聚类间转换次数的增龄相关性

依据聚类间转换次数的计算方法，算出50位老年人的名词聚类间转换次数及5个年龄组的平均数，制作成表10。数值显示，聚类间转换次数最多的有8次，最少的只有2次，平均4.8次，整体看来，低龄者数值要略高于高龄者，但相关性检测结果（F=-0.262，p=0.066>0.05）显示，年龄和名词聚类间转换次数之间整体上达不到统计学上的显著相关性。

表 10　　　　　　　　老年人产出名词聚类间转换次数

	每位老人聚类间转换次数	平均转换次数（平均值±标准差）
65—69 岁	5　2　6　2　3　6　6　6　6　7	4.90±1.85
70—74 岁	5　4　8　7　6　8　4　7　4　6	5.90±1.60
75—79 岁	5　3　5　3　5　5　7　5　6　5	4.90±1.20
80—84 岁	4　5　8　2　4　3　8　7　4　5	5.00±2.06
85 岁及以上	3　3　5　6　2　3　4　3　2　4	3.50±1.27

5 个年龄组，转换次数最多的是 70—74 岁，最少的是 85 岁及以上，其他 3 个年龄组差别不太大。单因素方差分析（显著性 F=2.786，p=0.038<0.05）显示，年龄段与名词聚类间转换次数之间整体上存在统计学上的显著差异。事后 LSD 法两两比较结果如表 11 所示，70—74 岁、80—84 岁与 85 岁及以上年龄组，其显著性分别为：p=0.002<0.05 和 p=0.045<0.05，可见它们之间存在统计学上的显著差异。据此可以认为，85 岁及以上是老年人产出名词的聚类间转换次数显著减少的重要时间节点。

表 11　　　　不同年龄段老年人名词聚类间转换次数的事后两两比较

年龄组别（I）	年龄组别（J）	平均值差值（I—J）	标准误	显著性 p
65—69 岁	70—74 岁	−1.000	0.728	0.176
65—69 岁	75—79 岁	0.000	0.728	1.000
65—69 岁	80—84 岁	−0.100	0.728	0.891
65—69 岁	85 岁及以上	1.400	0.728	0.061
70—74 岁	75—79 岁	1.000	0.728	0.176
70—74 岁	80—84 岁	0.900	0.728	0.223
70—74 岁	85 岁及以上	2.400 *	0.728	0.002
75—79 岁	80—84 岁	−0.100	0.728	0.891
75—79 岁	85 岁及以上	1.400	0.728	0.061
80—84 岁	85 岁及以上	1.500 *	0.728	0.045

（二）动词聚类间转换次数的增龄相关性

表 12 显示 50 位老年人的动词聚类间转换次数及 5 个年龄组的平均数。数据表明，所有老年人的动词聚类间转换次数介于 0—14 之间，平均数值为 3.8 次，整体

上随年龄增加而呈现下降趋势，转换次数较多的主要集中在 75 岁之前低龄段。相关性检测显示，年龄与动词聚类间转换次数的 Pearson 相关性系数为-0.490，对应的显著性 p=0.000<0.01，说明在 0.01 水平（双侧）上显著相关，可见老年人的动词聚类间转换次数随年龄增加而显著减小。

表 12　　　　　　　　　　老年人产出动词聚类间转换次数

	每位老人聚类间转换次数	平均转换次数（平均值±标准差）
65—69 岁	6　6　3　13　8　6　3　4　4　7	6.00±2.98
70—74 岁	6　6　1　5　60　6　3　6　2	4.10±2.38
75—79 岁	3　7　5　2　1　3　8　3　3　4	3.90±2.18
80—84 岁	2　5　2　2　3　2　1　7　1　2	2.70±1.89
85 岁及以上	3　7　2　2　2　1　1　6　0　1	2.50±2.27

5 个年龄组的动词聚类间转换平均次数，明显随年龄增加而递减。单因素方差分析结果（F=3.491，p=0.014<0.05）显示，不同年龄段的老年人在动词聚类间转换次数方面存在统计学上的显著差异。事后 LSD 法两两比较结果如表 13 所示，65—69 岁与 80—84 岁、85 岁及以上两个年龄段之间的显著性 p=0.003<0.05，p=0.002<0.05，可见，65—69 岁与 80 岁以上的老年人之间具有统计学上的显著差异。据此判断，80 岁以上是老年人动词聚类间转换次数下降的重要时间节点。

表 13　　　　　　不同年龄段老年人动词转换次数的事后两两比较

年龄组别（I）	年龄组别（J）	平均值差值（I-J）	标准误	显著性 p
65—69 岁	70—74 岁	1.900	1.059	0.080
65—69 岁	75—79 岁	2.100	1.059	0.054
65—69 岁	80—84 岁	3.300*	1.059	0.003
65—69 岁	85 岁及以上	3.500*	1.059	0.002
70—74 岁	75—79 岁	0.200	1.059	0.851
70—74 岁	80—84 岁	1.400	1.059	0.193
70—74 岁	85 岁及以上	1.600	1.059	0.138
75—79 岁	80—84 岁	1.200	1.059	0.263
75—79 岁	85 岁及以上	1.400	1.059	0.193
80—84 岁	85 岁及以上	0.200	1.059	0.851

（三）形容词聚类间转换次数的增龄相关性

表 14 是 50 位老人的聚类间转换次数及 5 个年龄组的平均次数。从数据分布规律可以看出，所有老年人的转换次数介于 0—8 之间，平均数值为 3.4，数值整体上随着年龄的增加而略微下降，但个体差异比较明显。相关性检测显示，年龄与转换次数之间的 Pearson 相关性系数为 -0.117，对应的显著性 $p=0.419>0.05$，说明年龄和形容词转换次数之间不具有统计学上的显著相关性。

表 14　　　　　　　　　老年人产出形容词聚类间转换次数

	每位老人聚类间转换次数	平均转换次数（平均值±标准差）
65—69 岁	5　5　4　1　3　7　3　1　3　5	2.70±2.06
70—74 岁	6　4　0　4　3　2　5　3　5　2	2.70±2.45
75—79 岁	4　7　3　2　2　1　1　1　8　5	2.20±1.87
80—84 岁	1　5　5　1　4　2　5　4　4　4	2.20±1.48
85 岁及以上	3　2　4　6　3　3　1　4　2　2	1.20±1.32

5 个年龄组的数值整体上随年龄增加而有减少趋势，但数值变化的幅度不大，最大值和最小值之间相差不到 1 次。单因素方差分析结果（$F=0.184$，$p=0.946>0.05$）显示，不同年龄段老年人产出形容词的聚类间转换次数的差异在统计学上不显著。

依数据分析可知，在词语产出流畅性测验中，50 位老年人产出的名词聚类间转换次数与增龄之间没有达到统计学上的显著相关性，但 5 个年龄组的转换次数与增龄之间则达到了统计学上的相关性。动词聚类间转换次数与增龄之间达到了统计学上的显著相关性，而形容词聚类间转换次数则与增龄之间没有达到统计学上的显著相关性。

结　论

本文使用词语产出流畅性测验方法检测老年人的名词、动词、形容词产出能力。总体看来，老年人在产词量、聚类大小、聚类间转换次数这三个维度上都受到了增龄的影响，衰老程度越高，产出状况越差。从统计数据来看，名词、动词、形容词产出与增龄之间的相关性并不一致，表 15 显示出其差异性。表中"+"和"-"分别表示二者之间是否达到统计学上的显著相关性。由表中标识可见，名词、动词的产出与增龄之间基本上都具有显著相关性,但形容词产出与增龄之间没有达到显著相关性。

表 15 　　　　　名词、动词、形容词产出与增龄之间的相关性

	名词		动词		形容词	
	50 位个体	5 个年龄组	50 位个体	5 个年龄组	50 位个体	5 个年龄组
产词量	+	+	+	+	−	−
聚类大小	+	+	+	−	−	−
聚类间转换次数	−	+	+	+	−	−

老年人的词语产出能力变化,表现出一定的年龄段特征。名词的产出量在 80—84 岁之后显著减少,聚类大小和聚类间转换次数在 85 岁以后显著减少。动词的产出量在 85 岁之后显著减少,聚类大小和聚类间转换次数在 80—84 岁以后显著减少。形容词的产出量、聚类大小和聚类间转换次数,在 85 岁之后都明显变少,但这种变化没达到统计学上的显著相关性。据此得出结论:增龄会导致老年人词语产出流畅性能力缓慢下降,其中 80 岁之后是局部能力下降的重要时间节点,而 85 岁之后则整体能力下降明显。

参考文献

胡云霄. 老年人教育背景、年龄对言语流畅性的影响 [D]. 吉林大学硕士学位论文, 2017.

梅家驹, 竺一鸣, 高蕴琦, 殷鸿翔编. 同义词词林(第二版)[M]. 上海: 上海辞书出版社, 1996.

苏新春主编. 现代汉语分类词典 [M]. 北京: 商务印书馆, 2013.

吴翰林, 于宙, 王雪娇, 等. 语言能力的老化机制:语言特异性与非特异性因素的共同作用 [J]. 心理学报, 2020, 52(5): 541—561.

许淑莲, 孙弘舸, 吴志平. 成年人词语流畅性的年龄差异和词语记忆 [J]. 心理学报, 1989, (4): 337—345.

Aretouli, E., Okonkwo, C.O., Samek, J., et al. The fate of the 0.5s: predictors of 2-year outcome in mild cognitive impairment [J]. *Journal of the International Neuropsychological Society Jins*, 2011, (2): 277-288.

Collins, A.M., & Loftus, E.F. A spreading-activation theory of semantic processing [J]. *Psychological review*, 1975, (6): 407-428.

Farina, M., Breno Costa, D., Webber de Oliveira, J.A., et al. Cognitive function of brazilian elderly persons: longitudinal study with non-clinical community sample [J]. *Aging & Mental Health*, 2020, (11): 1807-1814.

Fitzpatrick, S., Gilbert, S. J., Serpell, L. E. Systematic review: Are overweight and obese individuals impaired on behavioural tasks of executive functioning? [J]. *Neuropsychology Review*, 2013, (2): 138-156.

Gruenewald, P. J., & Lockhead, G. R. The free recall of category examples [J]. *Journal of Experimental Psychology: Human Learning and Memory*, 1980, (3): 225-240.

Gustavson, D. E., Panizzon, M. S., Elman, J. A., et al. Genetic and Environmental Influences on Verbal Fluency in Middle Age: A Longitudinal Twin Study [J]. *Behavior Genetics*, 2018, (5): 361-373.

Hankee, L. D., Preis, S. R., Beiser, A. S., et al. Qualitative neuropsychological measures: Normative data on executive functioning tests from the Framingham offspring study [J]. *Experimental Aging Research*, 2013, (5): 515-535.

Harris, S. E. & Deary, I. J. The genetics of cognitive ability and cognitive ageing in healthy older people [J]. *Trends in cognitive sciences*, 2011, (9): 388-394.

Heinzel, S., Metzger, F. G., Ehlis, A. C., et al. Aging-related cortical reorganization of verbal fluency processing: a functional near-infrared spectroscopy study [J]. *Neurobiology of Aging*, 2013, (2): 439-450.

Nickles, L. Spoken word production [A]. *The Handbook of Cognitive Neuropsychology: What Deficits Reveal About the Human Mind* [C]. Ed. Brenda, R. Philadelphia: Psychology Press, 2000: 291-320.

Oh, S. J., Sung, J. E., Choi, S. J., et al. Clustering and switching patterns in semantic fluency and their relationship to working memory in mild cognitive impairment [J]. *Dementia and Neurocognitive Disorders*, 2019, (2): 47-61.

Rodríguez-Aranda, C. & Sundet, K. The frontal hypothesis of cognitive aging: factor structure and age effects on four frontal tests among healthy individuals [J]. *Journal of Genetic Psychology*, 2006, (3): 269-287.

Saxton, J., Lopez, O. L., Ratcliff, G., et al. Preclinical Alzheimer disease: Neuropsychological test performance 1.5 to 8 years prior to onset [J]. *Neurology*, 2004, (12): 2341-2347.

Shao, Z., Janse, E., Visser, K., et al. What do verbal fluency tasks measure? Predictors of verbal fluency performance in older adults [J]. *Frontiers in Psychology*, 2014, (5): 1-10.

Troyer, A. K., Moscovitch, M. & Winocur, G.. Clustering and switching as two components of verbal fluency: evidence from younger and older healthy adults [J]. *Neuropsychology*, 1997, (1): 138-146.

Van Der Elst, W., Van Boxtel, M. P., Van Breukelen, G. J., et al. Normative data for the Animal, Profession and Letter M Naming verbal fluency tests for Dutch speaking participants and the effects of age, education, and sex [J]. *Journal of the International Neuropsychological Society*, 2006, (1): 80-89.

责任编辑：赵立博

语言接触与城市青年语言变异与变化*

李素琼**

提　要　语言变异与变化（LVC）通常由说话者面对面接触导致，这种接触发生在特定社会语言环境。年龄作为与 LVC 相关的社会因素一直是社会语言学关注的重要问题。21 世纪以来，城市青年语言成了社会语言学关注的焦点，在以多元文化伦敦英语为代表的研究影响下，涌现了一大批城市语言接触新变体研究成果，这些创新语言形式的出现与年龄作用密切相关。青少年对于语言进化和社会本身的进步至关重要，他们是语言变化的创新者和推动者，青少年的语言表现在一定程度上也预示语言发展的方向。青少年是国家的未来，因此，我国社会语言学研究需更重视对青少年群体语言表现的关注。

关键词　语言接触；城市青年；语言创新；语言变异与变化；社会语言学

Language Contact and the Variation and Change of Urban Youth Language
Li Suqiong

Abstract　Language Variation and Change (LVC) are often caused by face-to-face contact between speakers, and the contact occurs in a particular sociolinguistic environment. Age, as one of the most important social factors correlated with LVC, has long been a vital concern of sociolinguistics research. Urban Youth Language has become the focus of sociolinguistics research since the beginning of the 21st century. Under the influence of research represented by Multicultural London English, a large number of new varieties of urban languages have emerged, and the emergence of these contact-based innovative language forms is closely related to the role of age. Children and adolescents are essential for

---

* 本文系国家社科基金项目"人口流动与柯因内化语言问题研究"（18BYY069）的阶段性成果。
** 作者介绍：李素琼，湘潭大学外国语学院教授，主要研究方向为社会语言学语言变异与变化、语言接触。

the evolution of language and the advancement of society itself, and they are innovators and agents of language change. To a certain extent, the language performance of adolescents also indicates the direction of language development. Adolescents are the future of our country, therefore, our sociolinguistics research needs to pay more attention to their language practice.

Key words Language Contact; Urban Youth; Language Innovation; LVC; Sociolinguistics

年龄是语言变异与变化（Language Variation and Change，简称 LVC）中最重要的相关社会因素之一。语言变异与变化通常由说话者之间面对面的语言接触而导致，这种接触发生在特定社会语言环境，并在特定时间内延续。年龄作为与 LVC 相关的社会因素一直是社会语言学关注的重要问题，相关理论研究历经了从拉波夫（William Labov）的"固有变异性（inherent variability）"概念到特鲁吉尔（Peter Trudgill）的特定"社会参数（social parameters）"，再到柯斯威尔（Paul Kerswill）的儿童与青少年语言变化"三阶段模型（model of three life stages）"的发展过程（李素琼，2022a：26）。21 世纪以来，城市青年语言问题成为全球社会语言学关注的焦点，在以多元文化伦敦英语（Multicultural London English，简称 MLE）为代表的研究影响下，涌现了一大批城市语言新变体研究成果，这些基于接触的创新语言形式的出现与年龄的作用密切相关。青少年特别是城市青年语言使用情况尤其值得关注。

一 年龄与接触引发语言变异与变化的理论发展

语体变化与年龄相关的标准模式是：在最年长一代人的话语中，出现少量的某一种变式；在中间一代人的话语中，该变式出现频率有所增加；在最年轻一代人话语中，这一变式出现频率最高（Chambers et al.，2002；徐大明，2006）。年龄与语言变异与变化有着不可分割的关系。

（一）拉波夫的"固有变异性"概念

早期有关儿童和青少年语言研究主要在拉波夫的言语社区变异范式下进行，未涉及语言或方言接触。在变异框架下，语言变体之间的关系主要取决于性别和阶层（或其他相关参数）的社会分化（李素琼，2022）。根据拉波夫的"固有变异性"概念（Labov，1969），说话人个人和集体表现出的变异体现在语言和社会结构上。

接触被视为对言语社区产生的一种社会因素，需要单独处理（Labov，2001）。对于拉波夫来说，主要的接触机制是扩散（diffusion），语言特征通过成人与成人之间的接触传播到不同地理空间（Labov，2007）。但柯斯威尔等（Kerswill et al.，2013）认为拉波夫的方法可能只是部分适用，拉波夫的两个基本场景（规范的、无接触的言语社区与跨地理空间的传播）并不简单：还有更多社区类型，其中接触似乎是一个决定性特征，实际上是一个固有特征。然而，拉波夫的贡献是指出了社会环境的至关重要性，其中包括说话者的年龄，无论是否涉及接触，年龄都是语言变化的重要因素。

（二）特鲁吉尔的特定社会参数

特鲁吉尔（2010）讨论了历史接触研究问题的范围，认为建立接触的社会语言环境至关重要。他讨论的特定社会参数是接触主要是在临界期后的说话者之间（即青少年和成人）或仍在语言学习关键期的说话者之间（李素琼，2022）。他从方言习得相对广为人知的特征（Chambers，1992）中得出该结论。当面临学习新方言时，如因为搬到了不同的方言区，儿童在学习复杂的语音特征方面比青少年或成人更成功，而来自皮钦语的证据表明成人根本不擅长学习不规则屈折形态和新的形态学类别（Kerswill et al.，2013）。特鲁吉尔的结论是，在面对面接触的主要是成人的情况下，简化可能通过形态透明度（morphological transparency）的增加（即特定语言形式与其功能之间的一对一对应）以及形态类别的丢失（如语法的性的消失）而发生。相反，如果接触发生在儿童之间（这在人口长期混合的情况下最有可能发生），则可能发生复杂化，特别是通过增加新的语言类别。他的例子是巴尔干语语言联盟（the Balkan *Sprachbund*）或语言区，其中许多语言已获得（除其他特征外）后缀定冠词。这种特征的获得需要具备稳定的、长期的共同领土接触，涉及儿童而精通双语的环境（Trudgill，2010）。特鲁吉尔的社会参数对不同年龄人群的语言表现提出了很有价值的预测，但他的描述缺少语言证据来表明儿童、青少年和成年人的语言表现确实和他的预测一致（李素琼，2022a）。

（三）柯斯威尔的儿童与青少年语言变化三阶段模型

在语言结构变化变得明显之前需要较长时间，因此至少在有书面记录之前的历史研究中，没有发现对社会背景和说话者类型作用的任何实证性甚至系统性的考虑（Kerswill et al.，2013）。柯斯威尔（1996）在米尔顿·凯恩斯研究中提出一个通过人群传播变化的总体框架，重点关注3个关键的人与人之间的关系，通过这些关系可引导变化：（1）看护人（Caregivers）对婴幼儿的影响（从出生开始到6岁）；（2）同龄人（peer groups）对青春期前儿童（preadolescents）（6—12岁）的影响；

(3) 对青少年（adolescents）（12—17 岁）的影响。这些关系可以被看作这三个生命阶段的典型二元组（prototypical dyads），很明显，他还考虑了关于儿童和年轻人如何获得方言特征，包括他们自己的社区和其接触到的社区方言特征（李素琼，2022a；李素琼，2024）。

柯斯威尔主持研究的、英国国家经济和社会研究委员会（ESRC）资助的大型研究项目"新城镇、新方言：米尔顿·凯恩斯儿童和成年人的语言研究"（1990—1994）（李素琼，2022b）考察英国战后新兴城镇米尔顿·凯恩斯儿童及其父母的语言，把第二阶段说话者（即移民子女）还是孩童时的语言与其父母（第一代移民）的语言进行直接对比。该研究证明，儿童和青少年的语言选择是语音变化的主要来源。柯斯威尔等（Kerswill & Williams，2000）通过细致的语音分析和定量分析揭示了详细的变异模式。他们通过对（ou）变项指数音值进行对比后发现，与 8 岁或 12 岁孩子相比，4 岁孩子的语言特征与其看护人更接近。4 岁孩子之间语言差异很大，父母或看护人的语言模式对其有很大影响。到 8 岁时，儿童便不再受其父母元音发音影响，其语言使用逐步偏离其父母语言模式，而与同龄玩伴呈现一致性（李素琼等，2018）。

儿童在早期同时获得语音学和社会语言学相关的变异性，并且通过密切注意细微的语音变化来实现。重要的是，相同的语音提示传达了语言和特征信息（Kerswill et al.，2013）。青少年阶段的特点是扩大同龄人群体的参与和青年亚文化的形成。与此同时，语音变化（可能还有语法变化）能力也会像成人一样受到限制（Lenneberg，1967）。新语法学派的元音变化嵌入青少年社会结构中，并且相关元音的高级（新）和保守（旧）变体都具有特征功能（Eckert，2000）。这进一步证明了青少年引导语言变化的能力。这种模式与较小年龄组模式相似，但其社会功能随着青少年身份的发展而变化（Kerswill et al.，2013）。柯斯威尔以详细的语言数据揭示了儿童和青少年在语言或方言接触引起的语言变化中的作用，这是对传统的拉波夫语言变异与变化模式中的年龄分层对语言变异与变化影响的重要突破。

（四）三种不同类型的接触语境

在成人与成人接触的地方，就可能发生语言简化。如果成人之间的接触和随之而来的语言适应足够广泛，这种简化就将成为当地方言的一部分。涉及儿童而非成人的语言（或方言）接触至少发生在 3 种类型的语境中。第一种类型是社区范围内的语言更换，成人向儿童传递对他们来说是第二语言的东西（如 19 世纪的爱尔兰）。在第二种更为常见的类型中，移民或其子女在语言或方言接触环境下习得主流社区语言，和其父母语言同时使用，甚至用主流社区语言取代其父母语言。在第三种类型中,说不同方言儿童之间的系统接触发生在新方言(或称为柯因内语)的形成中(Kerswill et al.,2013)。柯斯威尔等(2013)认为,在所有 3 种类型中,言语社区都高度分散,与规范社区相比,儿童在成长过程中的社会语言学因素没有得到足够重视。这 3 种类型接触语境导致的语言结果差异很大。

  3 种类型的语言接触如何与柯斯威尔提出的儿童与青少年语言变化三阶段模型相适应?柯斯威尔的模型包含成人与儿童以及儿童与儿童之间的接触。拉波夫模型的核心部分涉及语言和语言变异的传递及从年老一代到年轻一代的变化情况。增量(incrementation)是传播变化的机制,关键取决于儿童从年长说话者(指大龄儿童、青少年以及成人)的输出中发现变化的方向。这种接触类型的特点是代际间的语言不连续性(linguistic discontinuity):在移民社区,父母不是狭义的主流语言社区成员,但和其他地方有历史联系,而他(她)们的孩子则在其居住的社区中被社会化。社区语言或方言的传播及其变化在规范机制下变得不可能,因此需要寻找不同的语言和方言习得以及变化传播的方式。柯斯威尔等(2013)认为,和以前一样,这些方式涉及与其他人的接触,但现在角色、关系和社会动态将有所不同,因此三阶段模型也需做适当调整。

二　欧洲及非洲城市青年语言变体研究案例

  儿童与青少年语言变化三阶段模型的提出使儿童和青少年在语言变化中的引领作用备受关注,特别是方言接触引发的语言变异与变化。

(一) 多语言大都市伦敦内城儿童和青少年语言变化研究

  20 世纪 80 年代以来,欧洲出现了越来越多与青年语言相关的研究。当时,在许多欧洲城市多语言工人阶层社区中产生了一些主流语言的新变体。在斯堪的纳维亚半岛及荷兰、比利时、德国和英国进行的大量研究广泛集中在这些社区的青少年说话方式上,这些研究采用的一系列方法不仅反映了特定的研究兴趣,还反映了该语言现象的复杂性和多维性。其中一些研究旨在将新变体作为在语言学层面上与主流语言相关的选择进行研究(Wiese,2009),而另外一些研究则避免对语言变体进行分类,而是在相关社区采用定量变异法进行研究,重点关注个体特征(Cheshire & Fox,2009);还有一些采用定性方法来研究新变体,倾向于将这些变体看作是应用于会话管理和身份投影的个体特征所组成的一些实践或存储器(Svendsen & Røyneland,2008;Quist,2008)。欧洲多民族方言出现的原因在历史上或许与这些地区已有大规模从发展中国家而来的移民有关。移民子女通常会迅速转说当地主流语言,而在移民居多地区,说主流语言的人较少,因此移民子女的主流语言需要从其他第二语言使用者那里习得(李素琼 等,2021)。

21世纪以来,LVC研究关注热点转向多语言、多民族城市新方言变体的研究,其中代表性研究项目是柯斯威尔主持研究的、由英国国家经济和社会研究委员会(Economic and Social Research Council,简称ESRC)①资助的"伦敦青少年英语研究(2004—2007)"和"多元文化伦敦英语:一种新方言的产生、习得和扩散(2007—2010)"。多元文化伦敦英语(MLE)研究是城市接触方言研究的经典案例,英国社会语言学家布里顿(David Britain,2022)指出,欧洲城市多民族接触变体(multiethnolect)研究是LVC在21世纪的重要创新。研究成果使人们摆脱了对大城市语言的成见,强调了语言研究需更认真对待社会和地域流动性作用,揭示了移民对当地语言影响的作用,并使青少年在语言变化中的引导作用成了研究焦点(李素琼 等,2023)。

纵观伦敦历史,语言接触和方言接触都很普遍。伦敦作为英国首都,一直是很多移民的目的地,因此项目提出长期以来与伦敦英语相关的语言创新在很大程度上都因接触而产生。儿童和青少年在语言创新中的作用当时还未引起学界足够重视。项目从两个角度探讨了伦敦工人阶层儿童和青少年的语言:(1)寻求与伦敦英语早期有关的创新,以及东南地区伦敦年轻人说话方式的区域方言调平程度;(2)揭示伦敦多民族方言的习得方式、其各种特征的跨民族使用情况以及其作为民族中性变体的地位(李素琼 等,2021)。

"伦敦青少年英语研究"项目记录哈克尼(Hackney)49名16岁至19岁青少年的语言使用。哈克尼是种族多元化中心地区,位于中心城区,在那里学龄期儿童的第一语言大约有95种不同语言。该研究将哈克尼青少年与该行政区的8名老年人及不同行政区的49名青少年和外伦敦哈弗林(Havering)8名老年人的英语进行对比。哈弗林主要是单一语言区。事实上,作为二战后伦敦贫民窟清理行动的一部分,许多原住民都被重新安置在那里。MLE项目探讨20世纪末和21世纪初在伦敦内城出现的新英语变体的社会人口和语言动力,重点关注邻近的、和哈克尼一样多语言、多民族的伦敦北部自治区如何习得不同时期伦敦英语的不同特征(包括创新特征)。

MLE研究(Chershire et al.,2011)发现,伦敦内城口音最显著的变化在于双元音系统的改变。非盎格鲁学龄前儿童早期就习得了MLE型语音,4—5岁儿童与其看护人之间呈基本相关性,这一发现与米尔顿·凯恩斯研究(Kerswill & Williams,

---

① 英国国家经济和社会研究委员会是英国在经济和社会科学方面最主要的研究资助机构。

2005）所描述的语音变量不同。这表明与其他单一社区（如米尔顿·凯恩斯）相比，伦敦多语社区中的孩子能更早注意到同龄人的话语，这可能是群体二语习得特征，其中不一定有本地语言模型，因为看护人使用的是非本地语言，或因其在家中不使用英语（李素琼等，2021）。除了语音变化，某些相关词汇是伦敦内城的盎格鲁和非盎格鲁青少年所使用的创新形式，但在伦敦外不曾使用。此外，定冠词和不定冠词的语素音位简化也是 MLE 变体的重要特征。MLE 研究数据表明，语素音位系统简化以少数群体年轻人为主，MLE 特征的出现是群体二语习得的结果。儿童和青少年在这些基于接触的变化中的作用并不符合传统的语言变化模型。然而，儿童和青少年对于这些类型变化的作用与其他变化同样重要（李素琼等，2021）。MLE 研究的理论和方法对近期社会语言学研究产生了重要影响，许多学者都采用 MLE 类似方法对城市语言变化、特别是城市年轻人群体的语言变化进行验证。

（二）英国伯明翰年轻工人阶层和伦敦塔哈姆莱特青少年语言研究

英国伯明翰年轻工人阶层青少年语言研究（Khan，2006）对比 3 个主要种族，即巴基斯坦人、加勒比黑人和白人青少年的语言表现，该研究未涉及成人。研究发现，语音变化模式非常明显，许多白人喜欢使用传统的变体和调平相对地区性的发音，而另两组则使用英语和少数群体语言的发音。这 3 个群体说话人都会使用英语和少数群体语言特征，主要取决于说话人表达的身份及社会网络的种族。同样，福克斯（Fox，2007）对比了伦敦塔哈姆莱特的青少年英语，那里的人口主要是孟加拉裔，尤其是年轻群体。总体上说，孟加拉裔没有采用传统的伦敦变体，而是使用源自少数群体语言的发音（在与盎格鲁人互动时会进行一些语言调整）。盎格鲁人确实使用传统变体，但有证据表明他（她）们会采用孟加拉国同龄人变体。在此情况下，友谊网络起关键作用，使用更多受少数群体语言影响的变体的盎格鲁人主要是与孟加拉国朋友进行最多社交互动的人。

（三）曼彻斯特特定青少年群体语言变体研究

德拉蒙德（Drummond，2018）在英国曼彻斯特两个学生收容所（Pupil Referral Units，简称 PRU）开展了一项研究。PRU 是为因行为不良而无法融入主流教育的儿童开设的教育中心。他的研究目标是在曼彻斯特识别一种明显的城市英语变体，或者说 MLE 在曼彻斯特的表现（Cheshire et al.，2011）。但他并未从语料中得到明确答案，他展示了大量语音、语法和词汇数据，描述年轻人用来塑造曼彻斯特城市身份的语言元素，所提供的语料对今后从事曼彻斯特方言研究的学者具有重要参考价值（Jones，2019）。

德拉蒙德采用民族志方法搜集语料，以曼彻斯特学生收容处的一群被学校开除的 14 岁至 16 岁青少年为对象，考察曼彻斯特特定青少年群体清塞音 TH（TH-stopping，如用 ting 代替 thing）使用情况。清塞音 TH 特指清音/θ/的发音为［t］(Drummond, 2018)。清塞音 TH 通常被认为与黑人相关的英语变量，但德拉蒙德发现，种族并不具有统计意义，相反，与说话环境和参与特定社会活动（如说唱和舞厅音乐）更相关。随后的互动分析也加强了对这种解释的支持，说明个人在此情况下如何或多或少战略性或成功地使用清塞音 TH 表达特定立场，从而确立与种族较少相关的特定身份。他认为，在此情况下清塞音 TH 的使用表明一种通过参与实践（特别是说唱）而获得的特定街道身份标志。

（四）法国城市巴黎多元文化青年方言研究

切希尔等主持研究的英法联合资助大型项目"多元文化伦敦英语/多元文化巴黎法语"（2010—2014）采用 MLE 同样的方法，揭示巴黎和法国城市多元文化青年方言使用状况。该项目比较伦敦和巴黎多语地区的语言变异与变化，重点关注近年移民出身年轻人的语言及家庭多代定居在伦敦或巴黎的年轻人语言。在伦敦，来自不同语言背景的幼儿倾向于在幼儿园向同龄人而非父母那里学习英语，其父母中许多人不会说英语或处于学习英语的早期阶段。虽然同龄人会讲多种不同语言，但英语是互相交流的唯一共同语。由于他们的很多朋友也在学习英语，因此没有明确的学习榜样，对语言变异的容忍度高，语言创新的空间大。到了青春期，年轻人英语已稳定下来，许多创新形式已成为一种新伦敦方言的一部分，即 MLE（Cheshire et al. 2013）。诸如此类的新城市方言和语言实践被称为"多民族语言"，包含许多可变的创新语音、语法和话语语用特征。在多民族同龄人群体中，来自许多不同语言背景的当地儿童一起长大，所有种族的人都会使用创新特征，包括有本地血统的说话人，如在伦敦，来自伦敦腔（Cockney）家庭的年轻单一英语说话人。然而，在新移民出身的双语年轻人及拥有高度多种族友谊团体的年轻说话人中，创新特征使用往往更频繁（Cheshire & Gardner-Chloros, 2018）。

为验证巴黎多语文化区是否出现了和 MLE 类似的语言结果，研究者尽可能复制 MLE 方法，一名田野工作者（Maria Secova）记录巴黎各郊区年轻人与 1 个、2 个或 3 个朋友之间的非正式对话，反映社交网络及这些多民族地区的互动模式。项目搜集的语料库由 77 名年龄在 10—19 岁之间的年轻人谈话录音数据组成，其中女性 41 名，男性 36 名。语料分析采用严格的变异定量法，一部分是为了解相同社会因素是否有利于伦敦和巴黎多元文化地区使用语言创新，另一部分是为将伦敦和巴黎（以及其他地方）正在进行中的语言变异和变化过程进行对比。

在巴黎获得的结果与在伦敦的结果大不相同。虽然巴黎年轻人使用一些在早期语料库中没有得到证实的语言形式，因此很可能是创新，但大多数新形式并没有被双语使用者或多民族友谊群体使用者更频繁地使用。此外，有一种形式（嵌入问句中的原位 wh 词）受到来自移民背景说话人的强烈青睐，而当地血统的年轻人却很少使用。重要的是，这些似乎都不是特定巴黎语言形式。研究者寻求可能解释这种法国例外情况的社会、政治和文化因素，包括前殖民地的语言政策、平等和多样性的国家意识形态，以及新移民儿童融入学校的教育政策等。《法国语言研究期刊》（*Journal of French Language Studies*）2018 年第 2 期专刊重点关注该项目所在的多语巴黎郊区年轻人语言，这样能确定年轻人法语方言的发展现状，并将这些发展置于 LVC 研究模式中（Cheshire & Gardner-Chloros, 2018）。在伦敦，大规模移民导致多民族语言的接触，所有族裔年轻人，包括讲非英语的非移民说话者，都使用创新语言形式，但在人口流动、移民和全球化过程类似的巴黎却产生了不同语言结果。切希尔（2020）认为，语言的发展，就像语言使用一样，不仅受个人社会特征的限制，还受到个人生活的社会文化历史背景的制约（李素琼等，2021）。

在欧洲其他城市开展的类似项目记录了因语言接触的直接或间接影响而出现的新颖说话方式和主流语言的快速演变，如，柏林青年语言研究（Wiese, 2009）、哥本哈根青年语言研究（Quist, 2008）和挪威青年语言研究（Svendsen & Røyneland, 2008）等。

（五）非洲城市青年方言变体研究

劳特利奇出版社自 2019 年以来共出版了 5 部语言变化研究（*Routledge Studies in Language Change*）系列丛书，其中，《城市接触方言与语言变化：全球南北部视角》（Kerswill & Wiese, 2022）通过对城市移民背景下的语言多样性及变异变化模式的分析，探讨撒哈拉以南的非洲及欧洲西北部主要城市方言变体的产生和发展。如，德国汉堡大学非洲语言学教授基斯林（Roland Kießling）探讨在喀麦隆城市地区出现的一种英法混合变体喀弗朗莱语（Camfranglais），该混合变体是 20 世纪 80 年代以来主要在杜阿拉（Douala）和雅温得（Yaoundé）两个城市的青年群体中发展起来的，是混合语言实践（hybrid language practice）和城市青春期（urban adolescence）的标志。美因茨大学非洲语言和语言学助理教授纳森斯坦（Nico Nassenstein）报告在刚果金沙萨市（Kinshasa）青少年群体中出现的一种林加拉语（Lingala）变体，该变体起源可追溯到 20 世纪 50 年代后期，城市青少年群体中反复出现的再词汇化（relexification）和语言创造力（linguistic creativity）形成了青年语言的特殊结构特征。对非洲城市青年口语实践的研究是社会语言学研究近期关注的热门话题之一。

倾向于变异研究的接触语言学家米斯特里（Rajend Mesthrie）提到，自20世纪90年代以来，非洲年轻学者和学生声称在非洲城市地区萌芽的带有各种命名的新方言变体多达数十种，他本人也因此对青年语言产生了浓厚兴趣，尽管他已不年轻。城市方言变体是由它们与传统语言标准和方言形式的差异来定义的（李素琼等，2023）。

从表面上看，在全球各城市开展的调查研究中发现的这种城市方言变体使用了多个不同术语，以反映这些变体相当分散的性质，如，接触方言（contact dialect）、话语实践谱（spectrum of speaking practices）、风格（style）、资源（resource）和特征库（feature pool）等（Britain，2022）。以柯斯威尔为代表的英国社会语言学家倾向于使用接触方言和特征库，而美国社会语言学家埃克特（Eckert，2008）则将这种城市新方言变体称为当代城市语言风格（urban speech styles）。虽然存在不同术语，但几乎所有多民族方言研究都以青少年群体为对象。以田海龙为代表的中国学者近年来对LVC的风格研究发表了较多见解（田海龙等，2021；田海龙，2022a；田海龙2022b）。

三 中国城市青少年语言研究案例及研究启示

中国学者对城市青年语言的研究主要体现在对青少年网络语言生活问题的关注，其中代表性项目是2014年获批的国家社科基金重大项目"青少年网络语言生活方式及其引导策略研究"。该项目发表的阶段性成果（徐晖明等，2016）以462名广州青少年为对象，发现青少年的语言使用现状是普通话与粤方言并重，普通话使用比例快速增加并未对粤方言造成冲击，而原本有不少使用者的其他方言则趋于边缘化。汪磊（2016）综述了国内网络语言研究十年的基本情况，认为我国网络语言研究密切关注并追踪网络语言发生、发展轨迹，探究网络语言现象的传播机制及对社会生活的影响。

从研究方法上看，我国对青年网络语言生活的调查研究主要基于研究对象的自我报告，真实语境下的实证研究较少。长期以来，青年网络语言一直备受批判。瑟洛（Thurlow，2006）列出101篇关于以计算机为媒介的交流和年轻人语言的热门新闻文章，这些文章认为青年网络用语是对识字的威胁、语言的破坏、缩写的滥用等，青少年被认为是罪魁祸首。国际著名的网络语言实证研究案例是塔利亚蒙特（Sali Tagliamonte）（2016）开展的一项以北美青年为对象的为期2年的研究。她搜集来自同样作者的电子邮件、即时消息和电话短信等3个真实语境的语料，共获得179000字的互联网语料，对首字母缩略词、缩写形式和首字母缩写词、加强词和将来时态词等语言现象进行分析。她发现，尽管不同语域的形式和对比频率有所不同，但变体使用模式稳定。互联网语言使用未出现语法退化现象，相反，青年日常以计算机为媒介的交流是正式语体和时尚语体的结合，他（她）们正在流畅地掌握并使用一套新的复杂语体。塔利亚蒙特的研究证据对于人们正确认识并克服对青年网络语言的成见具有重要意义，其研究方法也给我国青少年网络语言生活研究带来一些有益启示。

我国学者对中国境内外城市青少年群体对普通话使用情况的调查研究也有一些成果。基于儿童与青少年"语言变化三阶段模型"（Kerswill，1996），李素琼（2024）以英国约克华人两代移民为对象，报告海外华人使用的普通话正发生一些词汇、语音或句法演变，一种普通话新变体正在海外华人社区中形成，年龄较大儿童是普通话使用创新的主力军。俞玮奇（2017）通过对上海农民工子女与其父辈两代人语言生活状况的调查，发现农民工子女在城市适应过程中向普通话转用趋势比其父辈更明显。董洪杰（2020，2022）对西安坊上回族社区的调查研究报告，坊上人中的不同群体对不同变体的认知和选择模式呈现不平衡发展格局，年轻女性语言创新意识最强。王春辉（2023）探讨了语言治理与中国乡村现代化问题，其中对留守儿童的语言问题也有所关注。

近年来，本文作者指导硕士研究生针对城市青少年语言变异与变化开展了一些调查研究。如，"青少年自然谈话中网络语言情绪标签词 emo 使用变异研究"（何李佳，2024）采用观察法和访谈法，收集44名调查对象的自然谈话录音语料，基于儿童与青少年"语言变化三阶段模型"，将调查对象分为4—5岁（学龄前儿童）、7—11岁（青春期前儿童）、13—17岁（青少年）、22—25岁（大学年龄成年人）和32—60岁（看护人）5个年龄组，并对自然谈话语料进行定量与定性分析。研究发现，青少年在网络语言使用中的创新现象尤为突出。这种语言创新也对青少年的自然说话产生了一定的影响，青少年在语言接触中的方言调适对语言变异与变化起到引导作用。新变式 emo 的方言特征相对突出性和青少年的语言态度等因素影响了方言调适的结果。

但总的来说，和国际社会语言学研究相比，我国社会语言学对城市青少年语言关注程度还很不够，无论是从新方言变体还是城市语言风格视角的青少年语言研究都非常有限。我国城市青少年的语言创新表现如何？青少年创新性语言表现的原因体现在哪些方面？对我国城市青少年语言生活的调查研究尚有较大的挖掘空间。

结　语

　　本研究以年龄作为引发语言变化的重要社会环境因素的相关理论为指导，以欧洲、非洲和我国城市青少年语言研究为案例，探讨城市青少年群体在语言接触引发语言变异与变化中的重要作用。拉波夫提出的"固有变异性"概念为年龄作为语言变异与变化至关重要的社会环境因素奠定了基础，特鲁吉尔的特定"社会参数"进一步推动了年龄作为重要的社会变量的研究发展，柯斯威尔提出的儿童与青少年"语言变化三阶段模型"激发了欧洲及世界各地社会语言学研究人员对青少年在语言变异与变化中的引导作用的关注。该理论模型在更近期的研究中得到了检验和发展。年龄较大儿童和青少年处于语言创新能力最强的生命阶段，其语言使用具有一定的独特性。青少年对于语言进化和社会本身的进步至关重要，他们是语言变化的创新者和推动者，青少年的语言表现在一定程度上也预示着语言发展的方向，因此，本研究认为，青少年是国家的未来，我国社会语言学研究需更重视对青少年群体语言表现的关注。

参考文献

保罗·柯斯威尔，彼得·特鲁吉尔，李素琼，等．新方言的诞生［J］．中国社会语言学，2018，（1）：106—122.

董洪杰，周敏莉．西安坊上回族居住空间与言语社区的分化［J］．贵州民族研究，2020，41（3）：113—118.

董洪杰．西安坊上回族语言变异与身份认同研究［M］．北京：商务印书馆，2022.

何李佳．青少年自然谈话中网络语言情绪标签词 emo 使用变异研究［D］．湘潭大学硕士学位论文，2024.

李素琼，黄千智，何菁．城市语言接触经典案例 MLE 研究述评［J］．湘潭大学学报（哲学社会科学版），2021，45（4）：181—186.

李素琼，姚亚玲．《城市接触方言与语言变化：全球南北部视角》评介［J］．语言政策与规划研究，2023，（1）：155—168.

李素琼．方言接触与语言演变——从特鲁吉尔到柯斯威尔［J］．山东外语教学，2022a，43（5）：21—30.

李素琼．移民与语言演变：英国约克华人社区两代移民普通话新变体［J］．中国语言战略，2024，11（1）：175—188.

李素琼．英国社会语言学五十年述评［J］．语言政策与规划研究，2022b，（1）：103—114+189.

田海龙，赵芃. 社会语言学新发展研究［M］. 北京：清华大学出版社，2021.

田海龙. "语言"与"社会"的互融：社会语言学的核心课题与理论聚焦［J］. 山东外语教学，2022，43（5）：9—20.

田海龙. 变异社会语言学的风格研究——兼谈与修辞学风格研究的互鉴［J］. 当代修辞学，2022，（4）：11—21.

汪磊. 网络语言研究十年［J］. 语言战略研究，2016，1（3）：43—51.

王春辉. 语言治理与中国乡村现代化：历史、当下与未来［J］. 语言政策与规划研究，2023，（2）：41—54+184.

徐大明. 语言变异与变化［M］. 上海：上海教育出版社，2006.

徐晖明，周喆. 广州青少年语言使用与语言态度调查与分析［J］. 语言文字应用，2016，（3）：20—29.

俞玮奇. 上海农民工子女的城市语言生活融入趋势与代际差异研究［J］. 语言学研究，2018，（1）：145—155.

Britain, D. Ethnolects, Multiethnolects and Urban Contact Dialects：Looking Forward, Looking Back, Looking Around. In P. Kerswill & H. Wiese（eds.）. *Urban Contact Dialects and Language Change：Insights from the Global North and South*，2022，325-36. New York：Routledge.

Chambers, J. K., Trudgill, P. & Schilling-Estes, N.（eds.）. 2002. *The Handbook of Language Variation and Change*. Oxford：Blackwell.

Chambers, J. K. 1992. Dialect Acquisition. *Language*, 68：673-705.

Cheshire, J. & Fox, S. 2009. Was/were Variation：A Perspective from London. *Language Variation and Change*, 21（1）：1-38.

Cheshire, J. & Gardner-Chloros, P. 2018. Introduction：Multicultural Youth Vernaculars in Paris and Urban France. *Journal of French Language Studies*, 28（2）：161-64.

Cheshire, J., Kerswill, P., Fox, S. & Torgersen, E. 2011. Contact, the Feature Pool and the Speech Community：The Emergence of Multicultural London English. *Journal of Sociolinguistics*, 15（2）：151-96.

Cheshire, J., Kerswill, P., Fox, S. and Torgersen, E.. 2013. Language Contact and Language Change in the Multicultural Metropolis. *Revue Française de Linguistique Appliquée*, 18（2）：63-76.

Cheshire, J. 2020. Taking the Longer View：Explaining Multicultural London English and Multicultural Paris French. *Journal of Sociolinguistics*, 24（3）：307-28.

Drummond, R. 2018a. Researching Urban Youth Language and Identity. *Basingstoke：Palgrave Macmillan*.

Drummond, R. 2018b. Maybe it's a Grime［t］ing：TH-stopping among Urban British Youth. *Language in Society*, 47（2）：171-96.

Eckert, P. 2000. Linguistic Variation as Social Practice. *Oxford：Blackwell*.

Eckert, P. 2008. Variation and the Indexical Field. *Journal of Sociolinguistics*, 12 (4): 453-76.

Fox, S. 2007. The Demise of Cockneys? Language Change among Adolescents in the 'Traditional' East End of London. *Ph. D. Dissertation*. University of Essex.

Jones, L. 2019. Rob Drummond, Researching Urban Youth Language and Identity. Basingstoke: Palgrave Macmillan, 2018. Pp. vii + 286. Linguistics, 55 (4): 893-97.

Kerswill, P. & Wiese, H. (eds.). 2022. Urban Contact Dialects and Language Change: Insights from the Global North and South. New York: Routledge.

Kerswill, P. & Williams, A. 2000. Creating a New Town Koine: Children and Language Change in Milton Keynes. *Language in Society*, 29 (1): 65-115.

Kerswill, P. & Williams, A. 2005. New towns and koineization: linguistic and social correlates. *Linguistics*, 43 (5), 1023-48.

Kerswill, P., Cheshire, J., Fox, S. & Torgersen, E. 2013. English as a Contact Language: The Role of Children and Adolescents. In M. Hundt & D. Schreier (eds.) English as a Contact Language: Studies in English Language, 258-82. Cambridge, U. K.: Cambridge University Press.

Kerswill, P. 1996. Children, adolescents, and language change. *Language Variation and Change*, 8 (2): 177-202.

Kerswill, P. 2013. Identity, Ethnicity and Place: The Construction of Youth Language in London. In P. Auer, M. Hilpert, A. Stukenbrock & B. Szmrecsanyi (eds), Space in Language and Linguistics: Geographical, Interactional, and Cognitive Perspectives, 128-64. Berlin: De Gruyter.

Khan, A. 2006. A Sociolinguistic Study of Birmingham English: Language Variation and Change in a Multiethnic British Community. Ph. D. Dissertation, Lancaster University.

Labov, W. 1969. Contraction, Deletion and Inherent Variability of the English Copula. *Language*, 45: 715-62.

Labov, W. 2001. Principles of Linguistic Change, vol. ii: Social Factors. Malden, MA, and Oxford: Blackwell.

Labov, W. 2007. Transmission and Diffusion. *Language*, 83 (2): 344-87.

Lenneberg, E. 1967. Biological Foundations of Language. New York: Wiley.

Quist, P. 2008. Sociolinguistic Approaches to Multiethnolect: Language Variety and Stylistic Practice. *International Journal of Bilingualism*, 12 (1): 43-61.

Svendsen, B. A. & Røyneland, U. 2008. Multiethnolectal Facts and Functions in Oslo, Norway. *International Journal of Bilingualism*, 12 (1): 63-83.

Tagliamonte, S. 2016. So Sick or So Cool? The Language of Youth on the Internet. *Language in Society*, 45 (1): 1-32.

Thurlow, C. 2006. From Statistical Panic to Moral Panic: The Metadiscursive Construction and Poplar Exaggeration of New Media Language in the Print Media. *Journal of Computer Mediated Communication*, 11

(3): 667-701.

Trudgill, P. 2010. Contact and Sociolinguistic Typology. In H. Raymond (ed.). *The Handbook of Language Contact*, 299-319. Oxford: Wiley-Blackwell.

Wiese, H. 2009. Grammatical Innovation in Multiethnic Urban Europe: New Linguistic Practices among Adolescents. *Lingua*, 119 (5): 782-80.

责任编辑：石琳

城市国际交往语言环境治理评价体系构建

滕延江　刘永芳[*]

提　要　在全球化进程中，城市的国际交往日益频繁，语言环境作为城市对外交流的重要软实力之一，直接影响到城市的国际形象、经济发展和交往质量。语言环境治理有助于确保语言服务的标准化、规范化和便利化，提升城市居民的语言能力和跨文化交流能力，促进城市的文化多样性和包容性。作为一种系统化的管理活动，语言环境治理还需要有效的评价体系，为治理工作提供科学依据和决策支持，衡量和改进治理效果。本文旨在构建一个系统化的城市国际交往语言环境治理评价体系，评估和提升城市在国际交往中的语言环境质量，为城市国际交往语言环境治理提供理论依据和实践指导。本文在探讨城市国际交往语言环境治理的基础上，从语言政策与规划、语言景观规范、外事活动保障、社会服务健全和突发事件应急处置5个方面提出了语言环境治理的评价体系，并提倡从政策、人才、技术、资金4个层面确保语言环境治理各项举措落实到位。

关键词　城市国际交往；语言环境；语言治理；评价体系；语言景观

On the Construction of an Evaluation System for the Governance of Urban Language Environment for International Communication
Teng Yanjiang　Liu Yongfang

Abstract　In the process of globalization, international exchanges between cities are becoming increasingly frequent. As an important soft power of cities' foreign exchanges, language environment directly affects a city's international image, economic development and communication quality. Language environment governance helps to ensure the standardi-

---

* 作者介绍：滕延江，博士，副教授，北京语言大学国际语言服务研究院，主要研究方向为语言政策、语言规划及语言服务。刘永芳，硕士，副教授，鲁东大学外国语学院，主要研究方向为应用语言学、学术英语写作。

zation, regularization and convenience of language services, improve the language ability and cross-cultural communication ability of urban residents, and promote cultural diversity and inclusiveness in cities. As a systematic management activity, language environment governance requires an effective evaluation system to provide scientific basis and decision-making support for governance work, and measure and improve governance effects. The paper aims to develop a systematic evaluation system for the governance of the language environment for facilitating international exchanges between cities, providing theoretical basis and practical guidance for the governance of language environment for cities' international exchanges. Based on the discussion of the language environment governance for international exchanges between cities, the paper proposes an evaluation system for cities' language environment governance from five aspects: language policy and planning, linguistic landscape norms, foreign affairs activity support, comprehensive social services, and emergency response. It also advocates ensuring the implementation of language environment governance measures from four levels: policy, talent, technology, and funding.

Key words International Exchanges Between Cities; Language Environment; Language Governance; Evaluation System; Linguistic Landscape

随着全球化和国际化进程的加快，城市作为国际交往的主体，彼此之间的交流与合作日益密切，城市国际交往语言环境的重要性日益突显，其语言环境质量往往直接影响到城市的国际吸引力和竞争力。城市国际交往语言环境是指城市在国际交往中为支持和促进国际交流与合作所营造的语言使用和沟通氛围，包括语言使用规范、语种提供数量、语言服务水平、语言文化氛围等，涉及语言政策、教育、公共服务等多个方面。良好的城市国际交往语言环境可以促进城市国际化发展，提升城市国际形象，增强城市国际竞争力。近年来，我国的城市化进程进一步加快，对外开放与合作交流不断迈向新高度，北京、上海、广州等一线城市都加大了对城市国际交往语言环境治理的力度，并取得了一定的成效：2022年1月1日，国内第一部国际交往语言环境建设法规《北京市国际交往语言环境建设条例》正式实施，旨在提升北京的"国际范儿"，促进高水平开放和高质量发展。上海市也出台了相关法律条例，加强该市的国际交往语言环境建设，打造友好、和谐、便捷、"以人为本"国际交往语言环境。不仅如此，2024年2月，全国首部关于公共场所外语标识的地方性法规《广州市公共场所外语标识管理规定》正式施行，对外语标识"管什么""谁来管""哪里设""怎么设""怎么管"等5个方面基本问题作出了明确规定。

城市语言环境建设与治理引发了学界的关注，学界主要围绕语言使用规范、城市户外语言景观设置（沈骑、孙雨，2023）、公共服务（含交通、门牌路牌）标识、旅游景点中外文使用（王秋生，2004）、菜名（孙国瑾、严济保，2008）、具有中国特色产品的规范外译（闫成胜，2014）、政务网站建设，以及多语服务中心设立（詹成、索若楠，2012）等话题进行了讨论。这些研究对促进城市语言环境治理、改善城市语言环境质量具有重要的现实意义。然而，城市国际交往语言环境治理工作仍存在一些不足，这主要体现在：（1）语言环境建设滞后于实际需要，未能及时更新和优化语言设施，机场、车站、医院、景区等公共场所的外语标识不清晰、不规范，个别城市的多语言热线、翻译服务平台缺失，导致国际交往中的不便和误解；（2）设置了外语服务的场所的多语言翻译质量参差不齐，存在错误翻译或不准确的情况，影响国际友人的理解和使用体验；（3）本地居民的外语教育资源匮乏，外语教育水平较低，限制了市民参与国际交往的能力。此外，虽然有些城市制定了语言环境治理的政策和规划，但在实际落实过程中存在执行不力、服务职责不清晰、监督不到位的问题。

国际交往语言环境的提升离不开语言环境治理的考核评价，一方面，它为城市管理者提供了系统化的评估工具，有助于发现和改进语言环境中的问题；另一方面，它也为城市间的比较和交流提供了标准化的依据，有助于推广优秀经验和做法，互相促进，共同发展。然而，现实中系统化的城市语言环境治理评价体系研究仍较为缺乏，开发语言环境治理的评价指标和方法，通过定量和定性分析评估治理效果，然后改进城市语言环境显得十分迫切和必要。这些指标可能包括语言多样性、翻译质量、语言服务覆盖率、市民外语能力等。由此，为了更好地评估城市国际交往语言环境治理效果，亟须构建科学、合理的城市国际交往语言环境治理评价体系，从而进一步优化公共服务，提升涉外服务便利度。本文围绕都市国际交往语言环境治理（以下简称"语言环境治理"）这个话题，构建语言环境治理的评价体系，倡导发挥好属地管理作用，采取综合措施，提高语言服务质量、加强多语言教育、规范公共场所语言标识、建立完善的翻译服务体系等，为本区域提升国际化服务提供强有力的支持（朱慧芬等，2020）。

一 语言环境治理的理论基础

语言环境治理是语言治理的一个重要组成部分（王春辉，2020），是指通过一系列措施和手段，规范语言使用、提升语言服务水平、营造良好语言文化氛围，从而优化语言环境、促进社会发展。语言环境治理涵盖了语言规划与政策、语言生态、文化交流以及公共服务等多个学科的理论和原则。

（一）语言规划与政策理论

语言规划与政策理论专注于语言政策的制定和实施，旨在通过有计划的干预来解决语言问题。Cooper（1989）提出了语言规划的3个层次，即地位规划（制定和实施多语言政策，确保不同语言的法律地位和社会地位），本体规划（制定和推广语言标准，促进语言使用的规范化、标准化和现代化）以及习得规划（通过教育和推广活动，提高语言的普及程度和使用能力），为有效治理语言环境提供了策略和方法。现实中，通过制定和实施多语言政策、推广语言教育、标准化语言规范，确保语言使用的公平性和多样性，保障所有语言群体的语言权利，提升语言的社会功能和文化价值，促进社会的和谐和可持续发展（Kaplan & Baldauf，1997）。简言之，语言规划与政策理论为语言环境治理提供了伦理和法律依据，指导如何在多语言、多文化背景下制定和实施语言政策；而考察一个城市的语言环境时，需要审核其是否制定了促进语言环境建设的法律条文以及明细规章。

（二）生态语言学理论

生态语言学理论把语言视为生态系统的一部分，强调语言的多样性和可持续发展，认为每一种语言都是文化遗产的一部分，具有独特的价值。Haugen（1972）的语言生态学模型提出了语言与环境的互动关系，与其他语言、文化、社会等因素相互作用，共同构成语言生态环境，为语言环境治理中的可持续发展提供了新的视角和方法。现实中，社会存在各种差异，包括但不限于种族、文化、语言、宗教、性别、年龄和思想，语言生态原则认为这些差异是社会的丰富和力量来源，应当受到尊重和保护。例如，教育机构通过提供多语言教育，不仅帮助学生学习其他语言，还有助于理解和尊重不同文化和语言的价值观，促进多元文化的包容和平等。

（三）文化交流理论

文化交流理论研究跨文化交流中的语言和文化因素，探讨如何在多元文化背景下实现有效沟通。Hofstede（1983）的文化维度理论（跨文化交流人员可以通过了解不同文化的差异，避免文化误解和冲突，国际商务人员可以通过分析目标市场的文化特点，制定有效的营销策略，管理人员可以通过了解员工的文化背景，提高管理效率）、Hall（1976）的高低语境文化理论（根据语境来说明世界文化的多样性）等，帮助理解不同文化背景下的语言使用差异，为制定符合文化多样性的语言环境治理策略提供了依据。语言环境是语言文化交流和传播的场所，对语言文化的发展具有重要影响。因此，跨文化交流理论对于语言环境建设与治理具有重要的促进作用，它强调了不同文化之间的相互理解、尊重和合作，为创造包容性、平等性和多元性的语言环境提供了理论支持和实践指导。

（四）公共服务理论

公共服务理论强调政府和公共机构在提供服务过程中应当公平、公正、有效地满足社会公众的需求，突出服务的公平性（确保所有社会成员都能平等地获取服务资源，不因种族、性别、宗教、语言等因素受到歧视）、可获得性（公共服务应当尽可能地便利易达，使所有人都能方便地获得服务）和有效性（公共服务应当高效、精准地满足公众需求，提升服务质量和满意度）。实践中，我们需要提供多语言服务，在各类公共场所提供多语言标识、导向和信息，通过多种途径提高多语言服务的质量（如培训多语言服务人员、使用语言技术等），确保不同语言背景的群体都能平等地获取信息和服务（安体富、任强，2007）。由此，这些原则为制定和实施多语言服务政策提供了指导，确保不同语言背景的群体能够平等地获取公共服务，提升社会整体的福祉和包容性，促进社会和谐发展，提升城市的国际化水平和吸引力。

语言环境治理是一项复杂的系统工程，需要多学科理论的支持，这些理论不仅提供了理解语言环境问题的框架，还为制定和实施有效的语言治理评价标准提供了科学依据，有助于更好地开展语言环境治理工作，推动语言生态健康发展，促进社会文明进步。通过综合运用这些理论，语言环境治理能够更加系统、科学和有效，最终实现语言环境的优化和提升。

二　国际交往语言环境评价体系

城市国际交往语言环境评价体系是指用于评估城市国际交往语言环境治理效果的理论框架和方法体系。评估体系需要有公平、客观的评价原则，细化具体、可操作的评价指标，以及科学、可衡量的评价方法。简言之，评价原则、评价指标和评价方法形成一个有机整体，确保国际交往语言环境评价体系的科学性、全面性和有效性。

（一）评价原则

在构建城市国际交往语言环境治理评价体系时，需要遵循以下4项原则。(1) 科学性：指标设计应基于科学理论和方法，从多角度、多层面进行评价，具有客观性和可信度，能够反映国际交往语言环境的本质和特征。(2) 规范性：评价体系应涵盖语言环境的各个方面，全面反映城市的语言治理水平。明确评价流程的每个步骤，包括数据收集、分析、报告撰写等，确保操作的一致性。评价过程应当符合相关法律法规和规范要求，并应公开透明，接受社会监督。评价过程应具有可追溯性，能够对评价结果进行追溯和验证。（3）可操作性：指标应具有标准化特性，便于不同城市间的比较和交流，指标应简明、易于操作和实施，评价结果应能够为城市语言环境治理提供具体指导和建议。（4）动态性：评价体系应具有灵活性，应根据新情况、新问题不断调整和完善，能够适应语言环境和国际交往形势的变化。

（二）评价指标

评价指标是评价体系的核心，反映了评价对象的主要特征和属性，是评价体系的衡量尺度，用于确定评价结果的优劣。根据城市国际交往语言环境治理的目标和要求，可以从以下 5 个层面构建评价指标体系，具体内容见表1。

表1　　　　　　　　国际交往语言环境评价指标体系

级评价指标	级评价指标	级评价指标
语言政策与规划	语言政策制定与实施	制定的语言政策文件数量及覆盖的领域
		明确的语言规划目标和实施路线
	语言管理机制	负责语言政策与规划的专门机构数量和运作情况
		语言服务标准化程度及其监督、评估机制
	语言资源配置	配置的语言资源种类（如翻译设备、语言培训资源、语言服务平台等）
		语言资源平台投入、使用及反馈情况
语言景观规范	语言景观设置	标识物的设计符合相关规范和标准
		提供多语言标识物的种类多样化情况
	多语言导览与信息发布	导览系统设计合理，覆盖城市主要景点和服务设施
		提供多种信息发布方式（如户外屏幕、手机应用）与更新频率
	公共语言秩序维护情况	违法语言信息的督查建档立案情况
		保障公共语言环境安全的举措
外事活动保障	多语言翻译服务	具备高水平语言能力的翻译人员数量
		同声传译设备的配置
	语言培训与文化培训	外事人员语言培训（课程、参与比例及效果）
		文化差异培、主题培训的内容和覆盖面
	多语言信息平台的建设与应用	官网提供的多语言版本数量及更新频率
		热线服务支持的语言种类、响应时间及满意度

续表

级评价指标	级评价指标	级评价指标
社会服务健全	公共服务的多语言支持	提供多语言服务窗口的数量
		公共安全系统支持的语言种类
	生活服务的多语言支持	提供多语言服务支持的医院、住房、金融、学校等设施的数量
		举办的多语言文化活动数量
	信息和技术的多语言支持	提供多语言支持的城市信息系统种类与便捷程度
		提供多语言新闻的电视和广播频道数量
突发事件应急处置	应急预案制定	应急预案提供的多语言版本数量
		多语言应急培训课程数量
	应急响应与应急语言服务	应急热线提供的多语言种类、多语言应急信息的发布渠道数量（如短信、网站、社交媒体）
		具备多语言能力的现场救援人员数量、现场救援设备的多语言标识情况
	应急恢复与反馈机制	提供的多语言心理咨询服务种类
		多语言反馈渠道的数量和类型

（1）语言政策与规划。语言政策与规划是指导语言发展的行动指南（戴曼纯，2021），在城市国际交往语言建设和发展中具有纲领性作用。评价一个城市的语言环境建设情况，需要查看其制定的语言政策文件的数量和内容，政策实施的效果（覆盖范围和执行力度），及其对不同语言社区和外宾的影响程度。同时，也需要从语言规划与管理的视角关注城市对语言资源的规划、管理、监督和配置情况（如翻译服务、多语言教育、语言培训、信息发布、宣传推广和公众教育工作），考察相关法律法规的完备性和执行效果。

（2）语言景观规范。城市语言景观是指出现在城市公共空间中的语言符号（Shohamy & Gorter，2009），包括路牌、广告牌、招牌、标语、指示牌等，是城市文化的重要组成部分，反映着城市的历史文化、社会经济和民族风情。城市语言景观由多种语言组成，涉及多种语言形态，包括文字、语音、图像等，并且随着城市的发展变化而不断变化，具有信息、导向、审美、文化等多重功能，彰显城市特色与城市形象（尚国文、赵守辉，2014；张天伟，2020）。语言景观规范涉及语言使用规范程度，特别是重要公共场所的多语言标识，公共交通系统的多语言信息等（Spolsky，2020）。实践中，需要考核一个城市是否引导公众监督、参与城市语言景观治理，完善城市语言景观治理机制，做到城市的"言值""颜值"双提升。

（3）外事活动保障。外事活动语言保障是提升城市国际化水平的重要举措，主要体现在为国际会议、论坛、展览等大型国际活动提供同声传译、笔译等翻译服务，为外宾来访、经贸洽谈、文化交流等日常国际交往活动提供翻译服务。在公共场所、交通设施、旅游景点等重要地点设置多语种标识，方便外宾查询信息、指引方向。组织和培训语言志愿者队伍，为外宾提供语言咨询、导游、翻译等志愿服务。在大型国际活动期间设立语言志愿者服务站，为外宾提供及时有效的语言帮助。涉外工作虽然对"外"，但也需要为公务员、涉外工作人员、市民等提供外语、跨文化交际能力培训服务（例如，开办外语沙龙、语言角等活动），提升其语言能力，帮助他们理解和尊重不同国家的文化习俗，确保工作人员能够熟练应对活动中的特殊需求。

（4）社会服务健全。在国际交往语言环境建设中，健全的社会服务体系是确保外宾能够顺利融入和参与当地生活的关键环节，直接影响外宾的生活质量和对城市的整体印象，并关乎他们对城市的认同感和满意度。具体而言，考察城市的公共服务机构的多语言服务、居民外语能力、社会对多语言环境的支持与接受度、外国居民和游客的语言需求满足情况、语言文化交流活动丰富程度，以及语言文化氛围营造效果等。例如，在政务服务大厅、医疗机构、商业场所等涉外服务窗口提供多语种服务指南；政府官方网站提供多种语言版本；医疗机构提供多语言服务，包括现场翻译和电话翻译，提供多语言的健康教育手册和医疗指南；开通多语言报警系统，帮助外宾了解当地的安全信息和应急措施等。此外，其他与日常生活息息相关的领域（如住房租赁、金融、子女入学教育、就业指导、信息技术支持、外语频道开办等）是否为外宾提供全面、优质的服务，促进他们顺利融入城市生活，提高他们对城市的满意度和归属感。

（5）突发事件应急处置。突发事件应急处置强调在多语言和跨文化背景下，有效地传达信息、组织救援和保障公众安全（沈骑、康铭浩，2020；滕延江，2020）。在多语言环境中，确保信息能够被所有受影响的人群理解和接受，需要制定多语言的应急预案和信息发布机制，并在应急处置中考虑文化差异（王立非等，2024）。具体而言，突发事件之前制定包括多种语言的应急预案，确保在突发事件发生时，所有受影响的人都能理解应急措施和疏散路线（例如，利用广播、电视、社交媒体、手机短信等多种渠道，以多语言形式发布紧急信息）；对应急管理人员进行文化敏感性培训，使他们能够理解和尊重不同文化背景人员的需求和反应。事中现场提供多语言翻译服务，帮助不同语言背景的人员获得必要的信息和指导。事后提供多语言的心理支持和辅导服务，帮助受影响人员应对心理压力和情感困扰。此外，制作多语言的应急教育材料，向公众普及应急知识和技能，提高公众的自我保护能力。同时，建立多语言反馈机制，收集不同语言背景公众的意见和建议，不断改进应急预案和措施。

（三）评价方法

评价方法是评价体系的实施手段，用于收集和分析评价数据。根据评价指标的特点，可以采用以下3种评价方法。（1）指标量化法：对可量化的评价指标进行量化分析，得出评价得分；还可根据指标的重要性分配不同的权重，综合评估整体语言环境；对公共场所、政府机构、教育机构等进行实地考察，检查多语言设施和服务的实际情况。（2）专家评审法：邀请语言学、翻译学、教育学、信息技术等相关领域的专家对评价指标进行打分，得出评价得分。（3）问卷调查法：对城市居民、外来游客等进行问卷调查，收集评价数据；建立用户反馈机制，及时收集和处理市民、游客和企业的意见和建议，持续改进语言环境。

三 国际交往语言环境治理评价体系的保障

国际交往语言环境治理评价体系的保障是确保该体系的有效性、可持续性和全面性的关键，涉及政策、人才、技术、资金等方面的支持和保障。

（一）政策

为了建立有效的国际交往语言环境治理评价体系，政策保障是关键。具体而言，（1）制定明确的语言政策，明确多语言环境建设的目标、原则和具体要求。这些政策应涵盖公共服务、教育、商业等多个领域，确保各方面的协调和一致性。例如，制定《公共场所语言标识管理条例》，规范公共标识的多语言使用；出台《翻译服务质量管理办法》，提升翻译服务水平。（2）建立严格的监督与评估机制，定期对语言环境治理的实施情况进行检查和评估。政府可以设立专门的语言环境治理评估委员会，负责监督政策执行、收集社会反馈，并提出改进建议。（3）鼓励市民积极参与语言环境建设，通过多种渠道向公众宣传语言环境治理的重要性，组织相关的培训、讲座、宣传活动，提升公众的语言能力和跨文化交流意识（滕延江，2023）。

（二）人才

国际交往语言环境治理评价体系的有效运行需要强有力的人才保障，特别是具有国际视野的复合型外语人才。具体来说，（1）培养、培训多语言专业人才，在大学和研究机构设立多语言专业课程和研究项目，培养具备语言学、翻译、跨文化交流等能力的专业人才，包括口译员、笔译员、语言咨询专家，以及特殊场景的语言服务人才，例如应急语言服务人才等（王立非等，2024）；提供针对性的职业培训项目，提升现有从业人员的多语言能力和跨文化交流技能，以满足各种国际交流的需求。(2) 重视跨文化交流专家及领域人才培养，在教育和培训中增加跨文化交流内容，培养对不同文化背景有深刻理解和敏感性的专业人才；引进和聘请国际领域专家，提供专业指导和培训，提升本地人才的交流能力。(3) 培养精通多语言信息系统、人工智能翻译技术等方面的技术开发人才，推动语言环境治理技术手段的创新和应用。

（三）技术

国际交往语言环境治理评价体系的技术保障至关重要。(1) 建立多语言信息管理平台，整合城市的语言环境数据，包括公共标识、政府文件、旅游信息、教育资源等，便于统一管理和分析。(2) 利用大数据技术收集和分析语言使用数据，评估多语言环境的覆盖范围和效果，识别问题和改进方向。建立语言资源数据库，为翻译和语言服务提供支持；研发和应用人工智能翻译工具（如机器翻译、语音识别和合成等），提升翻译服务的智能化水平。(3) 开发多语言移动应用程序，提供实时翻译、语言学习、跨文化交流指南等服务，方便市民和外国游客使用；在机场、车站、医院等关键场所设置多语言自助服务终端，提供翻译和信息查询服务；建立在线语言服务平台，提供翻译、语言咨询、教育培训等服务，满足不同用户的需求。同时，建立技术质量控制体系，定期评估和优化技术应用效果，确保技术支持的有效性和可靠性。

（四）资金

国际交往语言环境治理评价体系的有效运行需要充足的资金保障。我们建议，(1) 政府应设立专项资金，用于支持国际交往语言环境治理相关项目，包括翻译服务、多语言信息系统建设、人才培训等。例如，提供专项财政预算，支持语言环境治理相关项目的实施，这包括公共标识翻译、语言服务平台建设、多语言教育资源开发等。(2) 鼓励公共部门与私营企业合作，吸引社会资本投入语言环境治理项目；积极申请国内外组织、基金会的资助，支持本地语言环境治理工作。(3) 鼓励本地企业和社会力量赞助语言环境治理项目，通过冠名、项目合作等形式获取资金支持；还可考虑通过募捐活动、公益基金等渠道，吸引个人和社会团体捐赠，支持语言环境改善。

结　语

当前，中国的城市化进程进一步加快，2023年的城镇化水平已经达到了65%（邱海峰，2023），预计到2035年，我们的城市化水平有望达到75%左右（李培林，2022）。而且，我国城市的国际化程度也越来越高，构建城市国际交往语言环境治理评价体系，是提升城市国际化水平的重要举措，也为城市国际交往语言环境治理工作提供方向和依据（王春辉，2021）。通过构建城市国际交流语言环境评价体系，探讨了语言政策与规划、语言景观规范、外事活动保障、社会服务健全、应急语言服务等多个方面的重要内容。这一评价体系的建立不仅有助于全面了解城市的多语言环境情况，更能够为城市国际交流提供重要支持和保障。我们相信，随着城市国际交流语言环境评价体系的不断完善，城市语言环境建设将迈上新的台阶，城市国际化水平将得到进一步提升，城市国际交往将更加顺畅、高效。未来的研究应进一步完善评价指标体系，探索更多的数据收集与分析方法，以适应不断变化的国际交往形势和语言环境需求。

参考文献

安体富，任强．公共服务均等化：理论、问题与对策［J］．财贸经济，2007，(08)：48—53+129.

戴曼纯．语言政策与规划理论构建：超越规划和管理的语言治理［J］．云南师范大学学报（哲学社会科学版），2021，53（2）：29—38.

李培林．城镇化进入全面提升发展质量新阶段［EB/OL］．(2022-09-26)［2024-03-25］．http://www.china.com.cn/opinion/think/2022-09/26/content_78438145.htm.

邱海峰．提前实现"十四五"规划确定的目标—超65%，城镇化进入"下半场"［N］．人民日报海外版，2023-03-29（11）.

尚国文，赵守辉．语言景观研究的视角、理论与方法［J］．外语教学与研究，2014，46（2）：214—223+320.

沈骑，康铭浩．面向重大突发公共卫生事件的语言治理能力规划［J］．新疆师范大学学报（哲学社会科学版），2020，41（5）：64—74+2.

沈骑，孙雨．论城市语言景观的空间符号互动观［J］．上海师范大学学报（哲学社会科学版），2023，52（6）：70—77.

孙国瑾，严济保．论中餐菜名英译中的问题和解决方法［J］．山东外语教学，2008，(3)：104—108.

滕延江．公民社会语言学新范式的内涵、维度及反思［J］．现代语文，2023，(5)：89—95.

滕延江. 论应急语言服务规划 [J]. 语言战略研究, 2020, 5 (6): 88—96.

王春辉. 论语言与国家治理 [J]. 云南师范大学学报 (哲学社会科学版), 2020, 52 (3): 29—37.

王春辉. 学科建构视角下的语言治理研究 [J]. 陕西师范大学学报 (哲学社会科学版), 2021, 50 (6): 155—163.

王立非, 张娣, 李昭. 院校应急语言服务人才培养需求分析 [J]. 天津外国语大学学报, 2024, 31 (2): 10—23+111.

王秋生. 旅游景点翻译亟待规范 [J]. 中国翻译, 2004, (3): 79—81.

闫成胜. 国产影视作品的译制与国际传播 [J]. 中国翻译, 2014, 35 (4): 8—9.

詹成, 索若楠. 电话口译在我国的一次重要实践——广州亚运会、亚残运会多语言服务中心的电话口译 [J]. 中国翻译, 2012, 33 (1): 107—110.

张天伟. 语言景观研究的新路径、新方法与理论进展 [J]. 语言战略研究, 2020, 5 (4): 48—60.

朱慧芬, 陈君, 吕和发. 三层次理论与公示语翻译——以首都北京国际交往中心语言环境创建中的公示语翻译研究与实践为例 [J]. 上海翻译, 2020, (1): 20—24+94.

Cooper, R. L. 1989. Language Planning and Social Change. Cambridge: Cambridge University Press.

Hall, E. T. 1976. *Beyond Culture*. New York: Anchor Press-Doubleday.

Haugen, E. 1972. The ecology of language. In E. Haugen (ed.), Essays by Einar Haugen (Selected and introduced by Anwar S. Dil.). Stanford, CA: Stanford University Press, 325-339.

Hofstede, G. 1983. National cultures in four dimensions: A research-based theory of cultural differences among nations. *International Studies of Management & Organization*, 13 (1-2), 46-74.

Kaplan, R. B. & Baldauf, R. B. 1997. Language Planning: From Practice to Theory. *Clevedon: Multilingual Matters*.

Shohamy, E. & Gorter, D. 2009. *Linguistic Landscape*: Expanding the Scenery. New York: Routledge.

Spolsky, B. 2020. Linguistic landscape: The semiotics of public signage. *Linguistic Landscape*, 6 (1), 2-15.

责任编辑：石琳

危机情况下聋人应急手语服务的实践与思考[*]

张 洁 吕 黎[**]

提　要　聋人应急手语服务是我国应急管理较薄弱的一环。本文采用基于社群的参与式研究法对新冠疫情期间武汉某聋人公益小组志愿者的应急手语服务实践进行复盘，探讨聋人手语志愿者在疫情应急服务和复原力建设中所承担的角色，从而为中国建设残障包容型应急管理体系，提高应急手语服务质量提供参考建议。本文表明聋人志愿者能有效发挥个体和集体能动性，在共同信念下利用其聋人文化知识、手语能力、社会资本和相关资源实现应急响应和救援目标，在为聋人社群提供精准应急服务，增强处境不利聋人应急响应和复原力，以及提高利益相关者的无障碍沟通意识等方面发挥着关键作用。基于此，本文呼吁从自上而下的给予式应急管理模式转变为参与式、包容型应急管理模式，积极将聋人及其组织纳入灾害风险评估、应急预案制定、应急人员培训、应急手语服务和复原力建设等应急管理全过程，以促进社会公平和全社会安全。

关键词　聋人志愿者；社会脆弱性；能动性；无障碍意识；应急手语服务；残障包容型应急管理

A Community-based Participatory Study of Deaf Volunteers' Sign Language Services in A Time of Crisis
Zhang Jie　Lyu Li

Abstract　This study adopts a community-based participatory approach to review the emergency sign language service practices of a local public interest group in Wuhan during

---

[*] 本文系全国翻译专业学位研究生教育研究项目"聋人应急语言服务人才培养研究"（MTIJZW202008）的阶段性研究成果。本文与英文论文（Lyu et al., 2024）采用了相同的数据源，均为本团队的共同成果。

[**] 作者介绍：张洁，中南财经政法大学外语学院教授，澳大利亚麦考瑞大学语言学系名誉教授，语治融创中心研究员，研究方向为语言政策与规划、跨文化交际、外语教育。吕黎，中南财经政法大学外语学院讲师，研究方向为聋人危机沟通、手语教学。

the COVID-19 pandemic, and explores the role of Deaf volunteers in pandemic response and resilience building. This study shows that Deaf volunteers can effectively exert their individual and collective agency, and mobilize their cultural knowledge, sign language capability, social capital and related resources to achieve emergency response and rescue goals. In this study, Deaf volunteers provided emergency services tailored to specific needs of deaf communities, empowered more disadvantaged deaf people in emergency response and resilience building, and raised the awareness of accessible communication among stakeholders. For this reason, the study calls for a shift from a top-down emergency management approach to a participatory and inclusive approach that actively involves deaf people and their organizations in the entire emergency management process including disaster risk assessment, emergency plan development, emergency personnel training, emergency sign language services and resilience building, so as to promote social equity and ensure safety for all.

Key words Deaf Volunteers; Social Vulnerability; Agency; Accessibility Awareness; Emergency Sign Language Services; Disability-inclusive Emergency Management

引 言

2023年5月5日，世界卫生组织（WHO）宣布不再将新冠疫情列为全球公共卫生紧急事件（public health emergency of international concern），但疫情的影响还远未结束。残障人士是受新冠疫情冲击最严重的群体之一。在这场席卷全球的疫情中，因持续障碍和不平等问题，残障人士面临着更高的健康风险和被进一步边缘化的危险。同时，新冠疫情暴露了残障应急管理体系不健全和无障碍应急服务缺位的问题。习近平总书记（2019）指出：" 应急管理是国家治理体系和治理能力的重要组成部分，承担防范化解重大安全风险、及时应对处置各类灾害事故的重要职责，担负保护人民群众生命财产安全和维护社会稳定的重要使命。" 当下，残障包容型应急管理体系和无障碍环境还有待建设，其中面向聋人的应急手语服务仍是我国应急管理最为薄弱的一环。因此，对重大突发公共事件中应急手语服务的实践经验进行复盘，充分了解聋人在危机情况下的"脆弱性"和参与应急管理与服务的"能动性"是灾害学和应急语言学领域的一个新兴重要课题。

新冠疫情以来，应急语言服务在我国得到空前重视，相关研究不断涌现，聋人应急手语服务研究也开始萌芽。目前，应急手语服务在国内学者有关应急语言能力

（李宇明、饶高琦，2020）、应急语言服务（王辉，2020）、应急语言资源（王素敏、钟健，2022）和应急人才培养（穆雷、刘馨媛，2020）等宏观思辨类论述以及国外应急语言服务引介类文章（张天伟，2020）中略有提及，但鲜见深入探讨应急手语服务实践的微观实证研究。相较于国内，国外的聋人应急手语服务研究起步较早，理论和实证研究成果丰富，以残障人士应急服务模式（Copper，2021）、无障碍灾情发布（Moreland et al.，2021）、无障碍紧急通讯（Warnicke，2019）、无障碍医疗（Huss & Huss，2021）、应急人员培训（Cripps et al.，2016）和应急服务技术产品（Henny & Tucker，2019）等方面为主要研究路径，其中实证研究多采用基于社群的参与式研究方法（community-based participatory research），为国内相关研究提供了有益借鉴。本文采用基于社群的参与式研究法对新冠疫情期间武汉某聋人公益小组志愿者的应急手语服务实践进行复盘，探讨聋人手语志愿者在疫情应急服务和复原力建设中所承担的角色，从而为我国建设残障包容型应急管理体系，提高应急手语服务质量提供参考建议。下文首先对危机情况下聋人权利相关的核心概念进行简要阐述。

一　核心概念和理论框架

（一）聋人

"聋人"在医学和文化语境下有着不同的定义。符号语言学家 James Woodward（1972）最早提出了聋（deafness）和聋人文化（Deaf culture）的区别。作为听觉状况标签时，"聋"的英文单词首字母为小写 d（deaf），指听力受损的听力学疾病。作为一种文化身份时，首字母为大写 D（Deaf），指不论听力情况如何，认同聋人文化，主要依靠手语沟通的人士，也称为"文化聋人"（culturally Deaf）。聋人文化社群（Deaf community）是以手语为主要语言，关系紧密的文化认同群体。美国手语翻译家 Anna Mindess（2006）认为，一个人是否是聋人文化社群成员不是由听觉受损程度决定的，而是由个人的认同感和相应的行动决定的。因此，聋人文化社群可以包括使用手语的健听人、手语译员和聋人的健听子女（Child of D/deaf Adult，CODA）。聋人文化社群的成员将耳聋视为是人类体验的差异，而非需要治疗的身心障碍或疾病，聋人获得手语和聋人文化，自然形成手语族（Ladd 2003；Lane et al.，2011）。

根据世界手语翻译协会和世界聋人联合会（WASLI & WFD，2015）的定义，聋人是指有听力损失且使用手语进行交流的人。聋人可能具备也可能不具备其所在国家有声语言的口语和书面语言能力。由于聋人失聪时间、听损程度、矫正听力、口语能力、书面语能力、手语水平，以及家庭背景和教育经历的差别，聋人的沟通方式具有异质性和多样性（郑璇，2020a）。例如，有些聋人可以通过助听器、人工耳蜗等设备辅助收听外界声音，从而以手语为母语，并同时会说有声语言；但有些聋人则可能以有声语为第一语言，以手语为第二语言。另外，有些聋人受教育程度较高，并长期与不同聋人和听人社群交往，则可能习得多种手语，并同时会流利地说、读、写一种或多种有声语言；但受教育程度较低的老年聋人则可能不掌握国家通用的手势符号体系（如，手势汉语和国家通用手语），仅会使用本社群内部的自然手语[①]。因此，聋人是听力状况、听觉状况的多元群体，与聋人个体交往需要根据交际对象和交际场所的差异，选择语言和文化上适宜的沟通方式。

（二）危机情况下聋人的脆弱性

新冠疫情爆发以来，国际社会普遍关注"脆弱性"问题。正确理解"脆弱性"，识别突发公共事件中"脆弱群体"的语言需求，是应急语言治理的前提。从 20 世纪 70 年代起，"脆弱性"被用于分析自然灾害，后逐步拓展到社会结构、政治经济制度、生态环境、贫困与可持续发展等领域，成为一种多学科的研究视角和分析方法。因此，脆弱性的定义具有多元论述的特性。地理学家 Peter Timmerman（1981）是最早提出脆弱性概念的学者之一，他认为脆弱性是系统抵御灾害事件的程度。Susman 等（1984）则从政治经济学的角度将脆弱性解释为社会中不同阶级经历不同风险的程度。基于对系统内外部因素的讨论，Adger 等（2006）将脆弱性区分为生物物理脆弱性（bio-physical vulnerability）和社会脆弱性（social vulnerability），自此社会结构、政治经济制度等社会性因素在系统遭受灾害影响过程中的作用日渐受到重视。社会脆弱性研究关注社会系统存在的不利因素所导致的贫困、不平等、边缘化、社会剥夺和社会排斥等问题。社会脆弱性理论基于一些共同假设：（1）社会脆弱性是灾害前既存条件；（2）受灾风险不平等；（3）通过社会（而不是个人）手段解决。社会脆弱性研究在解释不同群体受灾害影响或应对能力的差异性，以及预测未来潜在风险点等领域具有较大优势，有利于人们找到改善灾前不利状况的突破口，增强社会韧性和复原力（王娜娜，2020）。

近些年，一些国内外灾害社会学和人类学者对危机情况下聋人的社会脆弱性展开了研究。聋人被视为脆弱群体，然而聋人并非生而即弱。在危机情况下聋人"脆弱"与否，关乎社会环境及物理环境是为聋人获取应急响应资源提供便利，还是设置障碍（Larsen et al.，2011）。现阶段我国尚无专门的手语立法，手语的语言地位

[①] 聋人自然手语是聋人之间在交流过程中自然形成并使用的一种手势符号系统，是聋人之间交流的主要工具，具有形象性、直观性的特点。

还未获得法律承认（郑璇、赵勇帅，2020）。聋人生活在一个"并不是为他们而设计的世界"中，健听社会的语音中心主义意识（Phonocentrism）视听力为人类的核心特征，使聋人的手语沟通需求被置于社会结构的边缘，造成聋人的社会脆弱性（Breivik，2005）。新冠疫情所暴露的聋人的社会脆弱性包括缺乏获取信息和应急服务的无障碍方式，聋人应急服务相关方缺乏无障碍意识，以及由此带来的经济和心理等次生灾害问题，使聋人处于多重不利处境（Lyu et al.，2024）。其中，老年聋人和重听人士因信息获取和沟通障碍面对更大的健康风险（Xu et al.，2021，2023）。为应对聋人在危机情况下的社会脆弱性，郑璇（2020a，2020b，2021）从语言权利和语言需求的视角提出提升社会无障碍意识，推广国家通用手语，推动手语翻译专业化和职业化，建设无障碍应急语言服务体系，确保残障群体全面参与语言应急服务，高度理解听障人群多元化的应急语言服务需求，同时增强残障者自身的沟通能力和心理抗逆力等建议。

（三）危机情况下聋人的能动性

在社会科学中，脆弱性与能动性是人与结构复杂关系的一体两面。"能动性（agency）"指在特定环境中达成目标的行动能力（Sen，1992），它需要行动者有能力制定指导目标并实现目标。因此，能动性体现在通过参与决策掌控生活而非被动接受别人的决定（Sen，1999）。这种能力既可以主动设法实现某种目的，也可以被动应对某种突发状况。在个体层面上，能动性对行为施加的作用通过个体能动性（individual agency）来实现，是个人参与社会并力求更好地影响人、事件和环境的责任感和能力。在群体层面，集体能动性（collective agency）表现为一个集体内部成员协同完成集体目标的能力和所具有的信念，关系到共同责任感、归属感、认同感、目标感和成就感的发展。

目前，灾害研究中严重缺乏有关残障人士能动性的理论阐释和实证论证。已有研究表明，在危机情况下残障人士（包括聋人）可发挥其能动性承担三种主要角色（Lyu et al.，2024）：（1）应急手语服务的倡议者（Mckee，2014；Leeson，2019），（2）应急手语服务的志愿者（Dai & Hu，2022；Tomasuolo，2021）和（3）应急管理的参与者（Ton et al.，2021）。2011年澳大利亚和新西兰遭遇了一系列洪水、飓风和地震等自然灾害，在聋人代表的迫切要求下两国史无前例地将手语翻译纳入媒体紧急广播系统（Mckee，2014）。2017年爱尔兰遭受风暴袭击后，缺少无障碍天气预警、紧急呼叫和应急简报等应急通信措施，在聋人领袖的倡议下电视新闻开始设置手语翻译，此后爱尔兰手语法案得以颁布，确立了爱尔兰公共机构提供手语翻译的职责（Leeson，2019）。除提出聋人权利倡议以外，聋人志愿者还在缺少官方无障碍应急机制的情况下自发组织、提供应急信息和服务。新冠疫情期间，中国民间残障组织利用现代通信技术有效地为残障群体提供包容性应急信息和沟通服务，在人际、组织和行为层面为残障个人和社群赋能（Dai & Hu，2022）。同样，意大利聋人社群在疫情期间自发组织，为社群成员提供无障碍教育、信息以及文化、语言和娱乐活动（Tomasuolo，2021）。最后，聋人不仅能够自发组织和开展应急服务，也可以成为应急管理的参与者。以越南为例，过去二十年越南政府将应急管理重心从灾害应对与救助转向了预防和准备，在6000多个公社实施了社区灾害风险管理项目（National Project on Community-Based Disaster Risk Management）。虽然该项目强调将高风险群体纳入灾害风险评估和应急预案制定等应急管理过程，但实际上由于沟通障碍、资金匮乏和缺少政治意愿等原因，聋人及其他残障群体的参与十分有限。在此背景下，越南灾害管理局下属政府机构灾害管理政策与技术中心和国际公益组织合作在四个公社实施了为期两年的"加强残障人士参与社区灾害风险管理项目（Widening the Participation of People With Disabilities in Community-based Disaster Risk Management）"，倡导将残障人士代表纳入公社支持小组，参与灾害风险管理。该项目为残障人士发挥个人和集体能动性参与应急管理决策提供了平台，但在实施层面残障人士的参与仍遭遇诸多障碍（Ton et al.，2021）。承认残障人士面对灾害的能动性，并不是否定其社会脆弱性，认为他们可以独自面对灾害，不需要社会做出改变。相反，只有社会结构和应急管理模式的深层变革和无障碍意识的广泛提高才能真正确保残障群体在危急情况下能充分发挥其能动性。

（四）残障包容型应急管理模式

应急管理是指在突发事件发生后，为了保障人民群众的生命财产安全，采取的一系列应急措施和应急行动。目前，针对残障人士的应急管理有3种主要模式（Wisner，2022）。（1）零作为式应急管理：应急管理决策者和执行者不将残障人士看作脆弱群体，应急规划和服务忽视残障人士需求。（2）给予式应急管理：应急管理决策者自上而下制定应急规划，由健全人为主的应急组织为残障人士安排特别服务。（3）参与式、包容型应急管理：应急组织采用自下而上的管理模式，吸纳残障人士及其组织参与制定和执行应急管理预案。这三种残障应急管理模式的根本差别是不同的残障观。零作为模式不承认残障人士所面对的社会脆弱性，给予式模式则不承认残障人士的能动性，将其视为只能依赖健全人帮助的灾害"受害者"。只有参与式、包容型应急管理模式才能真正兼顾残障人士的社会脆弱性和能动性，为残障社群赋能，使其在面对影响其生活的决策时能为自己发声并采取行动。

近年来，残障包容型应急管理模式越来越受到国际组织和学界的重视。联合国的《2015—2030仙台减少灾害风险框架》（UNISDR，2015）提倡"包容性""全社会"灾害风险管理，强调残障人士及其组织对于评估灾害风险和根据特定要求制订和执行计划的重要作用。世界手语翻译协会和世界聋人联合会联合发布的《自然灾害及其他大规模突发事件期间聋人无障碍沟通服务指南》（以下简称《指南》）（WASLI & WFD，2015）、世界聋人联合会《关于聋人在全球新冠疫情中平等对待权的声明》（WFD，2022）均强调在灾前、灾中、灾后与聋人组织和手语译员密切沟通的重要性。目前，美国的"手语者应急准备项目（Emergency Preparedness with People Who Sign）"和澳大利亚的"做好准备项目（Get Ready Program）"是典型的面向聋人社群的残障包容型应急管理方案。"手语者应急准备项目"是在美国应急管理"全社区模式（Whole Community Approach）"下提出的聋人应急管理模式，强调将聋人视为社会的积极参与者，由聋人社群成员培训应急人员，同时应急管理者对聋人社群成员进行应急培训，促进有效聋听应急沟通和文化理解，从而实现全社会安全（Cripps et al.，2016）。"做好准备项目"由澳大利亚聋协与新南威尔士州多个应急部门合作建设，强调聋人社群和应急组织共同承担聋人社群的应急准备和复原责任，吸纳聋人社群代表（Deaf Leader）作为应急服务部门的成员，向应急服务人员开展聋人服务培训（Deaf Awareness Training），同时向聋人社群开展应急知识宣传（Roberts，2018）。两个项目都强调了聋人社群内部的现有资源和社会资本在残障包容型应急管理中的重要作用。

综上，尽管残障理念和残障应急管理理论不断更新，但残障包容型应急管理实践路径仍不明晰，缺乏危机状况下不同聋人社群的实证研究揭示聋人参与应急服务和管理的实现模式。下文将简述本研究的基本情况。

二 研究设计

本文以2020年新冠疫情爆发武汉封城为背景，采用基于社群的参与式研究法，以武汉某聋人公益小组成员为合作伙伴和研究对象，复盘新冠疫情下聋人的真实经历和聋人志愿者[①]的应急服务实践，从而找到当下应急语言管理所存在的问题，提出切实可行的解决方案。本文的作者之一于2020年9月结识参与者D和W，然后通过滚雪球抽样法招募了其余6位参与过武汉疫情期间应急手语服务的聋人志愿者，

---

① 本文中，聋人志愿者（Deaf volunteer）指可以使用手语作为交流手段参与应急服务，认同聋人文化（Deaf culture）的聋人或者听人。

并通过口语、书面语和手语翻译辅助的方式对研究参与者进行了多轮深度访谈和焦点小组讨论。其后，对录音数据进行转写和编码，再通过内容分析法识别、分析和解释数据中与研究问题相关的主题或模式。这些微观的质性研究方法有利于呈现聋人的真实经历和本土知识，揭示危机下聋人社群脆弱性和能动力的本质。

本研究共有 8 位参与者，均为某聋人公益小组成员。2014 年，参与者 D 和 W 以"听觉特殊人群、沟通机会平等"为宗旨创建了倡导聋人文化和权利的公益小组。其后，D 和 W 多次参加了残障青年领袖培训和各种残障公益活动，结识了大量残障领域研究者、倡导者，从而建立了广泛的聋人权益社交网络。2020 年疫情暴发后，该小组与社会各界力量联合发起了"武汉手语支援"和"残障义工网络"两个公益项目，并成为项目中聋人社群的在地支持。本研究参与者具有年龄、职业、听力状况、语言能力等多样化身份特征，其多语能力、聋人文化知识、聋人社群内外部资源、共同愿景和志愿精神共同构成了参与疫情应急服务的能动性，具体情况如表1。

表 1　　　　　　　　　　参与者信息

姓名	性别	年龄（岁）	听力	语言情况	工作	志愿工作
D	女	30	聋人	手语（包括中国手语、国际手语在内的多种手语）、汉语（口语及书面语；口语交流需借助助听器、读唇，对环境有要求）	聋人公益小组创办者及全职工作人员	总协调、制作防疫视频、接受聋人信息咨询、派发物资、辅助聋人社区沟通等
W	女	33	听人	汉语（口语及书面语）、手语	聋人公益小组创办者、语言人类学研究者、手语翻译	共同决策者、后勤、手语视频字幕
P	女	29	聋人家庭的听人孩子	汉语（口语及书面语）、手语	社区工作人员	辅助聋人和社区沟通
Q	男	27	聋人	手语、汉语书面语	网约车司机	对接聋人需求
M	女	35	聋人	手语、汉语书面语、口语（但发音不清，较少使用）	自由职业	对接聋人需求
F	女	31	聋人	手语、汉语书面语	志愿者	开车派送物资

续表

姓名	性别	年龄（岁）	听力	语言情况	工作	志愿工作
H	男	55	聋人	手语	酒店工作人员	骑电动车派送物资
C	男	55	聋人	手语、汉语书面语	退休	协助派送物资，对接聋人需求

三　新冠疫情期间武汉聋人志愿者的应急手语服务

武汉封城时期，应急信息与危机沟通高度依赖声音和文字形式，无障碍应急通信和沟通服务缺位。本文中，聋人志愿者发挥个人和集体能动性，以聋人需求为驱动，相互协调，群策群力，在聋人社群的精准疫情响应服务、复原力建设和提高社会无障碍意识方面起到了关键作用。

（一）为聋人提供精准疫情响应服务

1. 助力应急信息传播无障碍

信息无障碍是全社会成员防灾备灾的关键。应急信息无障碍发布的目标是让聋人和听人一样平等、及时获取应急信息（WASLI & WFD，2015）。复盘我国战"疫"经验可见，各地迅速、准确采用手语传递、发布和管理紧急信息的无障碍应急通信能力尚未建立。尽管，国务院联防联控机制新闻发布会，以及北京、上海市疫情发布会先后配备了手语翻译，但疫情期间湖北省武汉市乃至全国大多数地区新闻直播及新闻发布会均无手语翻译和字幕。由于无障碍疫情防控信息缺位，武汉聋人及其他残障群体被排斥在应急准备之外，对全社会的防疫成果造成影响。

在此情况下，聋人志愿者成为了社群内部可靠的信息源。聋人更容易通过聋人社群的私人网络而非公共渠道获取灾情信息和灾难救助（Takayama，2017）。聋人志愿者所拥有的社群网络在应急信息传播中发挥了重要的作用。在本研究中，社区工作者 P 将自己在工作中搜集的及时、权威的应急信息提供给参与者 D，由 D 整合团队资源制作成手语视频，再通过团队强大的聋人社群网络发布给聋人个体。疫情期间，该聋人志愿者团队在公众号上发布了《肺炎防疫科普手语版（带字幕）视频》《残障和健康紧急风险管理指导性说明》《防疫物资使用方法手语版（有字幕）视频》《武汉市防疫指挥部关于实行住宅封闭管理的通告》等宣传材料，并转发了其他听援团队防疫科普视频，及时、有效弥补了官方无障碍应急信息的不足。作为"圈内人"，聋人志愿者发布的信息能在社群内部高度共享，迅速传播（Mindess，

2014)。武汉封城初期，一位聋人不知疫情防控政策外出活动。参与者 D 了解情况后迅速发布手语寻人视频，消息在聋人社群网络迅速传播，最终在视频发布 2 小时内寻回出走聋人。由于无障碍应急信息的缺失，虚假信息在社交媒体泛滥。在紧急情况下虚假信息可能会导致人们采取错误的行动，对个人安全乃至社会安定造成威胁（Castro，2020）。聋人志愿者在发布权威应急手语信息的同时，也承担了大量辟谣的工作。

参与者 D：" 我有大部分时间都在辟谣。有很多谣言。很多聋人消息来源是聋人自媒体，告诉聋人有哪些消息哪些新闻，这些消息和新闻不一定都是真的。他们就会拿这些东西找到我，听说……是不是真的。我还要去查。"

2. 助力应急求援、救援无障碍

紧急情况下，应确保聋人能以无障碍的方式提出救援请求（WASLI & WFD，2015）。世界聋人联合会（2022）指出，由于危机沟通过度依赖文字和声音形式，全球南方国家的许多聋人在接收政府提供的物资时遇到沟通障碍。新冠疫情初期，"残障义工网络"通过书面问卷形式调查武汉残障人士的救援需求。然而，许多文字能力较低的聋人由于不会填写书面问卷，无法申领捐赠物资。针对此情况，聋人志愿者将问卷制作成手语视频，并附上问卷链接及二维码。同时，聋人志愿者为数字素养较低的老年聋人提供一对一教学，老年聋人求助者添加聋人志愿者微信，通过手语视频向志愿者直接提出救援请求。可见，对于手语为母语的聋人，手语是聋人习惯使用的手势视觉符号系统，也应是紧急情况下与聋人沟通的首选方式。

聋人志愿者不仅是聋听危机沟通的语言、文化中介者，也是紧急情况下的第一响应者。疫情期间，本研究中的聋人公益组织共对接、派发了来自 4 家机构捐赠的共 2350 个口罩及消毒酒精、84 消毒液、温度计、一次性乳胶手套等防疫用品和生活用品，惠及 100 余户武汉聋人家庭及部分省内其他城市的聋人。针对派送中的沟通问题，同时应对疫情管控政策的变化，聋人志愿者共采用了 4 种物资派送方式：（1）小区封闭管理前，聋人志愿者亲自开车无接触派送物资；（2）小区封闭管理期间，预付运费快递派送物资；（3）线上协助拥有通行证的听人志愿者派送；（4）拥有通行证的聋人志愿者骑电动车派送。聋人志愿者最了解聋人需求，他们能积极应对不断变化的外部环境，以语言和文化适宜的方式精准响应了聋人的救援需求。

3. 助力应急聋听沟通无障碍

社区是应急管理最基础、最重要的主体，也是聋人最基本的生活场所。中国社区管理单位普遍缺少懂手语的工作人员，聋人在社区生活中缺乏手语支持。疫情期间，本研究中的聋人公益组织采用聋人志愿者和听人志愿者协作的方式，充分调动各自的知识、技能和资源，形成集体能动性共同应对现实挑战，助力聋人与社区的无障碍沟通。参与者D、Q、M是聋人手语母语者，可借助助听器及读唇与听人面对面口语交流，但由于无法看口型，他们无法和听人电话沟通。P是聋人家庭的听人孩子，手语不如手语母语者精通，但是她会说武汉话，且身为社区一线工作者，熟悉社区事务和沟通模式。她们的合作方式如下：聋人通过视频手语求助，D、Q、M记录聋人需求、查询社区联系方式，将信息转给P；P打电话与社区对接工作人员沟通，告知聋人需求，并教授与聋人沟通的方式；最后社区工作人员上门服务。"这样的案例，每天都有"（参与者D）。此外，聋听协作的方式也应用于物资派送：听人派送团队提前几小时联系聋人志愿者，志愿者通过手语视频提醒聋人在相应时段关注手机；派送团队快到达时再次联系志愿者，志愿者手语视频联系聋人取货。

医疗卫生系统是保障人民身体健康的主体。尽管聋人对医疗手语服务有迫切的需求，我国尚无相关法律规定医院必须设置手语翻译岗位或提供手语翻译服务（倪兰、和子晴，2022）。目前，我国无障碍医疗卫生服务的意识和水平尚未能满足广大听障人群的需求。聋人在挂号、问诊、检查、缴费、取药等就医环节经常遭遇沟通障碍。新冠疫情对医疗卫生和社会经济状况造成了严重的冲击，聋人的"社会脆弱性"和"次生风险"被进一步凸显。疫情期间，本研究中的聋人志愿者为无法与医生沟通的聋人患者提供远程视频手语翻译和心理抚慰。疫情后期，聋人因就医困难和不利的经济处境面临更高的焦虑、抑郁、创伤应急障碍等心理问题风险（Recio-Barberod et al. 2020），志愿者邀请国外聋人心理咨询专家，为聋人提供手语心理咨询服务。聋人志愿者有效地帮助聋人群体缓解心理压力，一定程度上满足了他们的情感支持需求。可见，社区和医疗领域的应急管理都需要将聋人纳入常态化的应急服务团队，以满足应急响应和处置过程中聋人群体的沟通需求。

（二）提高处境不利聋人的灾后复原力

1. 辅导老年聋人跨越数字鸿沟

老年人受技术、制度、文化和自身因素制约，与其他群体在信息技术拥有程度和应用程度上存在巨大差别，是数字鸿沟的重要受影响群体（陆杰华、韦晓丹，2021）。疫情下，许多老年聋人是"数字弱势群体"，被排斥在数字应急服务之外，无法平等地共享数字技术在应急通信、救助上的红利，是疫情的高危人群。除了直接为聋人提供精准应急服务之外，聋人志愿者们也在帮助老年聋人学习智能应用技术、提高灾后复原力方面发挥着重要作用。住宅小区封闭期间，生活物资采购只能采用网上购物方式，由于运力不足，常常需要抢购。数字能力差的老年聋人可能因不会使用手机程序而无法购买到所需物资，难以保证基本生活。本研究中的聋人志愿者 M 生活在武汉，父母也是聋人。M 帮助的聋人中一部分是妈妈的聋人朋友，有的文化水平和数字能力较低。M 用视频手语和截图的方式手把手教他们使用手机小程序买菜，"不到三天就能学会"（参与者 M）。可见，发挥聋人志愿者的作用是促进老年聋人群体的数字融入、提高韧性和自我复原力的有效途径。

2. 赋能处境不利聋人成为助人者

由于掌握知识、技能和资源的差异，有些聋人比其他人具有更多的能动性，但并不表明处境更不利的聋人不能成为具有独立信念和目标实现能力的行动者。在语音中心主义社会中聋人的脆弱性普遍存在，然而在聋人文化社群中，聋人的手语能力可将其脆弱性转化为力量（Berivik，2005）。在灾害中，语言少数群体的社会脆弱性和复原力具有流动、复杂和情景化的特征，因此他们可能既是脆弱的，又具有较强的复原力（Uekusa & Mathhewman，2017）。本研究中的参与者 H 和 C 都是 50 多岁的中老年聋人，两人认识多年。H 几乎不识字，仅会使用本地聋人的自然手语。C 既会手语，同时也具备汉语书面语能力。聋人文化是一种"高语境文化"，如果没有相同的文化经历，可能无法理解任何情景对话的含义（Mindess，2014）。因此，即使掌握了多种手语的参与者 D 也难以和 H 交流，但 C 和 D 能顺畅沟通。住宅小区封闭管理期间，为聋人求助者配送生活物资成为难题。D 拥有丰富的群外资源，可从中获取救援物资。C 拥有广泛的社群网络，能迅速联系许多本地聋人。H 在隔离酒店工作，拥有区政府的通行证，可以骑电动车派送物资，但他不会使用导航系统，也看不懂聋人的住址。参与者 D、C、H 中，任何一位都无法单独完成物资派送任务，但在责任感和共同目的的驱动下，3 位聋人协同合作发挥各自能动性，完成了不少物资派送任务。具体协作形式如下：D 获取救援物资，并通过 C 转交给 H，C 通过视频手语为 H 导航并识别、联系求助聋人，H 在 C 的全程视频手语指引下骑电动车外出派送、对接求助者。事实证明，聋人志愿者及其组织通过个人和集体的应急响应行动为处境不利的聋人赋能，有效提高了聋人社群的复原力。

（三）提高利益相关者的无障碍意识

1. 无障碍应急通信意识

《指南》（2015）指出，在重大突发公共事件期间应为聋人提供视频形式（聋人拨打配备手语接线员的聋人专用应急呼叫热线）和文本形式（聋人使用短信等书面信息发送到紧急呼叫中心）的无障碍应急通信服务，使聋人具备自主应急求助能力。当下，信息无障碍还未深入我国全体社会成员的普遍认识，即使是服务聋人社群的官方或民间组织也有可能忽视聋人无障碍沟通的需求。在武汉住宅小区封闭管理后，许多聋人试图联系残联和聋协提出救援请求。但最初，武汉各区残联提供给残障人士的联系方式为座机。武汉聋协在转发该求助信息的同时，注明："请家里人或健全人邻居帮忙打电话联系"，造成聋人自主紧急求助的障碍。在此情况下，参与者 D 迅速响应，建议将各区聋协主席的微信号发布给聋人，方便聋人通过手语视频向聋协求助。2020 年 2 月 13 日，武汉聋协公布了各区聋协主席个人微信号，由各区聋协主席直接对接聋人个人需求，关注聋人家庭困难情况，特别是独居老年聋人，指导他们通过多种渠道购买生活物资，并为他们联系当地社区、残联解决当前的困难问题。

参与者 D："他们就说，我们聋协出了一个联系方式可以找我们。我说你们……留个电话号码，聋人可以打电话吗？然后他们说，那你觉得怎么办才好，我就说把每个区聋协主席（微信）联系方式发给我，不一定是主席，也可以是里面的成员。你总是要有一个人出来对接这个东西吧。他就说好。他们就把微信号全给我了，我就把它发布了。"

2. 无障碍生活援助意识

在残障服务中，社区照顾的核心理念是要让残障人士融入日常的社区生活，在社区内获得包括政府、专业人士、家人、朋友、邻居及社区志愿者所提供的照顾，激发残障人士适应社会生活的能力（林雪，2011）。疫情期间，在聋人志愿者的协助下社区工作人员提高了聋听沟通和无障碍援助的意识。例如，由于聋人文字表达受手语语法影响，习惯使用大量感叹号，往往让听人志愿者、社区和物业工作人员感觉不适。受"残障义工网络"公益组织之邀，本研究中的聋人志愿者团队将《聋人社区沟通指导》修订为《社区有效为聋人提供服务/支持方案》（以下简称《方案》），并录制了手语版。最初，《方案》仅面向聋人，提供聋人出入小区、买菜买药时与听人志愿者、社区工作人员沟通的模板（Dai & Hu，2021）。修订后，该《方案》不仅指导聋人如何高效向听人求助，同时向社区工作者、听人志愿者介绍聋人文字特点，以及为聋人服务可调集的资源，成为社区聋听沟通双向指南。

参与者 D："他觉得聋人的沟通特别重要，不然就会让志愿者不舒服，没办法让志愿者好好完成服务。我就说我觉得有必要做这个东西，是让志愿者和社区的工作人员了解聋人，而不仅只是让聋人了解他们。我觉得了解是互相的，但是一开始他们写的东西只是让聋人注意什么。"

3. 无障碍医疗沟通意识

医护人员缺乏无障碍沟通意识是新冠疫情及其他突发事件造成聋人医患沟通困境的一大原因（Skøt et al.，2017；Park，2020）。在突发公共卫生事件中无障碍就医和心理咨询服务是聋人生命安全与健康的基本保障。新冠疫情暴发之后，医患沟通的语言障碍是跨区援助的主要问题之一（李宇明、饶高琦，2020）。由于专职手语翻译稀缺，疫情下聋听医患沟通障碍更加凸显（郑璇，2020a）。聋人的听力、语言和教育状况具有多元性，其沟通需求因此也具有异质性。能说话或能识字的聋人能通过口语或笔谈与医护人员沟通，但不识字且不会说话的聋人则只能借助肢体语言来简单比画，手语翻译协助沟通是唯一高效的交流手段（郑璇，2020a）。但新冠疫情下也有医生选择跳过无法用文字沟通的聋人病患，和病患家属沟通；或不沟通，导致聋人患者因自身无法了解病情陷入焦虑，影响治疗。应雷神山医护人员之邀，本研究的聋人志愿者为医护人员录制了包括简单问候及问诊的手语教学视频。此外，受"残障义工网络"志愿者之邀，修订了使用简易图文编写的"阿拉斯加"的医疗沟通板汉化版。但聋人志愿者强调即使应急救援人员掌握了简单的手语，可以使用简易图文材料，仍应第一时间联系手语翻译，从而支持更充分的聋听沟通（WFD & WASLI，2015；Cripps et al.，2016）。

4. 无障碍社会公众意识

无障碍环境是残障人士平等参与社会生活的前提和基础，我国社会公众无障碍意识的提升具有迫切性（林雪，2011）。疫情的结束不代表志愿工作的完成，及时复盘疫情期间武汉聋人应急服务经验，是提升公众无障碍意识和国家应急语言能力的必要措施。武汉封城结束后，本研究中的聋人公益组织在某公益基金的支持下采访了5位聋人，记录了他们在武汉的疫情生活，将其故事制作成手语版新闻并加配文字，获得了社会公众的广泛关注。其后，该组织就"如何更好地为聋人提供支持服务"举办了线下工作坊，邀请社会组织工作人员、聋校教师、社区工作人员、聋协成员分享疫情中的工作经验，就各方如何调动资源达成合作，从而更好地应对未来突发事件进行讨论。提升青年一代的无障碍意识是建设无障碍社会文化环境，提升聋人应急语言服务能力的关键措施之一。在此理念之下，2021年该组织成员参与设计并开设了武汉某高校《多元沟通与手语入门》研究生公选课，该课程成为湖北省首个高校手语公选课程。课程旨在"教学生学会如何学习手语"，同时以手语学习为媒介，涉及媒体、家庭、教育、公共服务部门、突发事件中的聋人沟通议题，以期增进学生对聋人文化的了解，提高建设残障包容型社会的意识。

结论与启示

在日常和紧急情况下为听障人士提供手语服务是保障其语言文字权利，促进社会公正和全社会安全的重要举措。中国是世界上残疾人口最多的国家，且是世界上自然灾害最为频繁、受影响最为严重的国家之一，加强残障包容型应急管理体系和能力建设是一项紧迫且长期的任务。尽管新冠疫情之后，《无障碍环境建设法》的颁布为聋人在无障碍设施、无障碍信息和无障碍社会服务等方面的权益提供了更强的法治保障，但聋人在获取均等资源、参与社会事务方面仍面临诸多障碍。本文表明虽然在危急情况下聋人由于其社会脆弱性面对更高的灾害风险，但聋人面对灾害并非是被动的和依赖性的。相反，聋人及其组织的聋人文化知识、手语能力、社会资本、已有资源和其强大的共同信念在残障应急管理和服务中起到了关键作用。在新冠疫情期间，聋人志愿者有效发挥个人和集体能动性，实现了为聋人社群提供精准应急服务，增强处境不利聋人应急响应和复原力，提高利益相关者的无障碍沟通意识等行动目标，保护了聋人社群乃至全社会的安全。聋人最了解自身文化、需求和意愿，聋人及其组织的参与对应急管理体系和能力的现代化建设至关重要。本文呼吁将自上而下的给予式应急管理模式转变为参与式、包容型应急管理模式，积极将聋人及其组织纳入灾害风险评估、应急预案制定、应急人员培训、应急手语服务、复原力建设等应急管理全过程，建立"全社会参与"的应急管理共同体，从而消除灾害不平等，创造全社会安全和更具复原力的未来。

参考文献

李宇明，饶高琦. 应急语言能力建设刍论 [J]. 天津外国语大学学报, 2020, 27（3）：2—13+156.

林雪. 残疾人"无障碍"公众意识提升的迫切性和对策 [J]. 河南科技学院学报, 2011,（11）：48—53.

陆杰华, 韦晓丹. 老年数字鸿沟治理的分析框架、理念及其路径选择——基于数字鸿沟与知沟理论视角 [J]. 人口研究, 2021, 45（3）：17—30.

穆雷, 刘馨媛. 重视并建设国家应急语言服务人才培养体系 [J]. 天津外国语大学学报, 2020, 27（3）：24—31+156-157.

倪兰, 和子晴. 上海手语翻译服务需求与现状调查 [J]. 中国翻译, 2022, 43（4）：113—119.

王辉. 我国突发公共事件应急语言服务实践及建议 [J]. 浙江师范大学学报（社会科学版）, 2020, 45（4）：1—9.

王娜娜. 社会脆弱性研究增强社会韧性 [N]. 中国社会科学报, 2020-09-02（A05）.

王素敏, 钟健. 新时代我国应急语言服务资源的建设与完善 [J]. 中南民族大学学报（人文社会科学版）, 2022, 42（11）：144—151+187.

习近平. 充分发挥我国应急管理体系特色和优势 积极推进我国应急管理体系和能力现代化 [EB/OL]. 中华人民共和国中央人民政府网. https://www.gov.cn/xinwen/2019-11/30/content_5457226.htm?eqid=cb5becf70008642a0000000464754ec3.

张天伟. 国外应急语言研究的主要路径和方法［J］. 语言战略研究, 2020, 5（05）：67—78.

郑璇, 赵勇帅. 语言权视角下的聋人手语保护：挑战与应对［J］. 人权, 2020（6）：12—23.

郑璇 a. 新冠肺炎疫情下听障人群语言应急服务的思考［J］. 语言战略研究, 2020, 5（3）：40—49.

郑璇 b. 加快推进中国手语翻译的职业化——基于新型冠状病毒肺炎疫情的思考［J］. 残疾人研究, 2020（1）：24—32.

郑璇. 听障人群应急语言服务需求调研：基于访谈文本的质性分析［J］. 语言政策与规划研究, 2021（2）：40—54+122.

Adger, W. N. Vulnerability［J］. *Global Environmental Change*, 2006（16）：268-281.

Breivik, J. K. Vulnerable but strong：Deaf people challenge established understandings of deafness［J］. *Scandinavian Journal of Public Health*. 2005, 33（Suppl 66）：18-23.

Castro, H. C. COVID-19：don't forget deaf people［J］. *Nature*. 2020（579）：343.

Copper, A. Deaf-led organizations and disaster communication in Vietnam：Interdisciplinary insights for disability inclusive disaster risk reduction planning［J］. *International Journal of Disaster Risk Reduction*. 2021（65）, 102559.

Cripps, J. S. Cooper & E. Austin. Emergency preparedness with people who sign：Toward the whole community approach［J］, *Journal of Emergency Management*, 2016, 14（2）：101-111.

Dai, R. & Hu, L. Inclusive communications in COVID-19：a virtual ethnographic study of disability support network in China［J］. *Disability & Society*. 2022, 37（1）：3-21.

Henny, A. & W. Tucker.（2019）. Video relay service for deaf people using WebRTC, 2019 *conference on Information Communication Technology and Society*, Durban, South Africa, 06-08, Mar 3.

Huss, J. and J. Huss. Deaf, not invisible：sign language interpreting in a global pandemic［J］. *AJOB Neuroscience*, 2021, 12（04）：280-283.

Ladd, P. Understanding Deaf Culture：In Search of Deafhood［M］. Multilingual Matters, 2003：502.

Lane, H. L., R. C. Pillard, Ulf Hedberg. he People of the Eye：Deaf Ethnicity and Ancestry［M］. Oxford University Press, 2011：269.

Larsen, R. K., Calgaro, E. & Thomalla, F. Governing resilience building in Thailand's tourism-dependent coastal communities：Conceptualizing stakeholder agency in social-ecological systems［J］. *Global Environmental Change*, 2011, 21, 481-491.

Leeson, L. Ophelia, Emma, and the beast from the east effortful engaging and the provision of sign language interpreting in emergencies［J］. *Disaster Prevention and Management*. 2019, 22（2）：187-199.

Lyu, L., Zhang, J., Mu, L., Cui, J. Chen, W. Towards participatory and inclusive emergency management：the role of Deaf volunteers in crisis communication in Wuhan during the COVID-19 pandemic［A］. In Li, J. & Zhang, J. Eds. *Crisis Communication in Multilingual and Multicultural Context*：Insights from China [C]. Routledge, 2024.

McKee, R. Breaking news: sign language interpreters on television during natural disasters [J]. *Interpreting: International Journal of Research and Practice in Interpreting*. 2014, 16 (1): 107–130.

Mindess, A. *Reading between the Signs: Intercultural Communication for Sign Language Interpreters* [M]. Boston & London: Intercultural Press, 2014.

Mindess, A. *Reading Between the Signs: Intercultural Communication for Sign Language Interpreters* [M]. Boston, MA: Intercultural Press, 2006.

Moreland, C. et al. Deaf adults at higher risk for severe illness: COVID-19 information preference and perceived health consequences [J]. *Patient Education and Counselling*. 2021, 63 (6-7): 598–601.

Park, J. Unravelling the invisible hut harmful impact of COVID-19 on deaf older adults and older adults with hearing loss [J]. *Journal of Gerontological Social Work*. 2020, 63 (6-7): 598–601.

Recio-Barbero, M., Sáenz–Herrero, M., & Segarra, R. Deafness and mental health: Clinical challenges during the COVID-19 pandemic [J]. *Psychological Trauma: Theory, Research, Practice, and Policy*, 2020, 12 (S1), S212–S213.

Roberts, G. Get Ready: A model for deaf community leadership and preparedness [J]. *The Australian Journal of Emergency Management*, 2018, 33 (3), 7–9.

Sen, A. *Development as freedom* [M]. Alfred A. Knopf, 1999.

Sen, A. *Inequality Reexamined* [M]. Oxford University Press, 1992.

Skøt, L., Jeppesen, T., Mellentin, A. I. & Elklit, A. et al. Accessibility of medical and psychosocial services following disasters and other traumatic events: experiences of Deaf and hard-of-hearing individuals in Denmark [J]. *Disability and Rehabilitation*. 2017, 39 (24): 2468–2476.

Susman, P., O'Keefe, P. and Wisner, B. 1984. Global disasters: A radical interpretation', in K Hewitt (ed) *Interpretations of Calamity from the Viewpoint of Human Ecology*, Allen and Unwin, Boston, pp. 264–83.

Takayama, K. Disaster relief and crisis intervention with deaf communities: lessons Learned from the Japanese deaf community [J]. *Journal of Social Work in Disability & Rehabilitation*. 2017, 16 (3-4): 247–260.

Timmerman, P. *Vulnerability, Resilience and the Collapse of Society: A Review of Models and Possible Climatic Applications* [D]. Institute for Environmental Studies, University of Toronto, Toronto, Canada, 1981.

Tomasuolo, E., Gulli, T., Volterra, V. & Fontana, S. The Italian Deaf community at the time of coronavirus [J]. *Frontiers in Sociology*. 2021, 5: 612559.

Ton, K. T., Gaillard, J. C., Adamson, C. E. et al. Human agency in disaster risk reduction: theoretical foundations and empirical evidence from people with disabilities [J]. *Environmental Hazards*. 2021, 20 (5): 514–532.

UNISDR. Sendai framework for disaster risk reduction 2015-2030. *United Nation Office of Disaster Risk Reduction*, 2015.

Warnicke, C. Equal access to make emergency calls, a case for equal rights for deaf citizens in Norway and Sweden [J]. *Social Inclusion*, 2019, 7 (1): 173-179.

WASLI & WFD. WASLI and WFD guidelines: communication during natural disasters and other mass emergencies for deaf people who use signed language. *World Association of Sign Language Interpreters and World Federation of the Deaf*, 2015.

WFD. Statement on the right of deaf people to equal treatment in the context of the global Covid-19 pandemic. World Federation of the Deaf, 2022.

Wisner, B. Disability and disaster: victimhood and agency in earthquake risk reduction [A], in: C. Rodrigue, E. Rovai (Eds.), *Earthquake* [C]. London: Routledge, 2022.

Woodward, J. C. Implications for sociolinguistic research among the Deaf [J]. *Sign Language Studies*, 1972 (1): 1-7.

Xu, D., Ma, S. Yan, C. Zhao, Z. Technology challenges among deaf and hard of hearing elders in China during COVID-19 pandemic emergency isolation: A qualitative study [J]. *Frontiers in Public Health*. 2023. DOI 10.3389/fpubh.2022.1017946

Xu, D., Yan, C., Zhao, Z., Weng, J. & Ma, S. External communication barriers among elderly deaf and hard of hearing people in China during the COVID-19 pandemic emergency isolation: a qualitative study [J]. *International Journal of Environmental Research and Public Health*. 2021 (18): 11519.

责任编辑：赵立博

武汉本土家庭语言规划驱动过程研究

臧 岚　Lan Yang[*]

提　要　父母作为家庭语言规划者，在实施某种语言规划行为的背后，存在着显性或潜在的动机。本文采用质性访谈的方法，以武汉本土家庭为调查对象，考察了父母对于不同语言（或语言变体）的家庭语言规划特征及其驱动过程。研究结果发现，家庭语言规划差异背后蕴含着复杂的驱动过程。态度、目标和动机共同构成了父母制定家庭语言规划的动力系统。而在整个动力系统之外，子女很有可能成为驱动因素之一，对家庭语言规划起到重要作用。

关键词　家庭语言规划；驱动过程；武汉本土家庭

The Driving Processes of Family Language Planning in Local Wuhan Households
Zang Lan　Lan Yang

Abstract　Parents, as the primary family language planners, are influenced by both explicit and implicit motivations when implementing specific language planning behaviors. This study, employing qualitative interviews with local families in Wuhan, investigates the characteristics and driving processes behind parental decisions regarding the use of different languages or language varieties within the household. The findings reveal that the variations in family language planning are driven by a complex set of factors. Attitudes, goals, and motivations collectively form the driving system for parental language planning. Moreover, beyond this system, children are likely to emerge as a key factor, significantly influencing the family language planning process.

Key words　Family Language Policy; Motivation; Local Families in Wuhan

---

[*] 臧岚，博士，湖北大学文学院讲师，主要研究方向为语言政策与规划、二语习得。Lan Yang，博士，利兹大学东亚系博士生导师，主要研究方向为国际中文教育。

引 言

当前，以国家通用语言文字为主导的"多言多语"生活正在形成，中国语言生活已经进入一个新的历史发展阶段。全球化时代的到来，城市化进程的不断加深，使得城市家庭成为多元竞争语言环境的代表，如何处理好普通话、地方语言和外语（主要是英语）之间的关系，成为城市家庭语言规划亟待解决的问题（王倩等，2015）。家庭是语言传承、语言保护以及儿童语言发展的重要场所，科学合理的语言规划对增强家庭成员语言身份的认同感和促进儿童语言能力的发展至关重要。虽然当前家庭语言规划研究已经成为学界的研究热点（沈骑等，2024），但学界对于家庭语言规划的内容研究还稍显不足（李德鹏，2018），尤其对家庭语言规划的驱动过程关注不够（刘慧，2021）。目前已有学者开始对家庭语言规划的驱动因素展开探讨，但大多集中于华裔家庭、跨国婚姻家庭和少数民族家庭（丁鹏，2019；尹小荣等，2019；李文静等，2024），对城市本土家庭的关注不够。因此，本文将以6组武汉本土家庭、12位家长为访谈对象，收集武汉本土家庭语言规划过程中的相关数据，以期揭示武汉本土家庭语言规划的特征及其驱动过程。

一 文献综述

以往对于家庭语言规划的相关研究主要围绕3个方面展开：一是家庭语言规划的主体；二是家庭域中的语言选择；三是家庭语言意识形态的影响因素。

（一）家庭语言规划的主体

对于家庭语言规划的主体这一问题，学界存在不同的看法。有学者认为父母是家庭规划的主体（王玲，2016；陈保亚，2017）；而有些学者则认为家长是家庭语言规划的主体，即家庭语言规划的主体不仅包括父母，也包括家庭中的其他核心成员如祖父祖母、外祖父外祖母等（俞玮奇等，2016）。目前，家庭语言规划的主体的内涵仍有进一步扩大的趋势，如有的学者提出孩子也应当是家庭语言规划的主体（沈骑等，2022）。但是，学界的主流观点仍然认为，父母是家庭语言的主要管理者（李德鹏，2018）。因此，本文关注的是两代人（父母和孩子）的家庭，选取父母作为家庭语言规划主体的视角。

（二）家庭域中语言选择

家庭语言规划和语言管理实质上是关于语言选择的问题（Spolsky，2009）。学术界通常通过研究家庭中真实的语言使用情况来探讨语言选择这一议题。如考察不同类型家庭的语言生活状况（陈章太，1990）、分析家庭成员语言交流时使用的语言策略和讨论家庭成员间语言交际中的语言转换现象（叶彩燕，2017）以揭示家庭语言选择的模式和特点。值得一提的是，在语言管理领域中，学界关注的家庭类型主要包括华裔家庭（李国芳等，2017）、跨国婚姻家庭（丁鹏，2019）和少数民族家庭（刘易婷等，2020）。近年来，学界也开始逐渐关注城市家庭的语言选择，尤其是城市家庭中方言的传承情况（邹春燕，2019；朱晔等，2021）。

（三）家庭语言意识形态的影响因素

家庭语言管理的一个发展趋势是，家长会竭尽全力要孩子使用家长认为是标准或正确的语言，而这种趋势会受到语言意识形态的影响（Spolsky，2009）。语言意识形态的研究目前主要聚焦于对其前因变量的分析（Leung & Uchikoshi，2012；Curdt-Christiansen，2013；Van Mol & De Valk，2018）。如有学者发现，家长的教育背景、移民经历、文化倾向会直接影响家长对子女的期望，从而间接影响家长的语言意识形态（Curdt-Christiansen，2009）。有学者在此基础上对语言意识形态的影响因素进行了进一步的探索，将语言意识形态的影响因素细化为国际社会的宏观层面、家庭内部的微观层面以及父母自身因素3个方面（王玲等，2020）。

以往的家庭语言规划研究围绕家庭语言规划的主体、家庭语言的选择以及语言意识形态的影响因素进行了深入的讨论，但存在以下2个问题。一是家庭语言规划的形成是一个动态、复杂的过程，会受到多种驱动因素的影响，而目前尚缺乏对于家庭语言规划驱动过程的相关研究。二是当前家庭语言规划的研究对象多聚焦于华裔家庭、跨国婚姻家庭和少数民族家庭等家庭类型而较少关注城市家庭尤其是非强势方言区的城市家庭。因此，本文以武汉本土家庭为研究对象，以半结构化访谈的方法探索非强势方言区的城市家庭中，父母实施家庭语言规划的动态驱动过程。

二 研究问题、理论、方法

（一）研究问题和理论基础

本文主要关注2个问题：（1）武汉本土家庭语言规划特征；（2）武汉本土家庭语言规划驱动过程。

Spolsky（2004）将家庭语言规划分为语言意识形态、语言实践和语言管理3个部分，该理论模型是目前通行的语言规划基础分析框架。语言意识形态常常考察人们对某种语言的态度；语言实践关注的是人们如何使用某种语言；而语言管理则主要探讨人们如何对语言干预行为进行指导（Spolsky，2004）。Spolsky 的三分理论指出了语言规划的构成要素，本研究以此为理论框架，试图通过对武汉本土家庭的访谈，揭示其家庭语言规划特征。

Ager（2001）认为，语言规划存在一个较为完整的驱动系统，包括动机（身份认同、形象、意识形态、融合性、工具性、不安全和不平等）、态度（对语言的认知、对语言所持的情感和采取行动的愿望）、目标（理想、谋略和指标）3 大成分，它们共同构成了规划行为的总体动力来源，该驱动系统同样适用于个体的语言规划。

社会心理学将态度划分为 3 种成分：认知、情感和行动（Fasold，1984）。相应地，在语言态度中，包括"对语言的认知"、"对语言所持的情感"和"采取行动的愿望"3 个因素。其中"对语言的认知"是指个体对语言行为或语言使用的看法或知识；"对语言所持的情感"是指个体能够感受到的某种语言或语言变体的吸引力或排斥力；"采取行动的愿望"是指个体对某种语言或语言变体采取某种行动的意愿。

Ager（2001）认为，一系列动机作用于语言规划的整个过程：个体形成对自我及其个性的认同，构成"身份认同"；个人形成对自身和世界的认识，构成"意识形态"。为了表征个体的身份认同，个体开始构建"形象"。当个体所处的环境具有歧视性时，个体可能对自己的语言或语言风格产生不安感，这时个体可能会继续捍卫或放弃自己的形象构建，这两种动机简称为"不安全"。如果个体的语言与其他语言存在不公平的情况，那么个体则会纠正不公平或者维持不公平，这两种动机简称为"不平等"。同时，个体也会出于想要融入理想社区、某类群体或获取社会经济优势的目的而产生"融合性"和"工具性"的动机。除此之外，家庭语言规划也会受到不同目标的驱动，其中包括长远的"理想"、更具有可实现性的"谋略"和比较明确的短期"指标"。本文以此理论框架为线索，考察本土家庭在实施某种语言规划的驱动过程。

（二）研究对象和研究方法

本文选取武汉市本土家庭（家庭中父亲母亲均为武汉本地人）为研究对象。武汉，湖北省省会城市，常住人口超 1364 万，是我国中部地区的中心城市，长江经济带的核心城市，全国重要的工业基地、科教基地和综合中心枢纽。武汉方言是西南官话方言片区中的代表性方言，承载着浓厚的地域文化特质。武汉本土家庭接触的主要语言或语言变体包括武汉话、普通话和英语。

本文通过志愿者招募的形式，经过筛选邀请了 6 组武汉本组家庭中的父亲、母亲进行了深度访谈，共收集访谈录音 12 小时，以考察受访家庭的家庭语言规划特征及其驱动过程。访谈问题包括但不限于：（1）请问您对子女学习普通话/武汉话/英语的态度是什么？为什么？（2）您平时在家使用哪种语言/语言变体和子女沟通？为什么？（3）您愿意为了提高子女的普通话/武汉话/英语的水平而付出时间/金钱吗？为什么？

6组受访家庭的经济情况相似，家庭中的子女，最小的8岁，小学二年级；最大的17岁，高中二年级。其中3组家庭的孩子处于小学学习阶段、2组家庭的孩子处于初中学习阶段、1组家庭的孩子处于高中学习阶段，本研究试图借助在共时层面中孩子处于不同学习阶段的家庭，揭示父母在家庭语言规划中的动态驱动过程。6个代表受访家庭的具体信息如表1所示。

表1　　　　　　　　参与访谈的6个家庭基本情况

家庭	家庭成员	年龄	学历	职业	小孩情况
茜家	父亲	20世纪70年代	本科	国企单位工作人员	小茜，女，初中三年级，讲普通话
	母亲	20世纪70年代	中专	家庭主妇	
涵家	父亲	20世纪80年代	专科	销售经理	小涵，女，小学六年级，讲普通话
	母亲	20世纪80年代	专科	个体经营	
图家	父亲	20世纪80年代	博士	大学老师	小图，男，小学六年级，讲普通话
	母亲	20世纪80年代	博士	大学老师	
菲家	父亲	20世纪70年代	硕士	工程师	小菲，女，初中一年级，讲普通话（家中还有一个上小学二年级的弟弟，讲普通话）
	母亲	20世纪70年代	硕士	护士	
莉家	父亲	20世纪70年代	初中	个体	小莉，女，高中二年级，讲普通话
	母亲	20世纪70年代	高中	个体	
桐家	父亲	20世纪80年代	本科	公司职员	小桐，男，小学六年级，讲普通话
	母亲	20世纪80年代	本科	公司职员	

三　研究发现

（一）普通话：语言态度与语言行动难达一致

在态度层面，访谈显示6组家庭的父母对普通话的地位有着较为清晰的认知，同时支持子女学习普通话，但缺少采取相应行动的愿望。该种语言态度，一般是出于交流需求和国家当前语言政策的考虑，即受到动机因素中融合性和社会认同的驱动。茜妈在访谈中表示，"现在中国提倡说普通话，方便交流""……而且以后（孩子）出去上学的话，还是说普通话和别人好交流"（访谈茜妈，2022年2月24日）。

然而，家长并没有因此而产生进一步提高子女普通话的行动。如涵爸在访谈中所说：

  研究者：那您现在愿不愿意花一点钱去提高孩子普通话的水平呢？
  涵爸：我觉得在学校和同学、老师之间的交流已经够了，我自己是不愿意投资的。我觉得主要是她自己大了以后，边上学边自学就可以提高，如果孩子不想做主播、播音员什么的，只要能正常交流就行。在幼儿园的时候，确实给孩子报过"小小主持人"的兴趣班，当时比较愿意。但是大了以后，现在老师都是用标准的普通话上课，我觉得已经不需要了。

（访谈涵爸，2022 年 3 月 12 日）

  涵爸认为，如果子女未来就业没有对普通话水平的特别要求，他们的水平只要能够与人正常交流即可，并不追求较高的普通话水平。这种观点表明一方面，家长希望孩子能够具备借由普通话而迅速融入集体的能力。另一方面，家长对子女的普通话水平的确有所期待，但是目标容易达到，而且子女通过自身的努力和学校的支持，就非常有可能实现。"学校的老师、同学平时都说普通话，她普通话现在还可以，有时孩子的姥姥说了蹩脚的'汉普'，她还会纠正她姥姥，告诉姥姥正确的应该怎么说。"（图妈，2022 年 3 月 28 日）因此，很多父母认为没有制定积极的普通话规划行为的必要。

  相应地，很多受访父母也不会为了提高子女的普通话水平而在家庭中使用普通话，而是依照自己的语言习惯和子女沟通。"我们这一代还是说方言比较多，下一代还好一点，我们这一代大家都是说方言，我们在家说方言也习惯了，孩子也能听懂。"（访谈莉爸，2022 年 5 月 15 日）同时，对某些受访家庭中的父母来说，在家中说武汉话可能会受到一些其他因素的影响，比如家庭成员的构成。如当问及桐妈，为什么在家中不和自己的孩子说普通话时，她解释道："家里老人还是在帮忙照顾孩子，老人有时会听不太懂普通话，一家子在一起的时候，还是不说普通话说武汉话比较好。当然，如果家里都能说普通话是最好的。"（访谈桐妈，2022 年 4 月 7 日）

  家长对于普通话规划的驱动过程在上述访谈资料中逐渐明晰。作为子女的语言规划者，父母非常支持子女学习普通话，这主要源于社会认同和融合性的动机，即他们希望能够顺应国家的语言政策，并且子女能够与他人进行顺畅的交流沟通，从而更好地融入目标集体当中。融合性的动机同时隐含了家长对于子女普通话水平的期待，即能够与人顺利交流，并不强求子女能够达到非常标准的普通话水平（除非职业需要）。父母并没有为子女设立较高的普通话目标，实现这一普通话的目标也不具有急迫性。与此同时，家庭外的学校域也能够给予子女普通话目标实现的强大支持。因此，为子女进行普通话规划时，积极的语言规划行为似乎就缺乏了相应的动力支持。

(二) 方言：消极管理下显现的短暂使用活力

根据受访父母对于方言相关问题的反馈信息，我们发现家长对于武汉话的态度以及语言管理行为都比较消极。同时，家长排斥在子女方言学习上进行投资（包括时间和金钱）。但是从家庭语言规划的另一要素——语言实践的角度来看却并非如此。多数受访家长在家中会用武汉话与子女沟通交流，方言在家庭领域（父母方）仍具有相对较高的使用活力。

在受访父母的一代，方言的使用频率比较高，使用范围也比较广，说方言成为了他们的语言习惯。"……主要是我们大人的习惯，我说的是'汉普'，和普通话相比我武汉话说得更好。"（访谈茜妈，2022年2月24日）然而，并非所有受访家长受到普通话水平的限制，对家长而言，在家说方言在情感表达上具有优越性，菲妈解释道：

> 尤其是发脾气的时候，用武汉话对他们凶，用普通话像骂不出口一样。有的时候她动作慢，催她洗澡，就会说："你听到有，喊你几遍勒？（武汉话）"就是这种时候用武汉话才能表达我很急躁的情绪。
>
> （菲妈，2022年3月28日）

菲妈的回答阐明了方言在受访家长一代具有独特的情感表达作用。在与子女的交流中，方言在增强语言表达丰富性、精确性和明晰性方面有所帮助，对于父母来说具有非常高的交流价值。所以，在家庭中，方言的使用依旧具有很高的活力。虽然受访家长肯定了方言在其表达中的作用，但他们依然不支持自己的子女学习方言。

> 研究者：你觉得武汉话怎么样？好听吗？
>
> 菲妈：我觉得还行吧，有的人说武汉话经常会带一点脏话在里边，不是武汉的人有可能会觉得在骂人，但是我们觉得就是一种情绪的表达，并不是说要骂人。所以，从我自己的角度，我不希望我的孩子学习武汉话。我不想孩子接受不太文明的词语。尤其我们家老二，是个男孩，对这些词特别敏感。
>
> （菲妈，2022年3月28日）

菲妈的回答表明，晋语问题直接决定了她对方言的消极态度和管理行动。因此，家长自身的方言依赖与其对子女的方言规划很难协调，家庭中常出现"一人一语"的现象，这种现象是父母和子女之间语言协商的结果。

> 菲妈：从幼儿园早教班，老师就都和他们说普通话了，形成了一种习惯，孩子开口就说的是普通话。我在家说方言，孩子听得懂，但是他和我说普通话，因为他不太会说武汉话，只会简单的几句，比如"吃了冇""搞么事"这些。他有段时间对武汉话比较感兴趣，有一个武汉本土的小程序，叫"得啰"，他同学的家长开发的，他在上边学了几天，发现学不会，就放弃了。
> 研究者：如果他一直有兴趣学的话，您会支持吗？
> 菲妈：如果他真的喜欢，我会支持他的。
>
> （菲妈，2022年3月28日）

根据菲妈的观点，子女的主观能动性能够成为父母从消极转向积极管理的重要动力。就目前来看，下一代很少对方言感兴趣，大多数的子女已经不具备说方言的能力，一般只具备听的能力。当他们成为父母一代时，方言恐怕会失去原有的使用活力。同时，方言作为身份标志的作用也在减弱，图妈指出：

> 其实我觉得我没有刻意要培养他"我是武汉人"的意识，而且现在基本上小孩上学也不分这个，都是说普通话。我觉得没有必要为了培养这种意识，让他说武汉话。说武汉话确实能代表是武汉人，但是武汉人的身份不一定非要通过方言体现，我有时在外地碰到老乡的时候，我们没有说武汉话，只说了一些彼此熟悉的家乡的地理标志，我们对彼此的认同感就很强烈了。
>
> （图妈，2022年4月11日）

图妈的观点表明，方言的身份认同作用，并不具有唯一性。因此，对父母来说加强子女的身份认同不一定通过学习方言来实现，这从一定程度上削弱了家长方言规划的积极性。

以上的观点表明，在形成方言的家庭语言规划时，驱动父母实施方言积极管理行为的动机不足，他们认为方言学习对子女的发展难显积极作用，有时甚至还会产生负面影响，因此家长并不支持子女学习方言，也不会对子女的方言水平有所期待。"方言，只在家（家乡）能有点用，出去之后没什么用，她只要能听懂就行了。"

（访谈茜妈，2022 年 2 月 24 日）家长认为方言所能发挥的积极作用（如身份构建和融入集体）可以通过其他的方式进行有效替代。但如果子女表现出强烈的学习兴趣，父母会改变以往的消极策略，转向积极配合，可见子女在家庭语言规划中的重要驱动作用。

（三）英语：短期目标压力下的语言投资行为

访谈数据显示，所有家庭都很支持子女学习英语，并且家长实施的语言行动和支持态度相协调。很多具备英语能力的父母会有意识地为子女创造英语环境，在家使用英语与子女进行交流。这种规划形成的关键因素之一是中国的教育政策：从小学至大学，英语是学生的必修科目。"我会关注国家的教育政策，因为这和他们分数息息相关。"（访谈桐妈，2022 年 4 月 7 日）在短期内提高子女的英语成绩，是家长迫切需要实现的目标。同时，在以考试为导向的英语规划中家长一般将学习目标具体化、明确化，在被问及是否对子女的英语成绩设立具体目标时，涵爸指出：

> 这个肯定是有的，希望她的英语能在 110 分以上。如果她的英语可以达到 110 分的话，我肯定要有更高一步的要求。我希望她提高所学到知识的输出能力，比如说能去参加一些类似雅思这种考试。如果她以后想出国留学，肯定也有帮助，他们班上的有些比较厉害的同学，就参加过 PET/KET 这种考试。
>
> （访谈涵爸，2022 年 3 月 12 日）

涵爸为孩子设立了一个非常清晰的短期指标，就是在英语考试中，取得理想成绩。同时，涵爸的观点中也反映出，家长对于子女的英语水平期待具有阶段性特征，他们的期待会随着子女英语水平的提高而随之升高。如果子女能够实现父母设立的短期基本目标，他们则会试图为子女设定挑战目标，比如让子女参加一些具有权威性的英语水平考试。除此之外，有的家长指出，如果子女有了较高的英语水平，还应该掌握语言背后的跨文化交际知识。

> 图妈：现在很多小孩英语分数很高，但是英语使用能力很低。我希望他能理解语言背后的文化，能够原汁原味地品尝语言的味道，如果不理解语言所代表的文化，是没有办法领会语言背后那个深层的意思，比如某一句话在他们当地文化中间是什么意思。如果我儿子能够领会这层意思，我觉得是很有趣的，但是这并不是他生活的必需。
>
> （访谈图妈，2022 年 4 月 11 日）

综合上述的观点，家长对于子女英语学习总是会有更高的理想，对于他们来说，取得理想的英语成绩是他们迫切想要子女达成的目标，只要在家庭经济能够承受的范围内，他们都愿意进行投资。但相对于短期目标，家长为子女设定的具有挑战性的目标并不具有强制性。同时，家长积极培养子女的英语能力为其做规划，似乎还有其他方面的考虑。

> 英语对孩子以后帮助也挺大的，比如就业，未来就业面能广一些吧。英语好的话去面试的时候也能给人一个好的形象。如果以后能去像外企这样的公司上班，英语说得好有可能帮助他获得更高的职位和薪水，我希望他以后可以拿高薪水。

（访谈图妈，2022 年 4 月 11 日）

图妈的观点表明，家长为子女规划英语学习时，受到了复合因素的驱动。除了学业因素以外，家长也从工具性出发并认为，英语水平有可能成为子女未来职场的竞争力，由此帮助他们社会地位的提升以及实现财富的增长。同时，突出的英语能力可能有助于子女良好形象的构建。"我觉得英语说得好能够提升他个人的能力、个人的魅力。"（访谈莉爸，2022 年 5 月 15 日）

综上所述，父母对于子女的英语规划过程似乎受到了复合型动机的驱使。一方面，受到国家教育政策的影响，提高子女英语考试成绩成为了父母的迫切需求，为此他们制定了具体的目标和相应的策略。另一方面，家长对于子女英语能力的培养似乎还有更长远的打算，比如出于工具性的目的，他们希望子女可以通过出色的英语能力，拿到更高的薪水。此外，从形象构建的视角来看，他们认为出色的英语能力可以让子女塑造更佳的个人形象。但不得不承认的是，短期内的学业目标是影响家长在当下制定积极英语规划的关键性因素。

结　论

根据数据结果，本研究得出了以下结论。

首先，本文采用质性访谈的方式探讨了武汉本土家庭父母对子女普通话、武汉话和英语规划上呈现的不同特点。对于子女的普通话和英语学习，父母均持积极的语言情感倾向，但是出于短期的应试目标，父母将对英语的积极态度转变成了积极的语言投资行为；而父母虽然在家庭场域中经常使用方言与子女进行沟通，但实际对子女使用武汉方言持消极的情感倾向和管理方式，这主要是源于家长对子女社会形象塑造的考量。

其次，家庭语言规划是受复合影响因素驱动的过程。家长实施语言规划的动机、对某种语言的态度和想要实现的目标都可能在不同程度上影响家长的语言规划决策。例如，家庭英语规划的过程中，家长对于子女英语学习的语言态度、学习目标的制定以及工具性动机都是影响家长英语规划最终形成的重要因素。再如，融合性动机、普通话目标的制定以及学校域普通话的推广政策等因素在不同程度上影响了家长对子女普通话学习规划的最终确立。

再次，在复合驱动因素中，关键性因素对家庭语言规划其有决定性作用。比如在方言规划中，方言詈语所引发的形象问题可能直接导致家长采取消极的语言管理。再如，以考试为导向的英语能力培养过程中，提升子女英语成绩是家长短期内急迫的需求，这一强烈愿望与积极的英语投资行为之间存在紧密关联。

最后，家庭语言规划形成的驱动过程中，关键性因素可以发生动态转变。无论是态度、动机还是目标的驱动力量都可能随着家庭内外客观环境的变化而发生改变。子女作为家庭语言规划的客体有时也会成为家长实施某种语言行动的重要驱动因素，进入动机因素的分析框架之内，在某种程度上影响家庭的语言规划决策。例如子女如果对家长所不看重的方言表现出浓厚且长期的兴趣时，大多家长也会选择支持子女并为他们的方言能力发展助力。

参考文献

陈保亚. 家庭语言环境：传承母语的最后家园［J］. 语言战略研究, 2017, 2（6）：81.

陈章太. 四代同堂的语言生活——陈延年一家语言使用的初步考察［J］. 语文建设, 1990,（3）：17—19.

丁鹏. 中国跨国婚姻家庭的语言规划研究［J］. 语言战略研究, 2019, 4（2）：42—50.

李德鹏. 我国家庭语言规划的基本要素分析［J］. 云南师范大学学报（哲学社会科学版）, 2018, 50（6）：32—38.

李国芳，孙茁. 加拿大华人家庭语言政策类型及成因［J］. 语言战略研究, 2017, 2（6）：46—56.

李文静，李丽虹. 泰国华人家庭语言规划及华语传承研究［J］. 北部湾大学学报, 2024, 39（1）：39—45.

刘慧. 柬埔寨华人家庭语言规划与华语传承调查研究［J］. 语言战略研究, 2021, 6（4）：29—43.

刘易婷，孙瑞. 广西少数民族家庭语言规划研究［J］. 北部湾大学学报, 2020, 35（9）：88—95.

沈骑，刘思琪. 数智时代语言规划研究的范式转换与方法创新［J］. 外语与外语教学, 2022,（6）：9—18+132+144.

沈骑, 孙雨. 中国语言国情知识体系建设的进展与前瞻 [J]. 云南师范大学学报 (哲学社会科学版), 2024, 56 (1): 30—37.

王玲, 支筱诗. 美国华裔家庭父母语言意识类型及影响因素分析 [J]. 华文教学与研究, 2020, (3): 28—36.

王玲. 语言意识与家庭语言规划 [J]. 语言研究, 2016, 36 (1): 112—120.

王倩, 张先亮. 语言生态在新型城镇化生态建设中的地位和作用 [J]. 语言文字应用, 2015, (3): 41—48.

叶彩燕, 马诗帆, 傅彦琦, 等. 父母语言策略与粤英双语儿童语码混合现象 [J]. 语言战略研究, 2017, 2 (6): 35—45.

尹小荣, 李国芳. 锡伯族家庭语言态度的代际差异研究 [J]. 语言战略研究, 2019, 4 (2): 31—41.

俞玮奇, 杨璟琰. 近十五年来上海青少年方言使用与能力的变化态势及影响因素 [J]. 语言文字应用, 2016, (4): 26—34.

朱晔, 焦卓菁. 推普环境下的上海方言家庭代际传承个案研究 [J]. 天津外国语大学学报, 2021, 28 (2): 98—107+161.

邹春燕. 广州客家家庭方言代际传承研究 [J]. 语言战略研究, 2019, 4 (2): 23—30.

26Spolsky B. *Language management* [M]. Cambridge: Cambridge University Press, 2009.

Ager D E. *Motivation in language planning and language policy* [M]. Bristol: Multilingual Matters, 2001.

Curdt-Christiansen X L. Invisible and visible language planning: ideological factors in the family language policy of Chinese immigrant families in Quebec [J]. *Language Policy*, 2009, 8 (4): 351-375.

Curdt-Christiansen X. Family language policy: sociopolitical reality versus linguistic continuity [J]. *Language Policy*, 2013, 12 (1): 1-6.

Fasold R. *The sociolinguistics of society* [M]. Oxford: Basil Blackwell, 1984

Leung G, Uchikoshi Y. Relationships among language ideologies, family language policies, and children's language achievement: A look at Cantonese-English bilinguals in the US [J]. *Bilingual Research Journal*, 2012, 35 (3): 294-313.

Spolsky B. *Language policy* [M]. Cambridge: Cambridge University Press, 2004.

Van Mol C, De Valk H A G. European movers' language use patterns at home: A case-study of European bi-national families in the Netherlands [J]. *European Societies*, 2018, 20 (4): 665-689.

责任编辑: 吉晖

丹东市高丽街语言景观形成机制研究*

赵玉荣　时艺杰**

提　要　本文基于 Lefebvre 空间生产理论、Trumper-Hecht 语言景观三维分析模型，提出少数民族特色商业街语言景观的分析框架，关注各个空间维度的动态互动。通过丹东市朝鲜族高丽街的实地调研发现：实体空间语言景观语码种类丰富、组合方式多样，具有多模态、动态化特点；实体空间的形成动力源于政策空间和体验空间的双重驱动，即语言文字法规和政府规划中有关民族团结、经济发展、文化繁荣等方面的政策因素为特色民族街道语言景观确立了宏观蓝图，而语言景观个体制作者自下而上对政策的理解和行动反馈以及使用者对政策空间和个体制作者的态度反馈促成景观最终的实体呈现和印象呈现。基于此，本文对少数民族特色商业街语言景观的规划及管理提出建议。

关键词　语言景观；形成机制；朝鲜族；空间生产理论；三维分析模型

A Study on the Formation Mechanism of the Linguistic Landscape of Gaoli Street
——A Korean Ethnic Street in Dandong City
Zhao Yurong　Shi Yijie

Abstract　Based on Lefebvre's Spatial Production Theory and Trumper-Hecht's Three-dimensional Analysis Model of linguistic landscape, the paper proposes a theoretical framework for analyzing the linguistic landscape of commercial streets with minority characteristics, focusing on the dynamic interaction of various spatial dimensions. The field research on Korean Gaoli Street in Dandong City reveals that the language landscape of Gaoli Street

---

* 本文系国家社科基金后期资助项目"互动交际中的叙事循环与社会认知共同体"（21FYYB064）阶段性研究成果。

** 作者介绍：赵玉荣，博士，东北大学秦皇岛分校外国语言文化学院教授，研究方向为话语分析、社会语言学和社会认知。时艺杰，东北大学秦皇岛分校外国语言文化学院本科生，研究方向为语言景观、语言服务、身份认同。

on the physical space is rich in the variety of codes, combined in various ways, with multimodal and dynamic characteristics. In addition, the formation of the physical space of the street is driven by the dual forces of the policy space and the experiential space. This means that policies related to the national unity, economic development, and cultural prosperity established in the language and writing laws/regulations as well as the government's planning have established a macroscopic blueprint for the distinctive language landscape in ethnic streets, while the bottom-up understanding of the policies and the feedbacks of the individual designers of the linguistic landscape, as well as the reflective attitudes of the users towards the policy space contribute to the formation of the physical and representational spaces of the landscape. Based on this, the paper proposes suggestions for the planning and management of linguistic landscapes in ethnic minority commercial streets.

Key words　Linguistic Landscape; Formation Mechanism; Korean Ethnic Group; Spatial Production Theory; Three-dimensional Analysis Model

引　言

语言景观（Linguistic Landscape）是城市空间的重要组成部分，是城市历史传承、经济发展理念、民族关系、风俗文化和社会权势话语等的外在呈现。Landry 和 Bourhis 于 1997 年首次提出"语言景观"概念，将其界定为某特定领域或地带公共或商业标牌上具有高可见度和凸显度的语言，如公共路牌、广告牌、街名、地名、商铺招牌以及政府楼宇上的语言（Landry & Bourhis, 1997）。迄今，针对语言景观的功能、构成要素、形成机制等，国内外语言学、社会学、符号学等领域学者进行了广泛的探索（c. f. Gorter, 2013；张天伟, 2020）。

语言景观性质和功能的研究成果日益丰富。Landry 和 Bourhis 于 1997 年提出语言景观在传递信息层面之外具有重要的象征功能，其后大量学者聚焦语言景观在社会空间的象征性和建构性方面的作用，讨论语言景观在凸显语言景观制作者及使用者的族群认同（Gorter, 2006；刘慧, 2016），反映并塑造不同族群权势、地位以及语言态度差异（Backhaus, 2007；尚国文、赵守辉, 2014；苏杰, 2017），标识族群边界、族群活力方面的作用等（Barni & Bagna, 2010；Shohamy, 2015）。近些年也有少数学者注意到语言景观在反映民族政策之外，亦全景呈现着城市历史发展脉络和语言文化的多样性（Blommaert, 2013）；很多标牌的设置是出于经济因素的考量，语言景观具有重要的直接（信息交流）和间接经济价值（促进旅游和开发)(Cenoz & Gorter,2009；徐红罡、任燕,2015)；少数族裔语言和通用语言在语言景观中的策略性使用是借用文化符号的象征意义吸引消费者、推动产品销售的重要手段(Leeman & Modan,2010：184)。

在诸多的案例分析中,语言景观的边界不断被拓展,从书面语言标识的语码类型和组合方式,拓展到文字呈现的材质、颜色和整体设计(Jaworski & Yeung,2010),以及动态的声音和图像(Dailey,2005)。语言景观的多模态属性和动态性也已引发学界的理论关注。Shohamy 和 Waksman 强调语言景观形成于并呈现于变动的公共空间,并由此不断被重新定义和塑造,其构成要素不局限于书面文本,还应包括其间的声音文本、图像、标志物等多模态符号资源(Shohamy & Waksman,2009：314)。尚国文和周先武(2020)指出多模态语言景观可以全面呈现社会生态。

上述研究启发我们思考政治因素、经济因素在语言景观构建中的作用,但迄今文献中专门针对语言景观深层形成机制的研究并不多,仅有少量研究产生重要影响。Backhaus(2007：141)注意到东京街头仅有不足三分之一的多语景观是按照官方政策设计而成,更多的景观设计是受非官方、自下而上因素的影响。Ben-Rafael(2009：44-48)提炼出语言景观构建的4项原则：自我表现原则,强调语言景观的独特性；充分理性原则,理性分析受众的实际需求；集体认同原则,强化族群认同；权势关系原则,关注多语空间语言之间的权势关系。这些原则中微观个体因素与宏观社会因素占据同样位置。同时,语言景观研究的公共空间范围有所拓展,从都市多语街区拓展到跨境语言和乡村语言(徐茗,2017),但大部分研究仍是针对全球化背景下的都市多语现象或族裔社区,而对边境地区少数民族街道语言景观的多语或多言研究尚待丰富。

本文注意到丹东市高丽街的语言景观特色鲜明。丹东是我国最大的边境城市,与朝鲜民主主义人民共和国新义州市隔江相望,汉族、朝鲜族、满族等多民族在此地区聚居或杂居。高丽街毗邻鸭绿江,曾是中朝贸易往来的重要街道,现在主要经营朝鲜族特色餐饮、售卖当地特产,朝鲜语的大量使用使其与其他街道区别开来。但与居住在广州、北京等地的韩国聚居区的"表层融入、深层区隔"的韩国裔居民的语言使用不同(刘云刚等,2017；周大鸣、杨小柳,2014),也与吉林延边朝鲜族自治州等地汉文和朝鲜文(姜力萌,2023)的并用深入日常生活不同,丹东高丽街朝鲜语使用的旅游服务和边境宣传特色尤为突出,这类语言景观的形成机制,还罕有人关注。基于上述讨论,本文认为语言景观研究应在政治因素外兼顾经济和个体选择等因素的影响,同时关注边境地区民族风情街道语言景观的特殊性；并突破书面文字界限,纳入多模态语言符号。由此,本文以高丽街为例,探讨少数民族地区特色街道语言景观的特点和形成机制,以期为推动多民族地区的民族团结和经济发展提供借鉴。

一 空间生产理论视域下的语言景观构建调适模型

法国社会学家及哲学家 Henri Lefebvre（1974）提出空间生产理论,其核心观点包括:（1）空间具有鲜明的社会属性,是经济、科技、政治等多重因素共同作用下的"社会产品"（Lefebvre, 1974:26）,是生产力、生产关系、上层建筑共同作用的结果（Lefebvre, 1974:84-85）;（2）作为社会产品的城市空间体现在三个维度:空间实践（Spatial Practice）,即物质化的空间,是城市空间现实性的依托,是围绕空间进行的社会生产和再生产活动的过程与结果,可被感知、被测量、被描绘,是街道、网络、工作领域和日常生活领域的联结点;空间的表征（Representation of Space）,即构想空间,是科学家、规划师、城市学家、政府管理者、技术专家、艺术家的知识或意识形态所支配的空间,是一个由社会主流话语、文本和逻辑等要素组织的概念化的空间;表征的空间（Representational Space）,即生活空间,是居住者、使用者、艺术家、作家、哲学家通过相关意象和符号直观生活、体验的空间,是被构想空间的设计所支配、但体验者尝试做出调整和改变的社会性空间（Lefebvre, 1974:30-38）;（3）三个空间的交互联系、交叉与重叠中,主体与空间的互动促成空间的生产（Lefebvre, 1974:18, 46）。

Trumper-Hecht（2010:237）在研究以色列语言景观时,借鉴 Lefebvre 的空间生产理论,提出了语言景观的三维分析模型,即实体维度（Physical Dimension）、政治维度（Political Dimension）和体验维度（Experiential Dimension）。实体维度与 Lefebvre 的"空间实践"相对应,主要考察语言景观的基本表征:可观察到的、可用相机记录的不同语言在标牌上的实际分布情况;政治维度对应于 Lefebvre 的"构想空间",主要考察不同决策者的观点和意识形态如何塑造语言景观;体验维度则与 Lefebvre 的"生活空间"相对应,主要考察居民或语言使用者对语言景观的态度和理解。空间生产理论基础上的三维分析模型为考察语言景观参与者和语言景观本体之间的互动构建了桥梁,产生重要影响,广泛应用于国内外语言景观的讨论和分析（Lou, 2012；Wang, 2015；俞玮奇, 2023；闵杰, 2023 等）。

比较 Lefebvre（1974）的三维空间和 Trumper-Hecht（2010）的三维语言景观模型,本文注意到后者将构想空间等同于政治维度有偏重意识形态、弱化知识维度科技人员、城市规划者、艺术家等的作用之嫌。① Lefebvre 强调权势关系的影响，但也从未忽视经济维度的影响（Lefebvre，1974：388-389），认为金钱、市场以及交换与权势共同构成城市空间图像和符号生成的动因。结合第一部分的文献讨论，本文将政治维度微调为政策维度，涵盖城市管理者、规划者和设计者在民族、经济和文化等多方面的政策。与此同时，生活空间概念的本意是强调参与主体的空间是私人化的、主观化的，在被动体验同时可能会采取一些反馈行动，使空间稍具专属和个体特征（Lefebvre，1974：362-363），因此，除了理解和态度之外，本文增加了行动层面。此外，如前所述，当前语言景观研究已从书面语言标识的语码类型和组合方式拓展到多模态符号，本研究在实体空间分析中增加了模态组合，关注动态的声音、图像等是否与语言系统相互补充和配合。故本文提出的语言景观构建调适模型如图 1 所示。

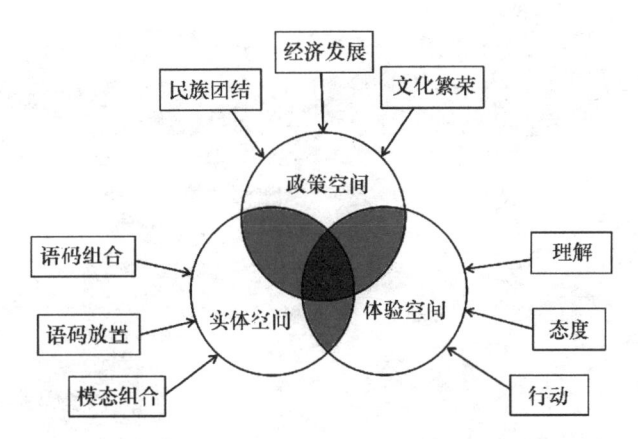

图 1 少数民族特色商业街语言景观分析框架图示

本文主张从实体空间、政策空间和体验空间 3 个维度分析民族风情街道语言景观。实体维度着重考察语码组合、语码放置、模态组合 3 个方面，政策空间关注民族、经济、文化等方面的纲领性文件和发展规划，体验空间聚焦参与主体的理解、态度和行动三个侧面。空间之间的交叠体现三元空间的交互和参与主体与空间的互动。

---

① Trumper-Hecht（2010）研究重点是以色列上拿撒勒地区犹太和阿拉伯族裔居民对希伯来语和阿拉伯语在语言景观中的分布特征，政治维度的政策在该地区语言景观分布的构想空间中占据核心位置，而在本文关注的少数民族地区特色街道的设计和规划中，经济和文化维度政策与民族关系等方面的政治政策同等重要。

二　研究设计

（一）研究对象简介

高丽街（见图 2）位于丹东市振兴区二经街，起止点为十一纬路至三纬路，长度 876 米，宽度 13—15 米。现主要有汉族、朝鲜族在此街道经商生活。该街道主要经营朝鲜族特色餐饮、当地特产，其中的公共路牌、商铺门牌、橱窗广告出现汉语、朝鲜语、英语等语言。该街道中的商铺不仅使用正面门牌，同时使用了侧面门牌、橱窗广告等要素，因此本研究不仅将商铺的正面门牌作为研究对象，同时将店铺侧面门牌与橱窗广告纳入研究范围，形成语料分析单元。

图 2　高丽街入口①

（二）研究方法与问题

本文以高丽街商铺以及机构的标牌作为语言景观研究对象，采用观察、影像记录、访谈 3 种方法。2023 年 9 月 30 日至 10 月 3 日、2024 年 4 月 18 日至 20 日先后

---

① 本文所有图片均为笔者实地拍摄。

两次前往丹东市高丽街进行实地调研。在两次调研中收集了高丽街语言景观的初始情况并对相关人员进行开放式访谈。第一次调研时还前往丹东市文献室收集了朝鲜族高丽街的历史资料，两次调研后均登录政府官网收集整理相关文件。两次调研共收集 320 张有效相片。经访谈者同意后，匿名访谈了 5 位商铺经营者（S1—S5）、4 位游客（Y1—Y4）和 2 位当地居民（R1、R2）。商店经营者 S1、S2 和 S3 是朝鲜族，S4 和 S5 是汉族；游客 Y1、Y2 和 Y3 是汉族，Y4 是满族；当地居民 R1 是汉族，R2 是朝鲜族。

实地调研时主要关注的问题包括：（1）高丽街语言景观实体维度的特征；（2）高丽街语言景观形成的政策因素；（3）高丽街语言景观形成的个体因素。

三 结果及分析

（一）实体空间：语码呈现的客观情况

实体空间是呈现在物质维度上的社会行为，是社会秩序的外在呈现。本研究将同一家商铺不同形式的语言景观（包括正面门牌、侧面门牌、广告语以及宣传语等）作为一组语料分析单元，经归类统计，从 320 张语言景观相片中获取 80 组语料分析单元。从语码组合、语码放置、模态组合 3 个方面对实体空间进行考察，主要结果见表 1。

表 1　　　　　　　　高丽街语言景观语码组合情况

语码组合方式	汉语	汉语+朝鲜语	汉语+英语	汉语+朝鲜语+英语
数量（组）	13	50	2	15
占比（％）	16.25	62.50	2.50	18.75

首先，所有标牌中出现 4 种语码组合方式，分别是"汉语"、"汉语+朝鲜语"、"汉语+英语"以及"汉语+朝鲜语+英语"。汉语为突出的优势语码，出现在所有的公共和私人标牌中，这与所有景区居民均受过系统的标准语教育，参观、购物的游客大多不能认读朝鲜语，而当地居民中年轻一代也不乏不能阅读朝鲜语者有关。因此，汉语要集中负载语码的信息功能。与一般的城市街道主要使用汉语单语标牌不同，该语言景观中单独使用汉语的标牌仅占 16%，双语和多语标牌占 84%，突出体现该景观的文化多样性特色。4 类组合方式中，"汉语+朝鲜语"这一语码组合方式出现频率最高（见图 3），"汉语+朝鲜语+英语"出现频率次之，朝鲜语在所有标牌

中出现频率高达81%，汉语与朝鲜语的突显构成高丽街实体空间的核心特色。朝鲜语的使用除信息功能外，更多承载象征功能。而英语语码的大量出现（占比21%）反映该景观设计的国际化面向。

图3 "汉语+朝鲜语"

图4 "汉语+朝鲜语+英语"

其次，基于"汉语+朝鲜语"出现频率最高且是构成实体空间的关键这一事实，本文着重分析"汉语+朝鲜语"语码组合情况下的语码放置情况。在50组"汉语+朝鲜语"语料分析单元中，汉语字体大于朝鲜语字体的频率为20，占比40%，朝鲜语字体大于汉语字体的频率仅为2，占比4%。两种字体大小均等的频率为28，占比高达56%（参见表2）；当两种语码字体大小一致时，汉语先于朝鲜语出现频率为18，占比64%，朝鲜语先于汉语出现频率为10，占比36%（参见表3）。在高丽街语言景观中，汉语作为国家通用语言处于突出地位，在实体空间中发挥信息指示、传递和交流等功能，而朝鲜语作为朝鲜族的民族语言另外承担身份标记及象征等功能。

表2　　　　　高丽街语言景观"汉语+朝鲜语"字体大小

语码放置情况	汉语字体大于朝鲜语字体	朝鲜语字体大于汉语字体	汉语朝鲜语字体大小一致
数量（组）	20	2	28
占比（%）	40	4	56

表3　　　　　高丽街语言景观"汉语+朝鲜语"语码顺序

语码放置情况	汉语先于朝鲜语	朝鲜语先于汉语
数量（组）	18	10
占比（%）	64	36

最后，高丽街语言景观实体空间中单模态标牌较为少见，大部分采用双模态或多模态标牌，不仅依托文字，同时还借助图片、声音等模态进行信息表征与传递。具体而言，高丽街只有少数店铺在语言景观中使用文字这一单模态进行表征，没有任何一家店铺仅仅依托于图片或声音的单模态形式；多数店铺在语言景观中使用了双模态形式，包括文字+图片、文字+声音两种方式；部分店铺在语言景观中使用了多模态形式，包括文字+图片+声音。在不同模态的组合中，文字主要承载空间的基本信息，图片直观呈现空间的特色信息（见图5），声音调动过往行人的听觉感知从而激发过往行人的注意力。此外，高丽街还有通过电子屏幕滚动条（见图6）、全息投影等呈现出的动态语言景观，在实体空间表征中得以突显，刺激语言景观使用者与实体空间的识解互动。

图5 文字+图片 　　　　　图6 文字+电子屏幕滚动条

综合来看，实体空间中，高丽街语言景观语码种类丰富，组合方式多样，语言景观民族特色鲜明，呈现出多模态、动态变化的特点。

（二）政策空间：宏观构想与实践在语言景观形成中的作用

高丽街语言景观政策空间的构成要素包括国家及地方在语言文字使用方面、城市规划方面对民族团结、经济发展以及文化繁荣方面的纲领性政策；且各个层面相互影响，彼此处于动态互动关系，共同构建了高丽街语言景观的政策空间。更为重要的是，高丽街语言景观的实体空间与政策空间互动，政策空间是实体空间生产的深层动力，实体空间在很大程度上使得政策空间具象化。

首先，政府主体通过语言文字使用方面的法律法规保证官方语言的高可见性，是语言景观构建的基本原则，是语言政策施力于社会空间的集中呈现。根据《国家通用语言文字法》（2005）第一章第五条"国家通用语言文字的使用应当有利于维护国家主权和民族尊严,有利于国家统一和民族团结,有利于社会主义物质文明建设和精神文明建设",第二章第十三条"公共服务行业以规范汉字为基本的服务用字。因公共服务需要,招牌、广告、告示、标志牌等使用外国文字并同时使用中文的,应当使用规范汉字",高丽街实体空间汉语在各标牌中的广泛使用是在严格遵循国家语言政策管理规范,是其政策空间的表征。汉语成为最突显的语码是在全国推广标准语言、确保国家统一安定的政治要求,而汉语与朝鲜语和英语的并行使用也是确保商品及服务信息交流通畅,促进民族经济发展的要求。这样的规范使用有利于该地区民族特色产品、特色服务的规范宣传,能够满足全国各地不同民族、不同方言游客体验特色民俗和文化的需要。

其次,朝鲜语在该民族特色街道的广泛使用同样是语言文字政策中关于民族语言规范使用和民族团结平等政策的集中呈现。根据《国家通用语言文字法》(2005)第一章第八条规定"各民族都有使用和发展自己的语言文字的自由。少数民族语言文字的使用依据宪法、民族区域自治法及其他法律的有关规定",高丽街语言景观实体空间中汉语与朝鲜语共存以及朝鲜语的高频率出现是政策空间中各民族平等团结的体现,是我国政府为保护文化多元性,支持少数民族族群文化的可持续发展,确保少数民族语言活力政策的外在呈现。

再次,高丽街朝鲜语特色景观展现了国家及地方城市总体设计框架所构想的政策空间。国务院办公厅《"十四五"文化发展规划》(2022)明确指出"支持相关省(自治区、直辖市)建设一批具有代表性的区域文化中心城市和特色文化城市。结合新型城镇化建设,鼓励因地制宜发展一批承载历史记忆、体现地域特征、富有民族特色的美丽城镇。"该政策背景下丹东市国土空间总体规划(2021—2035年)(2022)为丹东市的发展定位是:有效塑造国门形象并承担边境商贸功能,推动特色城市建设。丹东市"十四五"旅游业发展规划亦明确指出,要打造朝鲜族特色风格街道,拉动当地旅游经济的发展,促进中朝边境贸易往来。显然,国家、地方及城市规划在发展少数民族经济、繁荣中华优秀传统文化方面的相关政策亦是特色族裔社区语言景观形成的重要推动力量。

最后,该语言景观中英语的大量使用主要在于其象征意义的映射,汉语+朝鲜语+英语标牌的设计旨在向广大受众传递一种城市建设的国际化构想。《丹东市国民经济和社会发展第十四个五年规划和二〇三五年远景目标纲要》(2021)中将丹东市的发展目标设定为东北亚地区有影响的国际化水平的开放型城市,因此,与国际接轨、现代化的开放型城市建设的愿景推动高丽街的管理者和商户们共谋将英语这一国际通用语纳入设计蓝图。

概括而言，国家及地方的语言文字政策、经济政策以及文化政策等共同构成高丽街语言景观的政策空间。与此同时，高丽街语言景观的实体空间充分体现了其政策空间中所蕴含的民族团结、文化多元与包容以及打造国门城市、开放型城市发展愿景。

（三）体验空间：个体理解与互动行为

在语言景观形成的微观过程中，承载着历史文化经济等需求的语言景观个体生产者、使用者与高丽街语言景观的政策空间以及实体空间接触并产生理解、态度以及行为，在具体且日常的社会互动中共同生产了高丽街语言景观的体验空间。为深入分析高丽街语言景观体验空间生产动力，对个体语言景观制作者访谈的问题主要包括：（1）贵店招牌使用"汉语"或者"汉语+朝鲜语"或者"汉语+英语"或者"汉语+朝鲜语+英语"的原因是什么；（2）您觉得贵店的招牌是否有效吸引消费者；（3）您对高丽街未来的发展是否有信心。对高丽街语言景观使用者访谈的问题主要包括：（1）您对高丽街朝鲜语的高频出现所持的态度是什么；（2）您是否更愿意进入具有朝鲜语的店铺购买所需商品；（3）您对高丽街语言景观以及其他方面的发展有何建议。

对在其店铺中同时使用汉语及朝鲜语的商铺店家（S1—S5）访谈后发现，语言景观的个体制作者在进入该高丽街语言景观的政策空间后产生理解，并在其理解的基础上发挥个体能动性，调用不同的符号资源，使高丽街语言景观的实体空间得以实践，并生产出具有历史文化烙印的体验空间。具体来说，在体验空间中，语言景观个体制作者通过自身的经济文化需求发挥其主体性，根据不同的需求，产生不同的行为。汉族商铺店家 S4 和 S5 均表示经济利益是使其在店铺门牌中另外加入朝鲜语的主要原因，由此使其店铺与高丽街整体风格协调一致，从而增加消费者进店选购的概率。朝鲜族商铺店家 S1、S2 和 S3 均表示信息传达、身份标记、经济效益是其在店铺门头中使用汉语和朝鲜语的主要原因。朝鲜族商铺店家 S1 表示为避免店铺门牌携带的信息传达失败，优先将汉语放置于突出位置。在此基础上，店家表示为象征其独特的朝鲜族身份，在使用汉语的同时加入朝鲜语以及朝鲜族特色元素，希望其本民族的特色被看到、被了解。朝鲜族商铺店家 S3 表示考虑到汉语作为国家通用语言，在设计其店铺的语言景观时优先将其置于朝鲜语前方。朝鲜族商铺店家 S2 表示由于朝鲜语的日常使用，在设计门牌时自然而然地将朝鲜语放置在突显位置，而在考虑到经济性以及信息性后，又将朝鲜语对应的汉语放置在朝鲜语后方。由此看来，店家对政策空间的理解和相应行动也是语言景观实体空间构建的重要因素。

对 6 位语言景观使用者访谈后发现，4 位游客（Y1—Y4）和 2 位当地居民

(R1、R2)对高丽街语言景观基本持积极态度。游客(Y1—Y4)在进入高丽街语言景观的实体空间后,生产出具有个体特色的体验空间。游客(Y1—Y4)均表示在进入高丽街后,较高密度朝鲜语的出现使其注意到该街道呈现出的朝鲜族特色以及朝鲜族的语言特色,增加了他们进入特色店铺消费的欲望,有较强意愿进入朝鲜族特色鲜明的店铺,并产生进一步了解朝鲜族美食及特产背后的历史文化的想法。当地居民在接触高丽街语言景观的实体空间后,自动生产出以自身需求为导向的体验空间,并在其他个体的介入中不断调整其体验空间的范围。当地居民(R1、R2)表示由于频繁出入高丽街,已经习惯了该街道汉语与朝鲜语共存的情况,各个店铺是否使用了朝鲜语未对其在该街道的消费行为产生较大影响;同时表示虽已适应高丽街的多语景观,但进入该街道仍对朝鲜族文化产生熟悉感,也愿意为在此街道偶遇的游客提供相关建议。显然,不同使用者在经验背景和参与语言景观实践方面的差异为他们带来不同的体验空间。

另外,游客(Y1—Y4)与当地居民(R1、R2)均提到店铺使用的照片、声音广播以及滚动字条加强了他们对高丽街实体空间的感知并有助于标记其个体体验空间的重点。由于多模态符号间存在互补性,语言景观的交际力有所增强,实体空间实践效果得以改善。多模态语言景观通过丰富语言景观表征方式进行信息互补,使语言景观使用者形成了独特的感受。最后,11 位受访者对于高丽街语言景观在朝鲜族异域风情街道打造中发挥的作用表示肯定与支持,并表示希望未来在该街道的公共区域能够增加朝鲜族及其特色文化的文字或图片介绍。

高丽街个体语言景观制作者与使用者互动反馈是高丽街语言景观共享体验空间形成的关键。语言景观制作者在理解了高丽街语言景观的政策空间后启动自身能动性,并调用不同的符号资源使得政策空间可以通过实体空间生产得以表征。语言景观使用者进入个体语言景观制作者生产的实体空间,并在其自身知识以及经历的背景下生产出具有主观性以及独特性的体验空间,在其体验空间与个体语言景观制作者进行社会互动。由此,个体语言景观制作者在与语言景观使用者的交互中生产出即时性以及动态性的体验空间。不同个体所生产出的体验空间互相碰撞互动,形成具有共享性的体验空间,使得社会行为在该空间得以顺利完成。

四 研究启示

与 Backhaus(2007)和 Ben-Rafael(2009)等研究发现相似,本文注意到语言景观形成受宏观民族、经济、文化等政策因素影响,但与此同时,语言景观个体制作者自下而上对政策的理解和行动反馈以及使用者对政策空间和个体制作者的态度反馈都会在一定程度上影响景观的最终实体呈现和游客体验。自下而上与自上而下两种空间生产过程的互动为少数民族特色商业街的语言景观注入了更多的民族性与人文性，社会参与和个体行动使得语言景观更加贴近现实需求并赋予社会空间更加丰富多元的特色。这为我国边境少数民族地区语言规划及治理提供了新的视角。

一方面，针对语言景观的政策制定以及实践不应该局限于自上而下的决策和实施，而是在制定政策之前，遵循"充分理性原则"，认真分析受众的实际需求（Ben-Rafael，2009）。换句话说，政策制定者和发展规划者应该重视语言景观制作过程中的微观及中观层次，调动个体语言景观制作者的民族身份认同感与民族文化传播积极性，激发他们对于民族语言和文化的自豪感和责任感。同时，倾听语言景观制作者、使用者的意见和建议，在空间实践中充分考虑地方文化以及民族传统，使民族语言活起来，在承载信息的同时促进语言景观与使用者间的动态互动，增强各民族间的现实交流。

另一方面，在政策实施时，语言景观个体制作者应该充分发挥自身主体性，积极承担经济发展以及文化交流的责任，主动参与少数民族特色空间中发生的社会互动，共同构建富有活力的民族特色空间，形成区域有机体。在宏观政策的指导下，语言景观个体制作者应当积极将自身文化特征与发展理念融注到语言景观的制作与使用中，通过各个模态符号的多元选择以及实体空间布局设计等方式，展现个体独特魅力，创造出具有经济活力、文化底蕴和情感共鸣的动态空间。这种空间不仅仅是物理实体上的存在，更是通过社会符号以及社会互动共同塑造而成的，具有深厚的人文精神，构成一个民族、一个地区个性特色的核心内容。

结 语

本研究基于对 Lefebvre（1974）的空间生产理论的细读，借鉴国内外语言景观研究的新成果和新动向，对 Trumper-Hecht（2010）语言景观三维分析模型进行了细微调整，构建了少数民族特色商业街语言景观分析的调适框架，并据此考察和分析了丹东市朝鲜族高丽街的语言景观。研究发现：高丽街语言景观在实体空间上语码组合丰富，呈现出多模态、动态化的特点。高丽街语言景观的形成宏观上受到构想空间国家以及地方政策的影响，也受到微观上体验空间个体制作者和使用者的行动和态度反馈的重要影响。正是在自下而上与自上而下两种空间生产过程的互动中，形成了少数民族特色商业街的语言景观空间的活力与魅力。据此，本文呼吁语言景观政策制定中要认真分析受众的实际需求，实施中要充分激发个体制作者的积极性和使用者的意见反馈，充分考虑到地方文化以及民族传统，政府与民间合力构建民族地区的特色人文空间，从而促进各民族间的经济发展以及文化交流，增强中华民族凝聚力。

本文对语言景观的调研时间有限，访谈对象数量有限，在一定程度上无法更为全面地展现朝鲜族高丽街语言景观的历时变化以及带来的长期影响。未来希望通过民族志等方法长期参与该街道的语言生活，进一步考察高丽街语言景观对于经济发展以及文化交流带来的影响，从而深化我们对高丽街语言景观的理解，并为少数民族地区的语言政策以及语言规划提供有效建议。

参考文献

丹东市人民政府．丹东市人民政府关于印发《丹东市国民经济和社会发展第十四个五年规划和二〇三五年远景目标纲要》的通知［EB/OL］．（2021）［2024-10-3］．https：//www.dandong.gov.cn/html/DDSZF/202101/0164173312028837.html．

丹东市自然资源局．《丹东市国土空间总体规划（2021—2035 年）》草案公示［EB/OL］．（2022）［2024-10-03］．https：//zrzy.dandong.gov.cn/html/ZRZYJ/202212/0167532011495732.html．

姜力萌．延边朝鲜族自治州城市语言景观调查研究［D］．沈阳师范大学，2023．

刘慧．印尼华族集聚区语言景观与族群认同——以峇淡、坤甸、北干巴鲁三地为例［J］．语言战略研究，2016，1（1）：42—49．

刘云刚，周雯婷，黄徐璐，等．全球化背景下在华跨国移民社区的空间生产——广州远景路韩国人聚居区的案例研究［J］．地理科学，2017，37（7）：976—986．

闵杰．语言景观三维分析模型调适——语言规划的空间凸显性案例研究［J］．外文研究，2023，11（3）：26—33+106．

尚国文，赵守辉．语言景观研究的视角、理论与方法［J］．外语教学与研究，2014，46（2）：214—223+320．

尚国文，周先武．非典型语言景观的类型、特征及研究视角［J］．语言战略研究，2020，5（4）：37—47+60．

苏杰．上海私人标牌中的语言权势与文化权势［J］．语言战略研究，2017，2（2）：27—34．

徐红罡，任燕．旅游对纳西东巴文语言景观的影响［J］．旅游学刊，2015，30（1）：102—111．

徐茗．国外语言景观研究历程与发展趋势［J］．语言战略研究，2017，2（2）：57—64．

俞玮奇．国际化都市外国人聚集区的多语景观构建与语言空间治理［J］．上海师范大学学报（哲学社会科学版），2023，52（6）：87—93．

张天伟．语言景观研究的新路径、新方法与理论进展［J］．语言战略研究，2020，5（4）：48—60．

中华人民共和国中央人民政府. 中共中央办公厅 国务院办公厅印发《"十四五"文化发展规划》[EB/OL]. (2022) [2024-10-03]. https://www.gov.cn/zhengce/2022-08/16/content_5705612.htm.

中华人民共和国中央人民政府. 中华人民共和国国家通用语言文字法 [EB/OL]. (2005) [2024-5-21]. http://www.gov.cn/ziliao/flfg/2005-08/31/content_27920.htm.

周大鸣, 杨小柳. 浅层融入与深度区隔：广州韩国人的文化适应 [J]. 民族研究, 2014, (2): 51—60+124.

Backhaus, P. Linguistic Landscapes: *A Comparative Study of Urban Multilingua-lism in Tokyo* [M]. Multilingual Matters, 2007.

Barni, M. & Bagna, C. Linguistic Landscape and Language Vitality [A]. In E. Shohamy, E. Ben-Rafael, and M. Barni (eds.), *Linguistic Landscape in the City* [C]. Bristol: Multilingual Matters, 2010, pp. 3-18.

Ben-Rafael, E. A sociological approach to the study of linguistic landscapes [A]. In E. Shohamy & D. Gorter (eds.), Linguistic Landscape: *Expanding the Scenery* [C]. London: Routledge, 2009, pp. 40-54.

Blommaert, J. Ethnography, Superdiversity and Linguistic Landscapes: *Chronicles of Complexity* [M]. Clevedon: Multilingual Matters, 2013.

Cenoz, J., & Gorter, D. Language Economy and Linguistic Landscape [A]. In E. Shohamy & D. Gorter (Eds.) Linguistic Landscape: *Expanding the scenery* [C], New York/London: Routledge, 2009, pp. 55-69.

Dailey, R. M., Giles, H, Jansma, L. L. Language attitudes in an Anglo-Hispanic context: The role of the linguistic landscape [J]. *Language & Communication*, 2005, 25 (1): 27-38.

Gorter D. Linguistic landscapes in a multilingual world [J]. *Annual Review of Applied Linguistics*, 2013, 33: 190-212.

Gorter, D. Linguistic landscape: *A new approach to multilingualism* [M]. Clevedon: Multilingual Matters, 2006.

Jaworski, A. & Yeung, S. Life in the Garden of Eden: The Naming and Imagery of Residential Hong Kong [A]. In E. Shohamy, E. Ben-Rafael, & M. Barni (eds.), *Linguistic Landscape in the City* [C]. Bristol: Multilingual Matters, 2010, pp. 155-183.

Landry, R., & Bourhis, R. Y. Linguistic Landscape and Ethnolinguistic Vitality: An Empirical Study. *Journal of Language and Social Psychology*, 1997, 16 (1): 23-49.

Leeman, J. & Modan, G. Selling the City: Language, Ethnicity and Commodified Space [A]. In Elana Shohamy, Eliezer Ben-Rafael, and Monica Barni (eds.), *Linguistic Landscape in the City* [C]. Bristol: Multilingual Matters, 2010, pp. 182-198.

Lefebvre H. *The Production of Space* [M] (Trans. Donald Nicholson-Smith). Oxford: Blackwell, 1974.

Lou, J. J. Chinatown in Washington, DC: The bilingual landscape [J]. *World Englishes*, 2012, 31

(1): 34-47.

Shohamy E. & Waksman S. *Linguistic landscape as an ecological arena: Modalities, meanings, negotiations, education* [M]. Linguistic Landscape: Expanding the Scenery. Routledge, 2009: 313-331.

Shohamy E. LL research as expanding language and language policy [J]. *Linguistic Landscape*, 2015, 1 (1-2): 152-171.

Trumper-Hecht, N. Linguistic landscape in mixed cities in Israel from the perspective of 'walkers': The case of Arabic [J]. In Elana Shohamy, Eliezer Ben-Rafael, and Monica Barni (eds.), *Linguistic Landscape in the City* [C]. Bristol: Multilingual Matters, 2010, pp. 235-251.

Wang, J. Linguistic Landscape on Campus in Japan— A Case Study of Signs in Kyushu University [J]. *Intercultural Communication Studies*, 2015, XXIV (1): 123-144.

责任编辑：姜昕玫

区域医疗语言服务研究：以语言景观调查为例[*]

吴 瀛[**]

提 要 党的二十大对我国区域医疗服务发展提出了重大改革需求。医疗中的语言是保证医患沟通顺畅，保障服务质量的重要组成部分。现有医疗语言服务研究调查了医疗语言服务行业，对翻译勘误进行分析总结。本研究结合我国新时代社会需求，采用语言景观作为理论及实证切入点，以我国华南多语地区的两个城市的三甲医院为案例，探讨医疗语言服务的文化包容性和地方自我凸显性议题，为提升国家区域医疗语言服务质量和医疗语言能力提供思路。

关键词 医疗语言服务；语言景观；多语；粤港澳大湾区

Language Services in Regional Healthcare: A Case Study of Linguistic Landscape
Wu Ying

Abstract The 20th National Congress has emphasized the need for significant reforms in the development of regional medical services across China. Language plays a crucial role in healthcare by ensuring effective communication between doctors and patients and maintaining high service standards. Current research on medical language services primarily focuses on the industry itself, analyzing and addressing translation errors. This study, in response to the social demands of China in new era, utilizes the linguistic landscape as both theoretical and empirical foci. The study examines Grade A Class Ⅲ hospitals in two major cities within South China's multilingual region as case studies, exploring the challenges of global cultural inclusivity and local linguistic representation in medical language serv-

---

[*] 本文系国家社会科学基金"语言安全视阈下的粤港澳大湾区城市群语言景观调查研究"（项目编号：23CYY028）阶段性研究成果；深圳市哲学社会科学规划2024年度课题"新时代深圳城市场所符号景观的新文化研究"（项目编号：SZ2024C019）阶段性研究成果。

[**] 吴瀛，哲学博士，深圳大学特聘副研究员，主要研究方向为社会语言学、语言政策、语言景观、翻译学。

103

ices. The findings aim to offer insights for improving the quality of regional medical language services and strengthening medical language capacity nationwide.

Key words　Medical Language Services；Linguistic Landscape；Multilingualism；Greater Bay Area

引　言

习近平总书记指出，人民健康是社会主义现代化的重要标志。国家卫健委指出要加强医疗质量安全管理，提升医疗服务智能化水平。在全球化和区域一体化的进程中，医疗语言服务是医患沟通的重要桥梁，其重要性日益凸显。我国华南地区具有超语言多样性，不仅反映了区域文化的丰富性，也对医疗服务的质量和效率提出了更高的要求。本研究以语言景观为视角，深入调查了我国华南地区三甲医院的医疗语言服务现状，旨在探讨医疗语言服务在国际化需求下的文化包容性与地方语言资源的自我凸显性交织下的"全球本土化"问题。

通过对两广地区的4所三甲医院进行田野调查，分析了医疗语言景观的语言组合形式、语言意识以及地方性特征，揭示了医疗语言服务在满足多语、多言、多文背景下的医疗需求中所面临的挑战。

一　文献综述与研究

（一）医疗语言服务研究

医疗语言服务是医疗过程中和语言相关的服务。早期医疗语言服务主要研究医疗的专业性语言辅助工具开发。例如 Rector 等（1995）开发了一个术语服务器，通过一系列关键术语服务来支持临床系统的开发和集成，可以支持医疗记录、临床用户界面和临床信息系统的应用。同时通过术语系统，还可以辅助自然语言理解、临床决策支持、编码和分类计划管理以及书目检索系统。研究通过开发技术辅助的语言信息功能，完善临床系统和共享医学知识。

我国的医疗语言服务研究起步较晚，呈现出研究热点跟随社会需求导向转变的特点。根据时间节点和服务内容可以分为常态医疗语言服务和非常态医疗语言服务研究。常态医疗语言服务主要对语言服务产业进行调查，涉及医疗翻译产业（詹成、严敏宾，2013）；医疗口译的需求大于医疗笔译的需求（穆雷、沈慧芝、邹兵，2017；郭聪、杨承淑，2020）。

常态医疗语言服务还涉及疾病诊疗过程中的语言沟通问题。王玉莹、李琼（2019）调查走访了西安社区卫生服务中心的语言服务现状，发现方言使用频率高造成了医患交流的理解障碍，医务人员对"表达治疗方式的方言"、"表达精神状态的方言"及"表达病情发展的方言"的翻译需求较迫切。该研究说明，多语使用是医疗专业领域中消除医患沟通障碍的重要因素。张星等（2022）发现在线医疗问诊中医生的语言风格会对个体健康焦虑产生影响，抽象的语言风格更容易导致个体的健康焦虑，证实了健康信息的语言风格与塑造患者个人的情感有相关性。刘欣华等（2023）对医院互联网医疗平台眼表疾病咨询的对话文本进行自然语言分析，构建了眼表疾病非结构化对话文本规范词词库、症状管理、就医流程等健康咨询需求维度。通过挖掘、归类对话文本，发现咨询眼表疾病的患者的特征，锚定需要重点关注的病种及健康需求，为制定结构化的医疗咨询平台及线上健康教育方案提供参考。詹成、彭科明（2017）发现心理诊疗口译活动受到语言、情境、非言语行为和人际关系4个因素制约，译员要采取合理工作策略提高口译沟通效果。

和常态医疗语言服务相对应，非常态医疗语言服务研究主要应对突发公共卫生状况下。非常态医疗语言服务研究借鉴国外应急语言服务体系（陈林俊，2020）、探讨外语能力构建（沈骑、陆钰璇，2022；王玲，2022）、结合技术性和非技术性应急语言服务（王辉，2020）、观察地区语言的社会行为（Li & Zhang, 2024），形成了处理重大突发公共事件的语言需求、语言规划和语言使用的研究体系（屈哨兵，2020）。这一研究体系被称为"应急语言服务"，用于针对各类突发公共事件应急处置及其他领域重要工作中亟须克服的语言障碍，提供多种形式和类型的语言服务。例如2022年4月在新冠疫情期间，教育部、国家语委、应急管理部、国家民委、共青团中央共同指导全国29家高校、企业、协会组织等，联合发起成立了国家应急语言服务团。撰写了29个语种的《疫情防控外语通：个人防护措施》、41个语种的《疫情防控外语通：诊疗用语视频》以及《疫情防控应急手语一百句》等实用手册，为各地各族人民和来华外国人员提供了语言支持。

由此可见，目前医疗语言服务研究涉及专业导向的医学术语和信息管理，市场导向的医疗口笔译产业研究，以及社会需求导向的（非）常态医疗语言服务。相关研究成果和社会团体为移除医患沟通语言（方言/少数民族/外语/盲文）障碍，提高医疗翻译能力，建设人才培养体系，维护社会稳定和民族团结等社会问题提供了解决思路。

（二）语言景观与语言资源

语言景观是社会语言学和语言社会学研究的热点领域之一（张天伟，2020），主要研究内容是公共空间中的语言展示和符号意义（Landry & Bourhis，1997；Jaworski & Thurlow，2010）。根据社会场域的语言使用方式有四种构建规律，即凸显自我、充分理性、集体认同以及权势关系（Ben-Rafael，2009；尚国文、赵守辉，2014）。例如 Martínez（2014）邀请了 32 名说西班牙语的青年，走访了美国—墨西哥边境的家庭医疗服务的机构，发现参与者对医疗机构中英语和西语相关的医疗信息的反馈呈现出极大差异：英语的标牌数量显著多于西语标牌；西语标牌存在大量拼写、语法错误，以及识读困难的翻译语义信息，导致参与者必须依赖英文获取信息。参与者将这些语言问题视为英语语言权势强于西语，导致西语者获取的医疗资源少于英语者，凸显了英语者身份。

在新冠疫情期间，国外涌现了较多医疗语言景观相关的研究，对语言背后的社会不公平现象进行了深入研究。Kalocsányiová 等（2021）调查了英国伦敦 Hackney 地区的公共卫生医疗景观，发现在疫情发展的不同阶段中发达程度不同的地区存在社会不平等问题。具体而言，在信息差异、健康信息获取不平等、信息传播速度、特定信息缺乏和多模态信息传递上，贫困地区落后于非贫困地区。Gu（2024）调查了新冠疫情期间新加坡官方及非官方的多语新冠语言景观，发现官方英语单语标牌多，凸显了新加坡语言政策执行力度大。另外，疫情前后景观的语言组成无明显变化，除了新加坡国家 4 种官方语言，其他少数民族语言很少出现，说明在公共卫生事件前后没有充分考虑社会少数群体的多语需求。Wu 等（2024）调查了我国华南地区省会的 3 所医院，发现医疗语言景观中呈现密集的社会文化信息符号资源；使用社会认知框架分析中英双语的医疗标牌，发现语言景观上的中文信息和英文信息呈现出不同认知模式（Schema），揭示了机构对中文和英文患者的身份构建差异（Wu & Silver，2024）。

中国学者的研究兴趣集中于常态化医疗语言服务下的医院公示语翻译问题。金其斌（2008）走访了深圳市的 8 家医院，对英语医学术语的构词特点、语体色彩、术语统一、文化差异进行研究，认为医院公示语应当采取实用英语翻译策略。万永坤（2011）调查了云南省玉溪市 4 所医院，发现公示语中存在语言层面、文化层面、规范层面的错误。

以上研究都涉及语言实践当中的语言资源和语言问题。陈章太（2009）辩证性地提出可以从两个方面考察语言的资源价值和语言的使用问题。第一，考虑地缘社会因素所在区域对语言的需求，包括所使用的语言的功能、活力和资源价值进行评估；第二，考虑语言资源性质的转化，即从为社会创造财富或给社会造成伤害和负担之间的转化关系。语言资源性质的转化可以分为表层直接原因和深层间接原因。

表层直接原因是顶层社会需求,即语言政策与规划和语言干预的变化。深层间接原因是社会状况的变化,具体指由于政治、经济、文化、科技、宗教等社会状况的变化,造成语言关系、语言生活的变化和语言利益相关者观念的变化。

回顾之前研究,发现国内外医疗语言服务已逐渐从语言使用方式方法向服务于国家社会重大战略需求过渡。这种研究关注的变化既是结合社会发展动向的科学认识观的过渡,也是"微观—宏观"结合的学科范式的创新。但是现有的景观研究视角通常从语言服务的"问题观"出发,研究目的是提高语言使用效率、勘察语言错误、维护语言规范,较少从语言的"资源观"出发(陈章太,2009;Hult & Hornberger,2016)。医疗领域中符号资源特别丰富(李崇超、杨萌,2016),开发利用医疗语言符号资源,是进一步推进新时代医疗领域的语言服务建设体系的必然选择。本研究结合陈章太先生的语言资源的辩证理论进路,挖掘医疗语言景观的表层语言资源和深层社会需求。具体来说,本研究将语言景观作为社会语言使用的"物理表征"存在和社会主体的"感知表征"意识出发,结合华南地区医疗景观当中符号的表征意义,以期为新时期国家区域重大战略部署提供思路。

(三)两广地区的多语背景

党的二十大报告提出,推进粤港澳大湾区建设,支持港澳更好融入国家发展大局;要铸牢中华民族共同体意识,全面推进民族团结进步事业。两广地区毗邻港澳,面临北部湾,是我国语言文字资源最为丰富的地区。在我国的七大汉语方言中,广东地区有粤语、客家话、潮汕话等汉语方言。其中,粤语的使用范围和影响力较大,在两广地区的使用人群最多。广西地区除了存在众多汉语方言,还有11个世居少数民族以及其他44个民族,壮语(文)为广西的官方少数民族语言文字(Wu & Silver,2023)。多种语言类型构成了华南地区独特的多语环境。

另外,两广地区也是国际跨境区域,国际化程度高、区位语言需求大、综合经济实力强。广东省所在的粤港澳大湾区包括广东9个城市、香港特别行政区和澳门特别行政区;广西成立中国东盟自由贸易区,与东盟10国保持密切合作交往。这些说明,该区域对国际事务的多语种需求,特别是对英语的需求大(郭杰,2019)。进入新时代以来,港澳居民"北上"消费成为热潮,形成了大湾区跨境跨城生活常态。

(四)研究问题

主要围绕以下2个问题进行研究:(1)华南两广地区医疗场所的语言景观呈现出哪些特点?(2)医院中的语言景观特点与医院愿景之间存在什么联系?如何满足

多元医患需求？

（五）研究方法

本研究基于我国华南地区的多语多言多文地区的语言景观调查，对广东和广西两个主要城市的4所三甲医院进行实地走访，包括香港大学深圳医院、广西医科大学第一附属医院、广西中医药大学附属第一医院、广西国际壮医医院，医院背景信息见表1。

表1　　医院背景信息表

	广西医科大学第一附属医院	广西中医药大学第一附属医院	广西国际壮医医院	香港大学深圳医院
成立时间（年）	1934	1942	2016	2012
医院类型	三甲医院			
主管部门	广西壮族自治区卫健委			深圳市卫健委
机构愿景	国内一流、国际视野、绿色、和谐的现代化区域性医疗中心	悲悯为怀，精益求精	行健壮乡，道济天下	国内一流，国际知名；医改先锋，合作共赢
学位授予	授予本、硕、博学位			暂无

为了达到数据"饱和"的目标（Creswell & Creswell, 2017: 335），数据收集分多次进行，研究者在数据收集过程中记录研究发现。数据收集时段为2021年11月至2022年5月以及2024年3月至7月。共有5名熟悉当地社会背景的利益相关者完成了数据收集工作：（1）1名医院患者和1家医院的医生；（2）3名调查所在地的常住者。

使用两种方式对数据来源进行三角测量：（1）对四家医院的数据进行比较；（2）数据收集者的视角包含患者、医生和当地居民。拍照标准为只拍摄前视、固定标牌文字和图像的正面固定标识（如楼宇名称标识、诊室名称标识、药品信息标识），以及带有文字和图像的临时标识（如传单和海报）。研究者在收集数据过程中，记录下了第一眼看到标牌时的感受。同时为了避免重复拍摄单个标识，数据收集和清洗遵循"一个诊室一标识"和"一个功能空间一标识"，对应"一家店铺一个标识"原则（Shang & Guo, 2017）。共收集到802张照片，共计2740个标识。

二 研究发现

（一）语言资源的物理表征：语言的组合形式

表2展示了4所医院中的语言组合形式。可以发现：（1）多语标牌显著多于单语标牌，证明了医疗景观事实上的多语制；（2）中英双语标牌数量与中文单语标牌在绝对数量上很相近，甚至中英双语标牌数量超过中文单语标牌（广西国际壮医医院和香港大学深圳医院），似乎说明医疗地点是英语使用密集型场域；（3）广西作为民族地区，医院中存在壮语/文标牌，表明在医院考虑该地区语言政策因素，壮语/文存在一定的功能性；（4）在双语、四语、五语标牌中发现拉丁文，说明医院使用拉丁文作为医学术语标准化策略，保证医学用语的精确性。（5）比较广东和广西的医院发现，广西的医疗景观的语言多样性更丰富，但广东医院的国际化程度更高。

表2　　　　　　　　　四所医院语言景观的语言组合类型

语言组合类型	语言	总数	广西医科大学第一附属医院	广西中医药大学第一附属医院	广西国际壮医医院	香港大学深圳医院
单语	中文	957	299	434	192	32
双语	中文+英文	966	255	389	198	124
	中文+壮文	1	0	0	1	0
	中文+拉丁文	169	0	169	0	0
三语	壮文+中文+英文	4	0	0	4	0
四语	壮文+中文+英文+拉丁文	120	0	0	120	0
五语	英文+俄文+希腊文+中文+日文	3	3	0	0	0
	无文字图标	520	290	138	60	32
	总数	2740	847	1130	575	188

另外，考虑到社会历史因素下医院的成立时间，发现广西医科大学第一附属医院成立时间最早，历史最悠久，拥有更多数量的标牌；香港大学深圳医院成立时间较晚，还在建设当中，因此标牌数量较少。这些发现似乎说明在城市发展进程中的社会经济因素和国际化程度与标牌中的多语意识和多语实践有一定关联。

(二) 语言资源的感知表征：语言意识

图1展示了香港大学深圳医院从入口入院前往康复科门诊的指示路牌。在通常情况下，所考察的4所医院的指示路牌都为中英双语。路牌是静态的情景化置放的典型语言景观（Landry & Bourhis，1997；尚国文、周先武，2020），反映了语言景观创建过程中的意识形态和决策（Shohamy & Ben-Rafael，2015）。图1中指向康复科门诊的相关信息，包括物理治疗、职业治疗、言语治疗，以及国际医疗中心影像科。这些信息都使用了中英文双语标注，体现了医院语言服务的高度国际化。

图2展示了广西医科大学第一附属医院在新冠疫情期间的立牌。研究发现标牌存在两种功能，一种是"禁止吸烟"的规劝功能，另一种是"吸烟区分布图"的信息功能。在"禁止吸烟"中的中英双语（点2，图2），以及图标（点3，图2）的协同作用对能够识别中文的医患和能够识别英文的医患的行为进行规范。但是在同一个立牌中，在所考察地点"禁止吸烟"的要求下，医院开放了可以吸烟的空间，并提供了指引（点4，图2）。但是这个标牌以及相关的地图和内容都是中文单语（点4和点5，图2），由于缺乏英文，医院的"服务精神"似乎只考虑了中文医患，没有考虑到英文医患。因此在同一标牌的多种功能之下应当充分考虑到多语医患的需求。

图1 "康复科门诊"，香港大学深圳医院

图2 "禁止吸烟"立牌，广西医科大学第一附属医院

除了在多种功能的同一标牌中医疗景观的国际化程度存在差异，相同功能的不同标牌存在同一个语言问题，即医疗景观中的中英双语存在不充分翻译，体现了"不充分的多语意识"。图3和图4展示的是医院的"楼层指引"，图3香港大学深圳医院标牌中字体最大最明显的"门诊医技楼楼层指引"，以及"☆目前所在位置"没有英文翻译。图4广西中医药大学的门诊楼层指引中只有"急

诊科"（点1，图4），"医技楼"（点2，图4）和"办公楼"（点3，图4）为中英双语，其他为医患提供信息功能的标牌没有英文翻译。另外，"办公楼"（点3，图4）被误译为"Rehabilitation Medicine Dept"（康复医学科）。在提示功能和参照功能下，这种语言问题属于"术语不匹配"，可能会造成"意图歪曲"的结果（罗选民、黎土旺，2006）。

图3　香港大学深圳医院门诊楼层指引

图4　广西中医药大学第一附属医院门诊楼层指引

广西国际壮医医院的民族医药特色诊疗中心对推广使用的壮族医药进行了实物展示。民族医药是我国中医药的重要组成部分。图5展示了名为"滇桂艾纳香"的草药，其医药标签包含三种语言组成：壮文（点1，图5）、中文、拉丁文（点2，图5）。民族药材的拉丁语命名方式与展示，符合中药材拉丁语的语法和命名方式（杜勤，2008）。另外，中药材命名方法中未提及民族医药的命名方法。广西国际壮医医院使用壮文对民族医药以壮文音译汉语"管牙"的方式进行命名并作为景观展示，体现了地方性民族医药知识特征。

除了使用壮文对民族药材命名和展示，医疗景观中的地方性文化特征值得关注。图6展示了广西国际壮医医院使用壮族文化意象"布洛陀"对医院的广场进行命名（点2，图6），凸显了医院医疗特色中的民族文化色彩。但同时，与路牌中其他地点相比，"广西国际壮医医院""综合服务中心""商店"，都采用了中文在上英文在下的平行语义翻译策略。但是"布洛陀广场"采取"中文在上,汉语拼音+英文在下"的多种翻译策略。"布洛陀"的壮文存在多种拼写方法,例如"Bouq Luagh daeuz"、"Baeuq Loegdoh"、"Baeuq Roxdoh"和"Bouslaoxdauz"(Chaisingkananont,2020)。研究发现,医院未选择这种译法强化壮族地方文化知识。

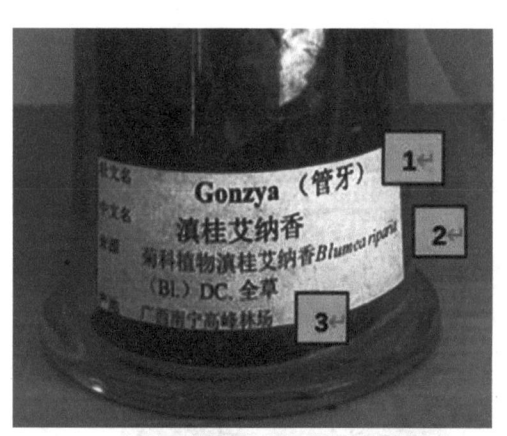

图 5　药品展示柜,广西国际壮医医院　　图 6　路标,广西国际壮医医院

另外,在香港大学深圳医院的就医大厅发现了繁体中文单语的标牌。在"跨境醫療諮詢臺"的立牌下,展示"長者醫療券"、"先導計劃"和"一般查詢"的跨境医疗服务。在此立牌当中,除了"香港大学深圳医院"标识保留了"简体中文+英文"的语言选择,其余内容都选择了中文繁体,凸显了医院满足香港患者北上求医的服务需求。

三　讨论

研究调查了我国华南地区的 4 所公立三甲医院的医疗语言景观,通过语言景观的物理表征和感知表征,使用陈章太(2009)的"资源"辩证理论进路,参考语言景观的构建原则(Ben-Rafael,2009),挖掘医疗语言景观中的"语言资源"的价值和问题。在移除医患沟通语言障碍、提高医疗翻译能力为规划目标,构建社会需求导向的常态医疗语言服务的医疗语言景观中,我们发现了国际化需求和地方性特征的语言资源价值。

（一）语言资源的文化包容性

语言景观不仅涉及语言，是沟通的工具，也是文化身份和价值观的载体。分析医疗语言景观的物理表征发现中英双语标牌比例较大，是当代医疗服务国际化需求的"充分理性"选择（如表1，机构愿景）；分析医疗语言景观的感知表征发现，华南地区所选取的4所医院无论是电子标牌还是实物标牌，都有较强的多语意识。一方面，这种多语意识对构建医院的国际化医疗身份、体现医疗专业性、前沿性有一定的帮助。另一方面，在医疗服务全球化的背景下，医疗服务机构要为不同文化背景的患者提供服务。医疗景观中的多语标识提供双语服务，展现了医院对文化多样性的尊重和包容。

但同时，医疗语言景观中用以体现国际化医疗身份所涉及的中英双语标识存在语言问题。在同一标牌的不同功能（见图2）和同一功能的不同标牌（见图3、图4）中出现的"不充分翻译"甚至"误译"是术语不匹配问题，会歪曲医患之间的求医意图，降低医患的沟通效率。所以目前存在的语言问题并非"翻译是否标准"的问题，而是在景观制作的过程中进一步考虑我们的语言服务要"为谁服务"的问题。为此可以加强医疗景观的文化敏感性，加大开发利用多语种资源。

（二）语言资源的地方自我凸显性

语言景观有"自我凸显性"的构建原则。研究发现，医疗景观中语言选择的地方性特征可以被视为"自我凸显性"感知表征的构建方式。在药品展示柜里的民族医药标签中（图5），广西国际壮医医院使用了壮文作为壮族医药的命名方式，是我国中医药与民族医药加大传播力度的一种有益尝试。但是在路标的命名方式中（图6），广西国际壮医医院除了使用拼音展示，还可以从多种壮文拼写方法中选择一种"布洛陀"的壮文拼写来强化地方文化意识，提供壮文传播和推广的机会。因此可以继续推进开发地方文化知识来构建医疗场所的语言文化意识。

从香港大学深圳医院的医疗语言景观发现，景观中的"自我凸显性"不仅显示该医院和香港大学之间的国际医疗合作相关性，还迎合了粤港澳大湾区港人北上深圳就医的消费需求，也符合"充分理性"的景观构建原则。因此，医疗景观的地方性需要综合考虑地方知识结构和地方社会动态下的服务需求，传承地方特色的医疗文化。

结　语

本文通过调查我国华南地区的三甲医院的医疗语言景观，从语言资源辩证理论进路出发，参考语言景观的构建原则，对医疗语言景观中的物理表征和感知表征中的价值和问题进行了分析。医疗语言景观为提高医疗语言服务质量提供了一个有力视角——医疗语言服务不仅需要关注语言的标准化和规范化问题，更应深入挖掘全球文化多样性和地方文化特色，加强国际医疗服务质量和地方医疗服务能力，促进医疗服务的公平性和可持续性，为构建和谐医患关系、推动医疗服务高质量发展提供有力支撑。期望本文能够为提升国家区域医疗语言服务质量和医疗语言能力提供思路。

参考文献

陈林俊．当代日本灾害应急语言服务研究［J］．语言文字应用，2020，（2）：69—78.

陈章太．语言资源与语言问题［J］．云南师范大学学报（哲学社会科学版），2009，41（4）：1—7.

杜勤．中医药拉丁语［M］．北京：科学出版社，2008.

郭聪，杨承淑．国际医疗语言服务的需求分析与人才培养［J］．外国语言与文化，2020（2）：79—91.

郭杰．粤港澳大湾区语言环境建设研究［J］．云南师范大学学报（哲学社会科学版），2019，51（6）：46—54.

金其斌．医疗卫生行业公示语英译现状调查与分析——以深圳市8所医疗机构为例［J］．中国翻译，2008，29（3）：72—76.

李崇超，杨萌．中医语言符号学刍议［J］．中华中医药杂志，2016（8）：3.

刘欣华，左丹妮，范一丹，等．基于自然语言处理技术的互联网医疗眼表疾病咨询需求分析［J］．中国卫生资源，2023，26（5）：527—533.

罗选民，黎土旺．关于公示语翻译的几点思考［J］．中国翻译，2006，27（4）：4.

穆雷，沈慧芝，邹兵．面向国际语言服务业的翻译人才能力特征研究——基于全球语言服务供应商100强的调研分析［J］．上海翻译，2017（1）：9.

屈哨兵．语言应急和应急语言［J］．华南农业大学学报（社会科学版），2020，19（6）：101—110.

尚国文，赵守辉．语言景观的分析维度与理论构建［J］．外国语（上海外国语大学学报），2014，37（6）：81—89.

尚国文，周先武．非典型语言景观的类型、特征及研究视角［J］．语言战略研究，2020，5（4）：12.

沈骑，陆珏璇．全球城市外语能力指标体系构建［J］．新疆师范大学学报（哲学社会科学版），2022，43（2）：140—148.

万永坤．玉溪市医疗卫生公示语英译现状的调查与分析［J］．海外英语，2011，(8)：212—213.

王辉. 发挥社会应急语言能力在突发公共事件中的作用［J］. 语言战略研究，2020，5（2）：8—10.

王玲. 重大突发公共事件涉外应急语言服务的基本问题——内涵、构成及服务策略［J］. 陕西师范大学学报（哲学社会科学版），2022，51（6）：115—122.

王玉莹，李琼. 西安社区医疗语言服务研究［J］. 山东农业工程学院学报，2019，36（2）：2.

詹成，严敏宾. 国内医疗口译的现状、问题及发展——一项针对广州地区医疗口译活动的实证研究［J］. 广东外语外贸大学学报，2013，24（3）：4.

詹成、彭科明. 心理诊疗口译的特点及工作策略——基于"存在主义心理咨询工作坊"口译语料的实证研究［J］. 广东外语外贸大学学报，2017，1：57—62.

张天伟. 语言景观研究的新路径、新方法与理论进展［J］. 语言战略研究，2020，5（4）：48—60.

张星，唐宇钥，肖泉. 在线医疗问诊中医生的语言风格对个体健康焦虑的影响［J］. 情报资料工作，2022，43（6）：68——78.

Ben-Rafael, E. A sociological approach to the study of linguisticlandscapes［A］. E. Shohamy & D. Gorter. Linguistic Landscape：*Expanding the Scenery*［C］. London：Routledge，2009. 40-54.

Chaisingkananont, S.（2020）. "Buluotuo Culture" The Zhuang oral traditions as performance. In S. Sarkar & N. Y. Modwel (Eds.), Oral traditions, continuities and transformations in Northeast India and beyond (pp. 25-34). Routledge India.

Creswell, J. W., & Creswell, J. D.（2017）. Research design：Qualitative, quantitative, and mixed methods approaches. Sage publications.

Gu, C.（2024）. "Let's ride this out together"：unpacking multilingual top-down and bottom-up pandemic communication evidenced in Singapore's coronavirus-related linguistic and semiotic landscape. Linguistics Vanguard.

Hult F. M., Hornberger, N. H. Revisiting Orientations in Language Planning：Problem, Right, and Resource as an Analytical Heuristic［J］. *The Bilingual Review*, 2016, 33：30-49.

Jaworski, A., & Thurlow, C.（2010）. Introducing semiotic landscapes. In A. Jaworski & C. Thurlow (Eds.), Semiotic landscapes：Language, image, space (pp. 1-40). Continuum.

Kalocsányiová, E., Essex, R., & Poulter, D.（2021）. Risk and Health Communication during Covid-19：A Linguistic Landscape Analysis, Health Communication. Advance online publication.

Landry, R., & Bourhis, R. Y.（1997）. Linguistic landscape and ethnolinguistic vitality. *Journal of Language and Social Psychology*, 16（1），23-49.

Li, J., and Zhang, J. (Eds.), (2024). *Multilingual Crisis Communication*. Routledge.

Martínez, G.（2014）. Vital Signs：A photovoice assessment of the linguistic landscape in Spanish in healthcare facilities along the US-Mexico border. International Journal of Communication and Health, 14, 18-24.

Rector, A. L., Solomon, W. D., Nowlan, W. A., Rush, T. W., Zanstra, P. E., & Claassen, W. M. A. (1995). A terminology server for medical language and medical information systems. *Methods of information in medicine*, 34 (01/02), 147-157.

Shang, G., & Guo, L. (2017). Linguistic landscape in Singapore: What shop names reveal about Singapore's multilingualism. *International Journal of Multilingualism*, 14 (2), 183-201.

Shohamy, E. & E. Ben-Rafael. 2015. Linguistic landscape: *A new journal. Linguistic Landscape* 1 (1/2), 1-5.

Wu, Y., & Silver, R. E. (2023). Trilingualism, education and ethnic language subjectivities. *Journal of Language, Identity & Education.* Advance online publication.

Wu, Y., & Silver, R. E. (2024). To cure sometimes, to relieve often, to publicise always: a case study of linguistic medicine landscapes in a (post) pandemic era, Language Awareness. Advance online publication.

Wu, Y., Silver, R. E., & Guo, L. (2024). Traditional Chinese Medicine: Communicating Informational and Symbolic Functions in the Linguistic Landscape, Health Communication. Advance online publication.

责任编辑：梁德惠

教育改革语境下高考标语的话语模式及价值反思[*]

董洪杰　王雅荔　周敏莉[**]

提　要　高考标语是我国教育领域一项重要的话语手段。本文以高考标语为研究对象，结合媒体报道数据，梳理了高考标语的话语模式及媒体的话语态度，进而从高考的本质功能视角对高考标语进行了反思。研究发现，高考标语的话语模式呈现出地位悬殊的对话性、捆绑未来的引导性和选拔竞争的残酷性；媒体对高考标语的话语态度则集中在对"高考决定论""分数=素质""社会现实"等3个核心议题的反思。本文认为高考标语叙事总体呈现出公平主导的单一逻辑和教育评价功能的缺失，在当前教育改革的语境下高考标语的书写应体现公平选拔与引领教育的双重逻辑，以构建健康的高考形象。

关键词　高考标语；话语特征；教育公平；教育评价

The Discourse Characteristics and Value Rethink of Gaokao Bannersin the Context of Education Reform
Dong Hongjie　Wang Yali　Zhou Minli

Abstract　The National College Entrance Examination (Gaokao) banner is a crucial educational discourse in China. Based on the self-built banner database and the related state media reports data, this paper analyzes the discourse characteristics of the Gaokao banners and the media attitudes and further reflects on the banners from the perspective of the educational function of Gaokao. The study found that the Gaokao banner's discourse presents

---

[*]　本研究得到国家语委十三五科研规划一般课题"历史文化名城现代转型背景下的路名规划研究——以西安为例"（YB135-94）的资助。

[**]　作者介绍：董洪杰，博士，西安文理学院文学院教授，主要研究社会语言学、语言政策与规划。王雅荔，博士，西安文理学院师范学院教授，主要研究教育法学。周敏莉，博士，广东第二师范学院文学院副教授，主要研究社会语言学。

three characteristics: a hierarchical relation of two-sided dialogue, the persuasive strategy of binding the future of students, and fierce competition in the selection test. In the meantime, the media reports critically looked at the Gaokao banner from the points of "Gaokao determinism" "score equates to quality of education" and "social realities behind Gaokao". The article believes that the Gaokao banners generally present a more realistic value of social equality than education. In the context of current education reform, the Gaokao banners should reflect both social justice and educational value to construct a healthy education edifice.

Key words Gaokao Banners; Discourse Characteristics; Educational Equity; Educational Evaluation

引 言

高考标语是我国教育领域一道独特的语言景观，广泛存在于教育机构、城乡社区以及不同网络平台。随着网络时代的到来，风格各异的高考标语以墙面、横幅、网络图片等为载体，通过物理空间和社交平台等多种渠道传播，形成了蔚为壮观的高考标语现象。作为社会公共话语的重要形式，俯拾即是的高考标语不仅折射了人们对高考本身及教育体系、考生人生规划的理解，同时也反映了社会对教育的价值判断。近年来，《人民日报》《中国青年报》等上百家媒体先后聚焦高考标语现象，从语言风格、社会功能等方面对当代高考标语进行了大量报道和深度反思。

学界的相关研究，一方面聚焦于标语作为一种话语形式的社会功能。Sherif（1937）和 Bellak（1942）很早即从心理学角度研究了标语的有效性。他们发现标语制作者的声望等因素会影响其有效性，指出标语作为一种便捷的表达方式，当它能够引起公众的想象、呈现某种特定的且未被满足的需求、并且符合已定型的社会价值观时，便具备了社会有效性的品质。Van Dijk（2002，2009）从传播学的视角将标语界定为一种宏观话语结构，指出要考察标语的意义，除了要分析标语的语言内容以外，还要考虑其所在特定时空的社会语境，进而提出分析标语的"上下文模型"和"事件模型"。Van Dijk 将标语的话语分析和传播框架有效地结合了起来。董洪杰、周敏莉（2020）则以特定社会事件为背景，分析了标语作为一种话语形式的传播模式及其在传播过程中语言风格发生的适应性调整。另一方面，学界的相关研究也聚焦于高考标语本身，其一是探索高考标语呈现的社会价值和教育观念，石军（2012）、程贤军（2012）、谢玲玲（2015）等探讨了标语内容折射出的社会阶层固化、评价标准单一和教育价值功利化等社会问题；其二是关注高考标语对学生群体的影响，丁淑文（2015）、田永丰（2015）、刘军豪（2016）等分析了高考标语对学生价值观的影响；其三则是从历时的视角分析高考标语的历史变迁，周明明、田雪（2015）、谢翌、潘安童（2017）和夏小书（2018）分别以中华人民共和国成立为时间起点，分析了高考标语风格的变化及其反映的价值嬗变。上述研究多以举例的方式论证，较少对当代高考标语进行系统梳理。此外，作为一种重要的社会符号，高考标语如何以其独特的方式呈现万众瞩目的高考现象？大众传媒又是如何看待由高考标语构建起来的高考镜像？社会大众高考标语叙事和媒体高考标语叙事又能反映当代中国高考教育的何种问题？

本文通过在线搜索的方式，在百度、微博、知乎、抖音、微信公众号、语文迷网站等平台输入"高考""高考标语"等关键词，共搜集了500条高考标语，并依据标语的发布者、接收对象和语言风格等进行梳理，同时对标语语料进行字频、词频统计和词语搭配统计，并对统计数据进行人工复核。此外，还借助"中华数字书苑—方正数字报纸"数据平台[①]搜集高考标语相关媒体报道共计161篇，共十余万字，并以报道标题、媒体、时间、版面、关键词等信息进行归纳整理。

一　高考标语的话语模式

对500条高考标语进行字、词频综合分析发现，作为一种重要的公共话语手段，相当数量的高考标语的话语模式呈现出以下特点：地位悬殊的对话性、捆绑未来的引导性和选拔竞争的残酷性。

（一）地位悬殊的对话性

具有此特征的标语共计151条，占比约30%。句式结构上多使用感情色彩鲜明的反问句和动宾短语构成的祈使句。语言风格严肃。大量使用人称代词，对话意味明显。这类标语的对话主体大致分为两类，一类是学校（社会）与学生的对话，标语内容以指责和警醒为主，强调现实，语气严肃，表意直接，如例（1）和例（2）；另一类是家长与考生的对话，标语内容以期盼与劝诫为主，将自己的孩子与"别人"相比较，盼其成龙成凤，如例（3）和例（4）。

[①] 中华数字书苑—方正数字报纸是以中国报纸资源为主体的全文数据库系统，是全球最大的中文正版资源库，收录了新中国成立以来大部分的图书全文资源、全国各级各类报纸及年鉴、工具书、图片等特色资源。

(1) 人丑还不多读书，哪儿来的自信？还玩，说你呢？（百度文库）

(2) 对手在拼杀，你在干什么？（微博图片）

(3) 不要自卑，你不比别人笨；不要自满，别人不比你笨。（学习资料库网站）

(4) 没有比别人更优秀，就要比别人更努力。（百度文库）

在这些标语中，作为高频词出现的人称代词有："你""我""我们""别人""他"，共计185次，其中"你"80次、"我"68次。与此同时，无论对话主体是学校对学生，还是家长对学生，标语里"要""应该""只有""不可""不要""不肯"等词和短语的不断出现反映出对话的不平等性，如例（5）和例（6）以"过来人"的身份自居，将自己的态度观点视为准则，给学生列下条条框框，充满居高临下的说教意味。

(5) 今日不肯埋头，明日以何抬头。（微博图片）

(6) 高三只有一次。若你不珍惜，再来一次那是高复！（百度图片）

（二）捆绑未来的引导性

具有此特征的标语共计74条，占比约14.8%。句式结构上多使用劝导类的祈使句和假设句，内容以引导、劝诫为主。通过营造未来图景引起读者的共鸣，用词较平易近人，语气也较温和。例（7）和例（8）为典型的通过营造"进入名校""斩获爱情"等美好愿景来正面引导学生积极备战高考，而例（9）和例（10）则是通过刻意放大工作和生活的不易与痛苦来强调高考的重要性。

(7) 今朝坚韧搏风浪，明日清北校园聚。（知乎）

(8) 奔跑吧，你爱的人在大学等着你呢！（百度网站）

(9) 不学习的女人只有两个下场：逛不完的菜市场，穿不完的地摊儿货。（微博图片）

(10) 不学？将来别人壁咚的墙就是你砌的！（百度网站）

在这部分标语中，高频词分2类。分别是形容词、否定词或词组。形容词集中表现了高考成败对未来生活质量的直接影响。风格共涉及"积极性"和"消极性"两类。第一类形容词共7个，分别是"成功""金榜题名""无悔""自信""幸福"

"与众不同""轻松",累计出现75次,其中"成功"出现36次,"金榜题名"出现了9次;第二类形容词共5个,分别是"苦""失败""失望""绝望""不知所措",共计87次,其中"苦"54次、"失败"18次。否定词或词组共7个,分别为"不""没有""别""少""无""勿""不要",共计187次,其中"不"141次、"没有"17次、"别"6次。这些否定词或词组主要与形容词和动词共现,形成劝阻式祈使句,如例(11)、例(12)和例(13)。这些标语将高考和未来紧紧捆绑在一起,认为高考成功则一劳永逸,高考失败则"万劫不复",对未来的所有期待都需要通过高考来获得。

(11) 宁吃百日苦,不留终身憾!(百度网站)
(12) 别让高三一年成为你的终身遗憾!(搜狐网)
(13) 熬得住,出彩;熬不住,出局!(百度文库)

(三)选拔竞争的残酷性

具有此特征的标语共计54条,占比约10.8%。句式上多使用祈使句和假设句,内容也以激励为主,但选词整体呈现出暴力、血腥的特点。主要用夸大备考过程的极端残酷性和把高考分数和未来前景画等号这两种方式达到宣传目的。频繁使用"血""死""头破血流"这样的词汇增强言语刺激、极力渲染高考竞争的残酷性,使得学生不敢有丝毫懈怠,如例(14)和例(15)。这类标语还将高考分数和学生命运紧密联系,认为"分数即王道",学生如处在一场万人血拼的"战争"中,大有"非死即活"的意味,如例(16)和例(17)。

(14) 只要学不死,就往死里学!(百度图片)
(15) 就算撞得头破血流,也要冲进一本线的大楼!(百度图片)
(16) 提高一分,干掉千人!(知乎)
(17) 拼一分,高一分,一分成就终身。(知乎)

在这部分标语中,"拼""发疯""血""死"这类感情色彩强烈的字眼被反复使用,其中"拼"出现了8次,"发疯"出现了3次,"血"出现了3次。此外如例(18)、例(19)和例(20),用对比性词组如"入清北"和"收破烂"、"天上龙"和"地上虫"等构建高考成败后的不同未来场景,强化差距,强化学生"往死里学"才能闯过高考难关的意识,其竞争之残酷不言而喻。

121

（18）题海驰骋，杀入清北。（高考网站）

（19）睡吧，玩吧，毕业一起收破烂吧！（高考网站）

（20）不做地上虫，我是天上龙。（腾讯网）

通过上文分析我们发现，超过一半的高考标语叙事构建出了这样一种高考镜像，即通过不懈努力方能在竞争中取胜；相反，若懒散逃避，自暴自弃，则与梦想背道而驰。高考标语显性的社会存在及其构建的高考镜像引发了社会媒体广泛的关注。

二 媒体对于高考标语的话语态度

本文收集的161篇高考标语新闻报道，多以事实性信息呈现标语内容，以意见性信息表达媒体对高考标语及相关社会问题的认知和态度，内容涵盖了高考标语相关的教育制度和高考价值观等议题。下文借助对上述报道的词频统计和词语搭配，分析大众媒体对高考标语的关注焦点以及对标语所构建的高考镜像的认识和反思。

（一）对高考决定论的省思

高考作为制度化的人才选拔模式，满足了集体长期稳定的人才需求。对国家和民族而言都具有不可替代性（柳博，2020）。因此，高考标语对高考地位的反映也成了媒体关注的重要内容。《人民日报》（2015/6/4）在题为《高考标语，多点平常心（且行且思）》一文中对"扛得住给我扛；扛不住，给我死扛""就算撞得头破血流，也要冲进一本线的大楼"这类标语给出了负面评价。报道详细分析了现今部分高考标语雷人的原因，认为这些标语将世俗的成功论与高考捆绑在一起，过度强化了高考成败与人生输赢的关联。《北京青年报》（2015/5/25）、《每日新报》（2015/5/29）、《新快报》（2015/6/1）等新闻媒体累计刊发表达类似观点的报道35篇。

从报道的词频来看，主题词"高考"139次、"标语"80次、"学生"22次，此外报道中出现了"雷人"23次、"扭曲"9次、"暴力"8次、"奇葩"8次、"悲壮"5次、"功利"5次。这些带有强烈负面评价的词直截了当地表明了新闻媒体对现今部分标语的态度。从词频搭配来看，与"高考"相搭配的高频词有"人生"26次、"命运"23次、"成功"13次、"成败"6次，将高考与人生发展紧密联系，强调高考的公平性和唯一性，中间往往会加上动词"决定"或"改变"来加重高考的分量，如例（21）和例（22）。从标题来看，《高考励志标语，能不能别那么悲壮？》（解放日报，2016/3/30）、《疯狂的高考标语"励"的什么"志"？》（邯郸日报，2015/5/28)、《高考标语不要扭曲价值观》(南方日报，2015/5/27)，这些报道标题大多都使用了疑问句式和否定词或词组，整体呈现劝导性特征。

(21) 一个义正词严的道理叫"知识改变命运"，具体到高中生来说，就是"高考改变命运"。(邯郸日报，2015/6/2)

(22) 对于那些生活于底层的孩子而言，高考成败决定了他们未来的命运，除了拼搏，似乎别无选择。(解放日报，2016/3/30)

媒体通过分析高考标语对高考地位的反映，认为高考标语存在将高考与成败相捆绑的表现，言语之间流露的是对高考机制更加公允、受教育机会更加公平的期待。

(二) 对"分数=素质"的批判

高考标语常常出现在高中和辅导学校等不同类型的办学机构，作为备考重要关头的话语表述，标语中所反映的教育评价理念是媒体关注的焦点。《中国青年报》(2015/5/26) 在题为《高考励志标语励的什么"志"》中批评了"只要学不死，就往死里学""一分干掉千人！"等标语过分倡导应试教育理念，不顾其他的人才评价标准，将高考成绩作为唯一的标杆，形成了考试就是评价、分数等同于素质的简单对应。《新快报》(2014/5/20)、《学生导报》(2014/4/28)、《城市导报》(2015/5/29) 等14家新闻媒体累计刊发了14篇相关报道。一方面，《挂满高考标语不如反思教育体制》(宿迁晚报，2016/3/28)、《雷人高考标语 折射畸形教育观》(皖南晨刊，2015/5/29) 等标题鲜明体现了报道的核心内容和态度倾向；另一方面，报道内容的词频数据显示，除主题词"高考"9次、"标语"8次外，这类报道中出现了"教育"20次、"学生/孩子"10次、"应试"5次、"制度"5次、"观念"3次、"评价"3次，其中"教育"和"应试"共现4次。高频词的语义分布说明相关报道集中反映了媒体对高考标语背后应试教育制度和教育观念的反思。这些报道话语具有鲜明的评论性特征，如例(23)和例(24)从正反两面反思现今教育人才评价标准的单一化问题。

(23) 我们眼下的教育说白了就是考试，而学校也无非是一种不断考试的机构。(每日商报，2013/6/4)

(24) 对基础教育来说，当务之急是更新教育观念，深化教学内容方式、考试招生制度、质量评价制度等改革，提高学生综合素质。(宿迁日报，2016/3/28)

媒体通过反思高考标语在人才评价标准中的导向问题，认为高考标语存在将考试与教育水准画等号的倾向，而这种倾向不但会对高考分数崇拜推波助澜，给学生和社会造成误导，也会导致教育应试化倾向以及考试价值异化，损害学校对健全育人的追求。

（三）对社会现实的剖析

高考标语作为社会的一面镜子，直观反映着当下的社会现实，这也是媒体关注的焦点。《北京青年报》（2015/5/25）在《高考标语背后的价值》一文中指出：不论是"人丑就该多读书"，抑或"滚去学习"，高考疯狂标语折射出当下的坚硬现实即是不同社会阶层在生存状态上存在着鲜明反差，让许多人渴望"争上游"。报道认为当下激烈的竞争和匮乏的资源从根本上影响着人们的是非观和价值观，标语实质上透露出学子们对教育改变命运的认可、对阶层上升的追求。类似的说法还出现在《每日新报》（2015/5/29）、《现代快报》（2013/6/9）、《沈阳日报》（2015/5/25）、《吴忠日报》（2015/5/26）等20家新闻媒体中，累计报道20余篇。

一方面，报道通过列举对比性标语词汇凸显阶层固化，如"地狱"和"天堂"、"庸才"和"伟男"。通过鲜明的阶层对比反映出当今社会流动之藩篱越树越高的现象；另一方面，在报道的词频数据中，除主题词"高考"80次、"标语"48次、"社会"32次外，还出现了"阶层"14次、"改变"10次、"流动"8次、"上升"6次、"上层"5次。这些高频词的语义分布也同样说明了新闻媒体对标语反映出的社会阶层流动问题的探讨，如例（25）和例（26）。

（25）由此可见，上大学仍是中国社会阶层上升的主要通道，对于农村以及城市中低阶层学子而言，它还可能是唯一通道。标语"雷人"，只是迂回曲折地表达了阶层上升的愿望之强烈与迫切。（现代快报，2013/6/9）

（26）血腥、暴力、冷血的标语无疑带来一种扭曲的价值观，也折射出社会目前存在的焦虑心态——似乎没有通过高考，就输掉了一生。（南方日报，2015/5/27）

媒体由对标语价值观的反思，进一步探讨了标语所反映的深层社会问题，即高考作为年轻人实现社会阶层流动的主要渠道，在一定程度上影响了社会机构和民众的价值观，而这种价值观经由标语表达了出来。

三　媒体对于高考标语的话语态度

高考标语不仅真切地反映了当代中国教育背景下学子们所面临的困境,更折射出大众对高考这一重大教育事件的看法。

(一) 公平:高考标语叙事的单一逻辑指向

高考标语的叙事特征极为鲜明,它通过一种不对等的对话式交流,摆"残酷竞争"的事实,讲"决定未来"的道理,表达出莘莘学子和家长们对高考制度的社会解读:吃完苦中苦,必做人上人。在单向路径的支配下,一种对高考的"认识偏差"已然形成,即把高考看作一个不拼尽全力努力学习就会导致人生失败的关键性考试,主观努力被无限放大,被视为高考最显著的影响因素。更为重要的是,标语通过不断地"关联式的远景描绘"来强化这种单向路径支配下的认识偏差,即只要主观上努力学习,就能考出好成绩、进入好大学、找到好工作、过上好生活。高考从人才选拔的重要评价制度,转变为普通人阶层上升的关键途径。如果将高考标语所遵循的单向路径进行归纳,就会发现其在逻辑上均指向一个前提,即高考是公平的。正是因为高考制度的公平性在社会成员观念中具有难以撼动的地位,才建构出了"独木桥""通行证""改变命运""阶层流动"等与高考密不可分的专用标语词汇。公平是高考标语得以成立的逻辑基础,也是高考标语反复论证的默认前提。

此外,不论是"高考决定论"的甚嚣尘上,还是"分数与素质"的价值辩论,高考标语中公平这一价值取向的"背景音乐"仍然是媒体评论的主旋律,几乎每一篇媒体报道都隐含了对高考公正公平这一价值基石的赞许与倡导。在标语中,公平与高考发生了这样的递进连接:似乎正是因为高考制度"既定的公平",高考标语所折射出的社会现实才会被大众视为每个人都可以通过努力而达到的目标;然而,由于公平前提下的优质高等教育资源是稀缺的,才会使高考变成一座狭窄而残酷的"独木桥";最后,由于高考长期的、稳定的"公平"品格,才让高考制度突破了教育领域而成为社会稳定的定心丸、合理流动的催化剂,甚至社会正义的试金石。

值得关注的是,对标语语料库与媒体报道素材库的分析结果显示,在高考标语中并未出现显性的"公平"二字及其近义词。换言之,"公平"这一价值被隐藏在高考标语的叙述中,成为一个经过几十年高考制度发展而深入人心的命题。相比其他教育事件,老百姓丝毫不怀疑高考的公平性,同时也深深地认同高考的公平是需要维护的、坚持的。无论高考制度如何变革,其公平的核心价值取向从未有过毫厘偏差。正因为高考有别于其他人才选拔方式,它最大程度地摒弃了非竞争性因素的影响，在正当限制条件之内，面向所有群体全面开放，坚持唯"考"是举。因此，作为关键考试的高考成了制度的正义逻辑，假设高考不公平，就会触及社会公平最基本的底线（庞君芳，2017）。

（二）缺失：标语叙事的教育功能反思

通过高考标语这种媒介，可以清晰地看到标语的设计者通过语言在社会中构建了这样一种高考现实：以公平为底色、以竞争为手段、以努力为途径、以未来为目的。考生们在高考标语的激励鼓舞下，在高考指挥棒的指挥下规划人生之路。通览高考标语会发现，几乎没有出现关于高考的教育类描述，取而代之的是在公平这一制度下实现阶层跨越的"高考梦"。标语中所呈现出的高考制度已经基本成为决定未来人生的关键所在，或者说唯一所在，它从一种教育的检验评价制度，转而变成人们接受教育的主要目的，人人都期待着在付出辛劳之后，公平地通过高考"改变命运"。高考标语中"教育"的缺席，恰恰反映出整个社会对高考"公平"的过度期待。

我国的高考具有高度的制度统一性和民众参与性，是一项重大的社会公共事务。高考制度具有公平选拔人才和引领教育发展这两种核心功能（周彬，2009），其中公平选拔人才的社会功能具有紧迫性和外显性，而引领教育发展的教育功能则具有间接性和隐蔽性。然而，无论高考有着多么举足轻重的社会地位，作为考试，即一种教育评价方式，其本质功能应该是引领教育的改革和发展。"公平"这一价值取向的逾矩，强化了高考的工具理性效能，致其教育功能被挤压，使得教育评价和引领功能弱化。高考标语中的社会与教育功能不匹配，揭示了当下高考制度在一定程度上脱离了教育本质，演化成检验社会是否公平的试纸。

标语作为一种有组织、有目的的语言宣传工具，要具有面向现实的引导意识和面向未来的预设意识，就高考标语而言，公平公正虽是高考制度运行实施的应有之义，但高考本身所蕴含的教育规律、教育现象和教育方法等更是不容忽视，值得在标语中被书写、被强调、被反复揣摩。

（三）平衡：高考标语的双重逻辑构建

符号互动理论认为，符号是社会互动的中介，人类对符号采取的行动基于该事物对人的意义，而符号的意义则来源于个体与同伴的互动。一方面，社会大众应对高考制度重复而稳定的互动反映到了符号上，即他们创造出高考标语的行为构成相关的"社会秩序"乃至"社会文化"（夏小书，2018）。另一方面，社会大众在高考标语内容和价值上的改变也会影响个体对待高考的态度。例如在20世纪60年代，老百姓是被推荐选拔进入高等学府接受教育，并且国家统一分配就业，而到择优录取的国家统一入学制度时,高考标语逐渐体现出竞争属性。世界逐渐扁平化的今天,人们的教育选择更加多元化,高考主导的择优选拔功能被提前至基础教育的评价中,也就是说,上何种层次的小学或者中学就大致决定了上何种层次的大学,高考也不再是人们唯一的选择。但此刻的高考标语却没有迅速做出反应,而是体现出一定的滞后性。根据符号互动理论,高考标语的革新,也将有助于反向推动高考这一教育评价制度的理念变革。

在新一轮的教育改革浪潮中,公平性与科学性已成为新高考改革需要解决的一对矛盾,二者都是高考改革价值取向的应有之义,不可偏废(边新灿,2015)。高考标语应充分展现高考制度的两大价值功能,即对社会公平的关照和对教育改革的引领。其中,高考标语中的教育逻辑应凸显高考制度的教育评价本质属性,科学甄别学生之间的个体化差异及其程度。综上,应将教育逻辑引入高考标语叙事中,形成公平选拔与引领教育改革的双重逻辑,从而构建健康的高考形象。

参考文献

边新灿. 公平选才和科学选才——高考改革两难价值取向的矛盾和统一 [J]. 中国高教研究, 2015(9): 16—19.

程贤军. 雷人高考标语折射畸形教育观 [J]. 今日教育, 2012(4): 6—8.

丁淑文. 高考"霸气标语"扭曲了学生的价值观 [J]. 广西教育, 2015(28): 31—32.

董洪杰, 周敏莉, 等. 网络语境下标语的传播及适应性调整 [J]. 语言文字应用, 2020(2): 134—144.

刘军豪. 不能承受的高考励志标语之重 [J]. 中国德育, 2016(8): 6—6.

柳博. 新高考制度改革的现状与思考:制度变迁的视角 [J]. 中国高教研究, 2020(1): 35—41.

庞君芳. 高考公平的内涵、价值与实践向度 [J]. 课程. 教材. 教法, 2017(4): 49—54.

石军. "考过高富帅,战胜官二代"背后的社会价值 [J]. 中学政治教学参考, 2012(19): 9—11.

田永丰. 极端"励志"口号折射教育功利化现实 [J]. 甘肃教育, 2015(11): 18—18.

夏小书. 新中国高考标语教育价值取向的嬗变及其反思 [D]. 西南大学硕士学位论文, 2018.

谢玲玲. 多元智能理论视角下的高考标语分析 [J]. 科教导刊, 2015(11): 22—26.

谢翌、潘安童. 新中国教育口号的价值嬗变与理性审思 [J]. 教育理论与实践, 2017(4): 14—17.

周彬. 论高考制度教育功能的缺失与提升 [J]. 教育理论与实践, 2009(1): 17—21.

周明明、田雪. 建国以来教育口号变迁的历史透视 [J]. 上海教育科研, 2015(7): 30—34.

Bellak L. The Nature of Banners [J]. The Journal of Abnormal and Social Psychology, 1942(4): 496.

Sherif M. The psychology of banners [J]. The Journal of Abnormal and Social Psychology, 1937(3—

4)：450.

Van Dijk T. A. Media contents：The Interdisciplinary Study of News as Discourse［M］//A Handbook of Qualitative Methodologies for Mass Communication Research. Routledge，2002：122-134.

Van Dijk T. A. Society and Discourse：How Social Contexts Influence Text and Talk［M］. Cambridge University Press，2009.

责任编辑：姜昕玫

【国际中文教育】

基于朋辈教育理念的线上中文社区实证研究[*]

路 云[**]

提 要 本文主要探讨了朋辈理念在国际中文在线教学中的应用,以及在线教学中学习者之间的朋辈学习互助的重要性。研究发现,线上中文社区活动有助于加深中外学生对不同文化背景的理解,促进跨文化交流,拓宽彼此的国际视野,同时也可以增强人际沟通能力。本文以北京大学对外汉语教育学院的在线活动为例,展示了如何通过创新的教学模式和活动设计来提高在线教学的效果和学习体验。

关键词 朋辈理念;国际中文在线教学;线上中文社区

An Empirical Study of an Online Chinese Community Based on Peer Education
Lu Yun

Abstract The paper mainly discusses the application of the peer concept in teaching Chinese to speakers of other languages online, emphasizing the significance of peer learning and mutual assistance among learners in online teaching contexts. The study reveals that online Chinese community activities can deepen learners' understanding of diverse cultural backgrounds, facilitate their cross-cultural communication, broaden their international vision, and also enhance their interpersonal communication skills. The paper demonstrates how innovative teaching models and activity design can enhance the effectiveness and learning experience of online Chinese teaching through a case study on the online activities of the School of Teaching Chinese as a Second Language at Peking University.

Key words Peer Education; Online International Chinese Education; Online

---

[*] 基金资助:本文获得教育部语言合作与交流中心 2022 年度国际中文教学实践创新项目(YHJXCX22-041)和教育部人文社科一般项目(23YJA740025)资助。

[**] 路云,博士,北京大学对外汉语教育学院副教授,研究方向为国际中文教育。

Chinese Community

自 2020 年以来,"在线教学"或"在线学习"成为研究热点。以"在线教学"为例,根据 CNKI 中国知网数据库,2020 年与其相关的期刊论文比 2019 年增长了 73%,但与"国际中文"主题相关的在线教学研究整体不够丰富,[1]研究内容集中在这 3 个方面:突发线上教学模式应对策略,如文秋芳等(2020);在线教学模式和教学资源设计探讨,如静炜(2021)、王东营(2022);影响在线学习因素分析,如郑莹、叶军(2024)对影响国际中文学习者在线学习投入的因素进行了分析,认为同伴支持是在线学习最缺失,也是最需要弥补的。路云等(2022)认为在线学习中应该重视学习者之间的学习互助,拓展学习任务设置形式,特别是便于学习者与同伴展开小组协作的合作式学习任务。

本文将引入"朋辈"教育理念,通过实证研究,进一步揭示有效的国际中文在线教学在增强学习的互动性和有效性、提升第二语言学习者学习主动性以及情感互动等方面发挥的积极作用。

一 基于"朋辈"教育理念的在线活动设计与实施

(一)什么是"朋辈"

如果谈到朋辈的影响,也许最早可以追溯至刘向《列女传·邹孟轲母》中"孟母三迁"的故事。傅玄《太子少傅箴》中"故近朱者赤,近墨者黑;声和则响清,形正则影直"同样为人所熟知。这两个典故也常被用于说明客观环境对人的影响。《现代汉语词典》(第 7 版)对"朋辈"的解释为:"<书>名词,同辈的朋友,泛指朋友。""朋辈"在英文中一般翻译为"Peer",《英国牛津高阶英语词典》(第 10 版)对该词的解释是"a person who is the same age or who has the same social status as you",年龄相仿或者社会地位相同的人都可以称为"朋辈"。以"朋辈"为主题的相关研究文献较多,在中国知网中可以检索到的中文期刊总数为 2951 篇,英文期刊则高达 4.89 万篇。[2] 目前在知网搜索到的最早中文研究文献为李旭新、冯尚飞(2000)的《朋辈辅导在大学新生适应辅导中的应用性研究》,主要探讨通过培训其他学生作为朋辈辅导员的方式,缓解新生进入大学之后在学习方法、生活习惯、人

---

[1] 截至 2024 年 5 月,仅检索到 25 篇期刊(不包括刊物主持语类的文章)论文。

[2] 检索截至 2023 年 10 月 31 日。但英文检索也有较多与主题无关内容,如"PEER REVIEWERS"(学术同行评议)等。

际交往以及情感等方面产生的情绪压力。如果以中国知网（CNKI）数据库作为基础数据库和样本来源，以篇名含有"朋辈"为检索条件对所有的中文类"学术期刊"展开穷尽式检索，共得到文献 1770 篇。同时为增强文献检索结果的强相关性，将检索结果中包含新闻、会议通知等的信息条删除。最终通过人工进一步筛查，除去无关论文主题和重复信息后，最终共得到有效文献 1634 篇。从 2000 年以来"朋辈"研究发展趋势和相关热点内容，本文对 1634 篇文献采用 Citespace 最新版本 V6. 2R5 对文献内容进行可视化分析。在 Citespace 中选择节点类型（Node Types）为关键词，在 Top N% of slices 中选择 10%进行分析，结果如图 1 所示：

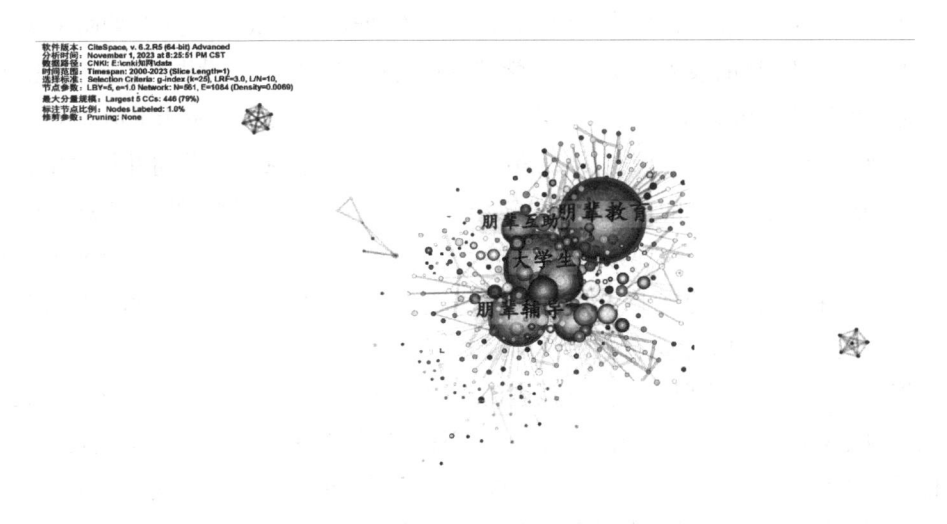

图 1 "朋辈"研究关键词聚类

可见，朋辈研究主要围绕"朋辈教育""朋辈辅导""朋辈互助"展开，[①]与心理健康领域关系密切，包括心理健康服务体系构建、心理服务模式、心理干预方法创新，以及个体心理健康成长方面。搜索范围内尚未发现与国际中文教育相关的论文研究。

各类研究基本在如下方面达成共识，即通过与同龄人的交往，个体能够建立起互相支持和理解的关系，从而形成积极的社会支持网络。这种社交支持不仅能够减轻心理压力和焦虑，还有助于提升个体的自尊心和自信心，增强应对困难和逆境的能力。

因此，本文认为，国际中文在线教学应有意识地引入"朋辈"因素，注重学习

---

① 结论基于 2000—2023 年对"朋辈"主题 1634 篇中文文献的 Citespace 分析。

者之间的朋辈学习互助，拓展学习任务设置形式，特别是便于学习者与同伴展开小组协作的合作式学习任务，进而降低学习者线上学习的孤独感和焦虑感，减少情感过滤干扰，达到更好的学习效果。

（二）基于朋辈理念的线上"中文社区"活动设置

本文将主要以 2020 年秋季学期开始至 2022 年秋季学期开始/结束北京大学对外汉语教育学院线上课程为例。"中文社区"指在线中文教学中使用中文作为主要交流语言的社区，由学院国际中文教育专业的中国硕士研究生与留学生共同建立，以班级或者平行班①为单位开展。硕士研究生作为社区管理员与留学生共同主导并协商感兴趣的话题进行讨论，活动时间为每周 2 课时，每学期开设 12 次，②可按 2 课时/1 次/周或者 1 课时/2 次/周的频率开展活动，学院统一对中文社区的开设周次进行管理，但具体每周内活动时间则由硕士研究生和留学生协商，可在晚上或在周末灵活安排。

从 2020 年秋季学期开始至 2022 年秋季学期开始/结束，每学期开设"中文社区"约 20 个，制定统一的社区管理员工作职责。通过诗词鉴赏、城市与美食分享、讨论时事、学唱中文歌、新词新语介绍等活动为留学生提供了丰富的文化体验。中文社区一般采用腾讯会议平台开展讨论活动，由于每个社区活动主题和安排都存在差别，本文选取其中 1 个进行展示，见表 1。③

管理员（中国硕士研究生）在调查的基础上按照留学生近阶段感兴趣的话题准备相关讨论材料。社区活动交流双方地位平等，年龄差距不大。教学实践发现，这样的活动不仅有助于加深中外学生对不同文化背景的理解，促进跨文化交流，拓宽彼此的国际视野，同时对于中国硕士研究生来说，还可以在活动中进一步增强和锻炼人际沟通能力、课堂管理能力，包括根据学生需求调整教学材料、课堂节奏的能力等。

表 1　　　　　　　　　　某班级中文社区主题安排

	日期	活动主题
	9月5—12日	商量活动时间，调查感兴趣的话题
第1次	9月17日	社区活动正式开始：自我介绍，讨论姓名含义、兴趣爱好。介绍学校食堂的各地美食

---

① "平行班"指同一学期使用同一本教材的班级。
② 北京大学学期教学周为 15 周，不含五一劳动节、十一国庆节长假时间。
③ 活动总结来源于 2022 年秋季学期预科 3 班社区活动（中级水平），展示材料由学院 2021 级汉语国际教育硕士刘恬提供。

续表

	日期	活动主题
第 2 次	9 月 24 日	中国各地美食。讨论问题：你喜欢"吃播""探店"视频吗？你的国家也有这样的现象吗
第 3 次	10 月 8 日	去哪儿旅行谈论国庆假期的活动，介绍北京的著名景点及其他著名旅游城市
第 4 次	10 月 14 日	汉语的网络语言和表情包
第 5 次	10 月 21 日	中国人常用的手机 App、微信聊天习惯
第 6 次	10 月 28 日	中国的教育体制与高考
第 7 次	11 月 4 日	中国古典音乐与流行音乐
第 8 次	11 月 18 日	中国戏曲
第 9 次	11 月 25 日	中国大学生的日常学习生活，讨论问题：中国大学生对升学、实习、兼职等的态度与你们国家的有什么不同
第 10 次	12 月 2 日	中国的年画艺术。参考材料：央视纪录片《年画·画年》
第 11 次	12 月 9 日	中国文学的源头：《诗经》与《楚辞》
第 12 次	12 月 16 日	古籍形态与现代装帧

二 基于朋辈教育理念的线上中文社区活动分析

为了更好地对线上中文社区活动进行分析，进而总结和探讨更适合在线开展的朋辈活动模式，本文选取了活动较为成熟的 2021 年秋季学期、2022 年春季学期和 2022 年秋季学期 3 个学期所开设的 41 个中文社区，35 位硕士研究生作为调查对象，通过留学生调查问卷和硕士研究生访谈相结合的方式展开调查。

（一）留学生参与社区活动情况

2021 年秋季至 2022 年秋季 3 个学期中，就线上中文社区参与情况展开问卷调查，主要涉及 3 个方面：（1）"中文社区"活动的参加情况：The frequency I attended "Chinese Community"（经常参加 Often、有时参加 Sometimes、从不参加 Never）；（2）不太愿意参加"中文社区"活动的原因是：The main reasons that I didn't or seldom attend "Chinese Community" could be；（3）比较喜欢的"中文社区"活动形式是：My favorite activities in "Chinese Community" are。其中第（1）个设置为封闭式问题，第（2）（3）个设置为开放式问答。

1. 线上"中文社区"活动留学生的参加情况

3个学期共收集留学生有效调查问卷291份。其中有210位留学生表示参加了社区活动，占反馈人数的72%，参加比例整体良好。另有81位同学表示从来没有参加过社区活动，具体数据见图2。

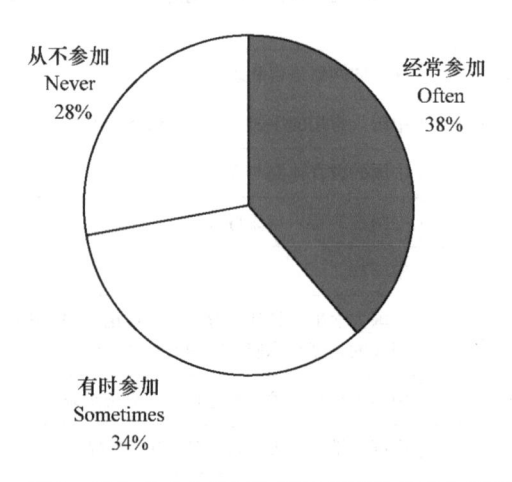

图2 线上"中文社区"活动留学生的参加情况

2. 未参加"中文社区"活动的主要原因

如图2所示，有28%提供反馈的留学生表示自己从未参加过中文社区活动。推测这在一定程度上也与线上中文社区活动对学生无出勤要求，不纳入成绩考核体系相关。81位同学提供了未能参加的具体原因，主要可分为两个大类，其中有70%的留学生表示是因为其他课程或工作导致了时间冲突没能参加活动，有28%的留学生认为是课内负担已经较重，因而无法再在其他活动中投入更多精力。具体数据见图3。

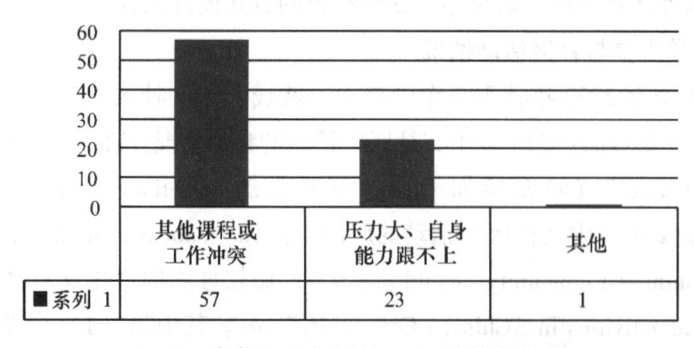

	其他课程或工作冲突	压力大、自身能力跟不上	其他
系列1	57	23	1

图3 未参加"中文社区"活动的主要原因

3. 比较喜欢的"中文社区"活动形式

在留学生们喜欢的活动形式方面，通过对 210 位参加过社区活动学生的问答反馈整理，本文认为可以大致分为如下 7 类。其中，由社区管理员介绍中国文化历史、知名旅游景点、当地生活的方面最受欢迎，占 30%；其次是就某一话题的讨论和分享，以口语交流互动为主，占 25%；有 15% 的学生则觉得观看流行的影视视频或者短视频不错；有 12% 的留学生希望在社区活动中能对课内内容进行复习，展开一些词汇练习的游戏。也有部分学生对学习热点、新闻或网络流行语、唱歌或朗诵以及音乐感兴趣，但相较前 4 类而言，人数整体不多。① 具体数据见图 4。

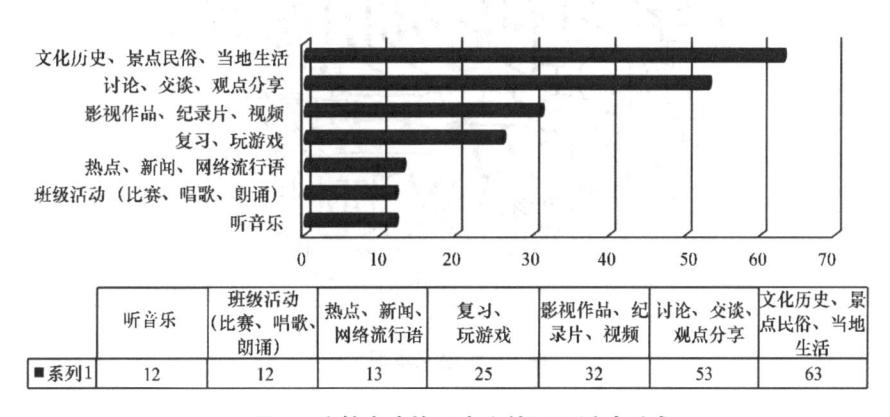

	听音乐	班级活动（比赛、唱歌、朗诵）	热点、新闻、网络流行语	复习、玩游戏	影视作品、纪录片、视频	讨论、交谈、观点分享	文化历史、景点民俗、当地生活
■系列1	12	12	13	25	32	53	63

图 4　比较喜欢的"中文社区"活动形式

(二) 研究生组织社区活动情况

这一部分研究主要通过对 35 位中国研究生的访谈完成，访谈内容主要聚焦 3 个问题展开：(1) 如何组织和开展社区活动；(2) 留学生喜欢的活动形式和互动材料；(3) 在活动组织中遇到的困难和问题。共收集访谈录音总时长 6 小时 20 分钟（380 分钟），转写文字访谈记录 87367 字。

本文以 87367 字的访谈记录为研究文本，并运用 NVivo12 Plus②质性分析软件对访谈资料进行分析和编码，展现并分析社区活动整体情况及影响因素。

1. 活动整体情况

根据访谈对象文本生成词云图，词汇字体大小与文本中出现频率的多少呈正相

---

① 后 3 类学生占比分别约 6%。
② NVivo 软件由澳大利亚 QSR 公司开发，是一款专门用来做质性分析研究的辅助性工具软件。该软件支持分析文字、图片、音频、视频等类型数据，界面的可视化及编码简洁化可呈现多种类型分析结果，可用于丰富研究成果。

关关系。具体内容见图 5。

图 5　访谈文本词云图

从词云图可看出，"视频""文化""分享""兴趣"在活动中处于核心的地位。根据这些核心关键词结合访谈文本，本文进一步将在线中文社区活动特点总结如下。

第一，视频在在线教学中的作用不可忽视。它为学生提供了直观、生动的视觉体验，使得抽象的概念、知识变得更加具体、形象，更易于理解和记忆。比如，在介绍美食、旅游景点等主题时，视频可以带来身临其境的感受，让留学生更深入地了解和体验。同时，视频还可以激发学生的兴趣和积极性，提高课堂参与度。比如，在讲解中国历史时，通过播放汉字演变的视频，可以让学生更直观地感受汉字的魅力，从而加深对中华文化的理解和认同。访谈文本中几乎每一个受访研究生都提到了对视频的运用，如："在讲授的过程中，我会结合一些图片、视频、音频等，尽量地让学生有更多的体验感。""像介绍美食，旅游景点这些主题，也需要用视频来增强他们的这些体验感。""比如说讲中国历史的时候，我给学生看了一段汉字演变的视频，然后学生说'哇，感觉汉字演变好神奇'。"[①]

[①] 引用来自访谈文本转写。下同，不再重复标注。

第二，文化仍然是在线交流中的重点。无论是在线还是线下教学，文化理解和跨文化沟通一直是教学的重点。语言不仅是沟通的工具，更是文化的载体，反映一个地区或者民族的文化特征、价值观和历史背景。这也正如2023年6月2日习近平总书记出席文化传承发展座谈会并发表重要讲话时所指出的："中华文明具有突出的连续性，如果不从源远流长的历史连续性来认识中国，就不可能理解古代中国，也不可能理解现代中国，更不可能理解未来中国。"访谈文本中很多研究生谈到对"文化"内容的处理，如："我曾经开展的活动基本上就是有比如说学唱歌，看电影，介绍文化知识和语言点的讲解。""我觉得大家对一些可以有讨论空间、并且能感受到文化差异的内容也很感兴趣。""像埃及的学生，他们虽然汉语水平很高，但是实际上并不了解中国的文化常识。"

第三，分享是在线活动中的关键一环。在访谈记录中，很多研究生都谈到了"分享"，分享可以是中外学生之间的，也可以是班级内留学生和留学生之间的，比如中国研究生在谈到自己的社区活动组织时，提道："我也会和学生分享我吃过的美食，我看过的美景，我喜欢的影视剧，以及我喜欢用的App功能，等等，这样学生听起来会觉得更亲切，更轻松"。从访谈文本中可以看出，"分享"总是从自己所熟悉的事物开始，通过文字、图片、视频等多种形式，从而起到迅速拉近交流双方的距离，减少情感焦虑，同时又起到了营造真实语言环境的作用。

第四，在线活动需挖掘并激发交流的兴趣点。与此相关的访谈文本主要涉及社区管理员在活动组织前对留学生的课前调查即学生都对哪些话题感兴趣，如："就是在我们安排课堂的时候，我觉得要注意这几方面，首先就是要考虑学生的兴趣需求和学习情况。""我首先参考这些主题设计了一份调查问卷，请学生勾选他们感兴趣的主题有哪些。"有的中国研究生也谈到在活动中持续激发留学生的兴趣比较困难。如"有一些困难的地方在于我应该选择什么新颖的有趣的内容能够让他们感兴趣，嗯，也不是重复他们之前已经学过的东西。"

2. 活动内容分析

为了更好地挖掘在线交流活动留学生的兴趣点，本文根据访谈提纲中"留学生喜欢的活动形式和互动材料"相关访谈内容，采用程序化扎根理论，使用NVivo12 Plus对访谈文本按照三级编码即开放编码、轴心编码和选择编码3个步骤依次进行，最终得到32个一级编码节点[①]和8个二级编码节点，具体编码节点如表2所示。

---

① 节点内容以访谈文本实际内容为准。

表2　　　　　　　　　　　　"活动内容"编码体系

三级编码	二级编码	一级编码	编码参考点数
活动内容	文学艺术	神话、历史、古诗词、现当代文学	12
	生活方式与习惯	美食、传统节日、旅游、跨文化交际	75
	语言学习	汉字、朋友圈中文、绕口令、故事接龙、复习答疑	48
	校园文化	校园环境、学习日常、心理问题	22
	政治政策	新闻热点、教育制度、少数民族、计划生育	10
	潮流时尚	双十一、美妆、动漫	15
	科技创新	高铁、共享出行、便捷支付、常用App	20
	影视娱乐	电影电视剧、音乐、流行综艺、传统戏曲、中国功夫	36

根据表2，在线活动中留学生比较关注的内容类别有文学艺术、生活方式与习惯、语言学习、校园文化、政治政策、潮流时尚、科技创新、影视娱乐8个大的类别。一级编码内容显示了每个大类下具体的话题分布。同时，表2中编码来源参考点数，可客观反映3个学期中中文社区实际开展的活动内容数量频次，见图6。

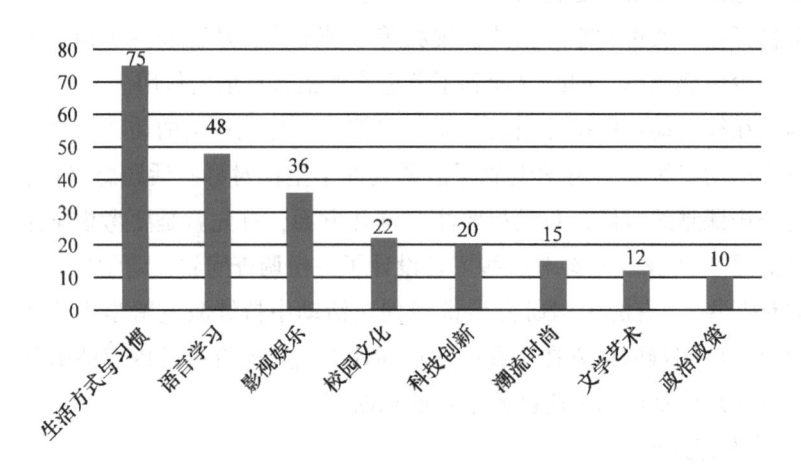

图6　"活动内容"频次展示

由于社区活动要求中国研究生必须发出调查问卷或者召开视频会议收集本班级留学生感兴趣的话题并进行学期规划，图6也客观反映学生实际感兴趣的话题。

首先，对"生活方式与习惯"感兴趣的同学占比最多，在社区实际活动中，中外同学们开展了包括对中外美食的介绍、对比；中国传统节日及相关习俗；中外旅游景点介绍；同时也展开了涉及文化差异的跨文化讨论，相关内容展示见图6。活动的形式也比较多样，比如："旅游或者玩的时候我鼓励同学们可以试着用中文来拍摄视频，记录一下自己的假期生活，如果愿意的话可以拍下来发给我，我们来交流一下。然后这个时候正好我有一个同学来北京找我玩，然后我就和他去了故宫、颐和园，还有吃了很多北京的传统美食，然后我也把它拍成了一个视频，拍了很长，有13分钟，然后后来在国庆节回来的那一周，把这个视频放给同学们看，然后我发现他们看得都非常专注，因为他们也很好奇中国当代年轻人在业余生活、娱乐生活中会选择做什么样的事情。"

其次，在语言学习方面，留学生展示了对年轻人"朋友圈中文"的浓厚兴趣。如："我和留学生讨论的时候，听到过一个说法叫朋友圈汉语，就是在很多留学生当中，他们说现在我们不光要学课本汉语，还要学朋友圈汉语"。包括热点词语学习，如：内卷、躺平、yyds、种草、拔草、剁手、吃土、社牛、社死等。也包括对聊天当中表情包、语气符号的使用等，如"他们在问我，聊微信应该用什么词，而且还有语气词使用的时候，我就直接共享我的屏幕，打开了我的微信，然后就是确保不会出现一些奇奇怪怪的词的时候啊，给他们搜一下，让他们直观感受一下人们到底是怎么用的"。这种实时、平等的交流和展示方式也集中体现了朋辈交流的优势。在"潮流时尚"话题中，这一点同样体现得十分明显，留学生可以和自己的同学、中国学生交流动漫、美妆、美甲等时尚话题，这在传统师生课堂环境下很难实现类似的共鸣，交流的氛围也是十分轻松的，研究生在访谈中这样提道："然后有一次聊到这个话题的时候（美妆），他们就各自分享各个国家有哪些好用的东西啊，然后怎么样的，然后他们聊得特别高兴的时候，就是啊，基本上就完全忽略我，然后他们在那说啊，你们能不能帮我买一些什么东西，什么样子的，然后啊，我觉得线上活动这样的一个氛围啊就很好。"

总之，中文社区活动致力于为学生们提供一个充满活力、包容和互助的朋辈交流、学习环境，充分体现了以学生为中心、以学生兴趣点和需求为中心的特点。为了让活动更加贴近学生，中文社区还会积极征求班级同学们的意见和建议，不断调整和优化活动内容。正如访谈文本中国研究生所谈道的："我觉得中文社区是非常能够体现以学生为中心这个特点的，讲学生所爱，给学生平台，是我这个学期开展教学内容和活动的一个中心的思想。"

3. 活动难点分析

中国研究生作为社区管理员，在活动组织过程中也面临不少困难和挑战，通过对访谈文本中相关内容的整理，本文将主要问题总结如下。

第一，合适的视频素材比较少。如前所述，中文社区的线上分享大量依靠图片和视频材料，留学生也喜欢短视频的形式，如"我发现啊，学生们特别喜欢看一些外国人在中国的啊，在中国的生活那种，相关的这种记录的一个视频"。一方面，视频的分享形式对于在线活动的开展十分重要。另一方面，本文发现，研究生在筛选素材的过程中，问题反馈较多：一是不知道去哪儿找到合适的视频素材；二是找到的视频内容合适但语言难度大于留学生语言水平；三是在很多校园文化分享的过程中，以自己视角拍摄的视频更适合。

第二，课堂教学信心不足。多名研究生谈到不知道该用什么语言难度去和学生交流，包括选取什么样的形式开展介绍和活动，如何给予学生个性化的关注并持续激发学生的参与兴趣。很多研究生经历了一个调整和适应时期。

第三，学生水平差异大导致教学难度提高。有研究生反馈给学生准备的材料在活动中发现"学生的水平参差不齐，有的学生觉得慢了，但是有的连听都听不懂"，后续花了很多时间调整教学内容和教学策略。

第四，突发情况应对不够自如。比如在互动过程中，留学生突然就某个词语、问题提问或追问；网络卡顿或视频无法播放等。

第五，时差影响较大。由于参加同一个班级社区活动的学生来自不同时区，中国研究生自己在北大的课程任务也较重，有的时候协调一个对大家来说都合适的时间较难。

总之，这些困难很大程度上也反映了国际中文新手教师在实际教学中遇到的常见问题。说明中文社区除了给留学生搭建了良好的在线交流平台，也促进了汉语国际教育硕士们作为新手老师的成长。有的研究生提道："每一次的备课，上课，还有课后交流都是一个教学相长的过程，嗯，增加了我作为一名准国际中文教师的知识储备和教学经验，然后我慢慢地就可以发现，两个小时到底应该备多少课是最合适的，然后用怎样的方式学生可以更好地接受"。也有很多教学反思，如："我发现学生最喜欢的课程主要有这样几个特点，就是实用性、趣味性、体验性，还有互动性。那实用性就是他们一方面可以学习汉语知识，了解中国文化，而且对他们以后可能来中国生活呢，是有一定的实际帮助的。那趣味性和体验性一方面是可以通过我们提供一些音视频材料，然后另一方面，作为老师我们可以分享一些亲身的经历，那互动性就是给学生提供一些多说多交流的机会。"

小　结

随着新型信息技术快速发展，极大加快了国际中文在线教育理论研究、实践应用和创新发展的步伐，将深刻影响并改变国际中文教育的发展模式。①当前，数智化正在重构国际中文教育的新生态，也是国际中文教育实现高质量发展的重要路径。在此背景下，不断探索如何优化在线教学模式，以期进一步提升教学质量与成效，为学习者提供更加贴合个性需求、富含智能元素的教学服务，不仅是对当前教育挑战的积极回应，更具有重要现实意义。本文正是基于此目的，以实证研究的方法，从质性分析的角度，首次结合基于朋辈互助指导理念设计的在线教学活动进行分析。我们认为：

第一，在线教学中必须重视基于朋辈教育理念的在线活动实施和开展，如"在线中文社区"。相关活动有利于进一步丰富互动机会，促进学习者之间、学习者与教师之间的交流合作，增强学习者的参与感和归属感。

第二，在线教学需重视给学习者搭建个性化、多样化的展示和分享平台，注重树立榜样力量，持续激发学生学习动力。

第三，在线教学需拓展与实践性相结合的学习任务设置形式，尤其是便于学习者与同伴展开小组协作的任务。

第四，在线教学需特别关注学习者的情感需求，提供及时的心理支持，帮助他们克服在线学习中的焦虑和孤独感。

第五，在线教学需重视适合学习者不同语言水平的视频素材库建设。

参考文献

静炜.国际中文在线教育及在线教学资源建设的创新与发展［J］.国际中文教育（中英文），2021，6（4）：3—6.

李旭新，冯尚飞.朋辈辅导在大学新生适应辅导中的应用性研究［J］.青少年研究（山东省团校学报），2000（3）：38—39.

路云，金舒年，蔡云凌，等.新形势下在线中文教学的实践与思考——基于北京大学对外汉语教育学院2020年春季教学的实证研究［J］.国际中文教育（中英文），2022，7（2）：55—66.

王东营.基于classin的汉语听说课线上教学模式探索［J］.汉字文化，2022（9）：163—165.

文秋芳，杨佳.从新冠疫情下的语言国际教育比较看国际中文在线教育的战略价值［J］.语言教学与研究，2020（6）：1—8.

郑莹，叶军.智慧教育背景下国际中文学习者在线学习社会支持研究［J］.天津师范大学学报（社会科学版），2024（1）：1—10.

---

① 教育部中外语言交流合作中心.国际中文在线教育行动计划（2021—2025年）http://www.chinese.cn/uploads/file/20220125-1643091053961452.pdf。

国际中文教育志愿者 AI 工具教学使用现状：问题与应对[*]

汪叙安　施麟麒[**]

提　要　本文采用访谈法研究国际中文教育志愿者群体在教学中使用 AI 工具相关问题。研究发现，国际中文教育志愿者在教学中对 AI 工具的使用频率分布无明显倾向，使用态度偏向积极。使用的 AI 工具类别广泛并以聊天机器人为最，国外 AI 工具使用多于国内。使用场景覆盖课前、课堂、课后各环节。AI 工具具有资源丰富、响应快捷、功能全面等优势，但也存在信息质量不高、情感能力弱及运行环境受限等问题，而削弱思考和教学能力、影响价值观和思维方式、威胁教师权威和就业成为志愿者的主要困扰。访谈结果综合体现了志愿者的 AI 工具操控能力、教师主体意识、知识批判能力和职业危机感。今后应设法促进志愿者 AI 工具操控能力和基础教学能力的平衡发展，多渠道破解 AI 工具及技术的文化垄断，鼓励志愿者与时俱进、适应变革、保障就业。社会各界应协作提升 AI 工具的信息服务能力，解除使用环境限制，促进国际中文教育发展。

关键词　国际中文教育志愿者；AI 工具；操控能力；教学能力

The Use of AI Tools in TeachingChinese to Other Speakers by Volunteer Chinese Teachers: Current Challenges and Strategic Responses
Wang Xu'an　Shi Linqi

Abstract　This paper xxx. The interview data reveal that volunteer Chinese teachers have no significant tendency towards the frequency of AI tool usage in teaching, and generally hold a positive attitude towards their application. The interviewees use diverse types of

---

[*]　本文系国家社科基金重大项目"网络空间社会治理语言问题研究"（ZDI145-85）的阶段性成果。
[**]　作者介绍：汪叙安，浙江科技大学人文与外国语学院研究生，研究方向为国际中文教育。施麟麒，浙江科技大学人文与外国语学院副教授，研究方向为语用学、国际中文教育、新媒体语言。

AI tools, with chatbots being the most prevalent, and foreign AI tools are more frequently used than domestic ones. These tools are employed across various stages, including pre-class preparation, in-class teaching, and post-class assessment. While AI tools offer advantages such as abundant resources, quick responses, and comprehensive functionality, they also present challenges such as poor information quality, limited emotional intelligence, and restricted operational environments. The primary concerns of volunteer Chinese teachers include the possibility of AI tools weakening their critical thinking and teaching abilities, negatively affecting their values and ways of thinking, and threatening their teacher authority and employment. The interview results comprehensively reflect the volunteers' AI tool operating skills, teacher's subjectivity, critical thinking ability and sense of professional crisis. Future research should focus on balancing their ability to use AI tools with fundamental teaching skills, addressing the dominance of AI technology, and encouraging volunteer Chinese teachers to stay current, adapt to changes, and secure employment. Collaboration across societal sectors is needed to enhance the information service capabilities of AI tools, lift usage restrictions, and promote the development of international Chinese language education.

Key words　Volunteer Chinese Teachers; AI Tools; Operating Skills; Teaching Skills

近几年来，随着生成式人工智能（AI）技术的迅猛发展，形形色色的 AI 工具不断涌现，这对人们的工作和生活产生越来越大的影响。国内外常用的 AI 工具有 ChatGPT、Copilot、文心一言、科大讯飞 AI、Kimi AI 等自然语言处理模型，[①] 也包括谷歌 project Astra、Sora 以及 OpenAI 的 GPT-4o 等包含音视频处理能力的多模态符号处理模型。这些工具通过数据挖掘、机器学习与自然语言处理等技术，能够迅速满足来自不同领域、多种多样的信息需求，凭借其计算能力强、理解能力强、交互能力强、学习能力强等优势，成为使用户越用越"上头"的数智伙伴。

国际中文教育事业的发展同样离不开人工智能的保驾护航。AI 工具可以对中文教学全面赋能，无论从课前的教材准备、教学设计，到课堂互动、实时反馈，再到课后的评估与跟踪，都将产生深远的影响。它能够促进教学形态变革，重新定义教学模式和学习范式（孙典、王莉、商立媛，2024）。充分利用 AI 工具，不仅有助于提高教

---

① 本文成稿于 2024 年 9 月，彼时 DeepSeek 尚未成为常用 AI 工具，故未列入。

师的专业素养，还能推动国际中文教育向智能化转型，实现教学方式的创新和教学效果的优化，"面对教学资源的短缺和教学效果的不确定性，AI 工具能够提供丰富的教学内容和多样化的教学方法，从而显著提升教学效率和质量"（崔希亮，2023）。

目前，已有多位学者从不同角度对 AI 工具在国际中文教育领域的应用展开了研究。如崔希亮（2024）指出网络技术、AI 和 AGI 技术、VR 技术、大语言模型等人工智能技术的发展为国际中文教育的教学与研究提供了新的工具、开辟了新的研究领域，并总结了这些工具带来的机遇和挑战。笪骏（2023）分享了美国高中汉语课堂使用 ChatGPT 的案例，探讨了 ChatGPT 造成的汉语课堂范式的转变。杨尔弘（2023）对 ChatGPT 和人工修改错句的结果进行了对比研究，探讨了汉语纠错任务的发展方向和评价标准。此外，越来越多的研究开始关注人工智能对汉语教师素养与专业发展的赋能作用。如刘玉屏、李晓东等（2021）强调了国际中文教师的"数字能力"，建议通过树立正确的数字技术观、构建国际中文教师数字能力标准和评估体系、加强国际教师数字能力培训和研发数字能力相关的教师教育课程，从而促进国际中文教师数字能力的提升。王帅、赵润泽等（2023）将国际中文教师使用智能化工具教学的能力定义为"信息化教学能力"，指出在信息化发展背景和趋势下，国际中文教师的这一能力十分重要，应加强与深化相关培训。范慧琴、王璐璐等（2024）建议从师资培养、教师评价、教师发展、学科建设等方面全方位、多层次地融入生成式人工智能，使新技术有效赋能国际中文教师数字素养提升。

然而在国际中文教师群体中，国际中文教育志愿者[①]的 AI 工具使用问题尚未引起足够的重视。随着全球汉语学习者数量的逐年攀升，国际中文教育志愿者队伍也在不断壮大。一方面，志愿者群体多为本科及以上学历的学生，他们任期短、教学年限不长，普遍面临教学资源匮乏、教学经验欠缺、教学效果不高以及文化休克等老大难问题。出现这类问题时，由于身在异国他乡，他们往往"求告无门"。另一方面，他们也有更多机会接触到不同种类的 AI 工具，有了 AI 工具的加持，更易于解决教学研究和实践中的诸多"痛点"，但同时也不可避免地遇到诸多意想不到的新问题。当前，学界对于国际中文教育志愿者这一群体如何使用 AI 工具进行教学的问题关注不够。在中国知网等主流数据库中，鲜见以上述群体为对象的相关研究。因此本文试图通过访谈法，初步探讨国际中文教育志愿者在教学中使用 AI 工具的现状，了解 AI 工具的使用对国际中文教育志愿者的教学实践和专业发展带来的问题和

[①] 本文所说的国际中文教育志愿者是指通过中外语言交流合作中心设立的"国际中文教育志愿项目"，经由公开招募并择优录取赴海外开展中文教学相关工作的中国高校在读研究生和本科、硕士应届毕业生。国际中文教育志愿者任期通常为一年，原则上不超过三年，在任期间享有一定津贴。

挑战，并据此提出若干针对性的建议。

一 访谈设计

（一）访谈对象

共选取17位目前正在世界不同国家担任国际中文志愿者的教师进行访谈，任教国家包括英国（1位）、泰国（2位）、美国（2位）、毛里求斯（1位）、罗马尼亚（1位）、老挝（2位）、加纳（2位）、德国（1位）、澳大利亚（2位）、缅甸（2位）、法国（1位），选择访谈对象时既考虑到不同经济发展水平和多种政治、文化背景的国家、地区，也兼顾了不同的执教课型，以求展现不同条件下志愿者对AI工具的教学使用现状。另外也要求访谈对象对人工智能有所了解，不能"一无所知"。受访者编号为t1—t17，主要背景信息见表1。

表1　　　　　　　　　　　访谈对象信息

编号	任教国家	任教学校	性别	年龄	教学年限	当前任教课程
t1	英国	中学	男	23	1年	初级综合课
t2	泰国	小学	女	22	半年	初级文化课
t3	泰国	小学	女	22	半年	初级综合课
t4	美国	大学	男	25	2年	中级写作课
t5	美国	大学	男	24	1年	中级阅读课
t6	毛里求斯	小学	男	23	1年	初级综合课
t7	罗马尼亚	初中	男	24	半年	初级综合课
t8	老挝	小学	男	24	1年	初级综合课
t9	老挝	中学	女	25	2年	中级写作课
t10	加纳	大学	男	25	半年	初级文化课
t11	加纳	中学	男	27	1年	初级阅读课
t12	德国	大学	男	25	2年	中级综合课
t13	澳大利亚	中学	女	25	2年	初级口语课
t14	澳大利亚	中学	男	28	2年	初级阅读课
t15	缅甸	中学	男	25	1年	初级阅读课
t16	缅甸	中学	男	23	半年	初级口语课
t17	法国	中学	男	30	1年	中级口语课

(二) 访谈方式

采用半结构式访谈法,通过连线语音形式进行一对一访谈。每位受访者的访谈时间大约为40分钟。

(三) 访谈内容

共设计了10个问题作为访谈大纲(详见附录),其中既包括开放式问题,也包括封闭式问题;既包括描述性问题,也包括评价性问题,旨在从不同的角度和层面收集访谈对象的信息和观点。主要内容涉及志愿者对AI工具的使用频率、使用态度、使用类别、使用场景、使用评价及使用中的困惑和期待,以全面了解国际中文教育志愿者的AI工具使用现状。访谈于2024年1月开始,2024年5月完成数据编辑和分析。

二 AI工具使用特点

(一) 使用频率与使用态度

使用频率根据受访者每周使用AI工具的次数来评定。结果显示高频使用者(一周至少5次)5位,占29.4%;中频使用者(一周2—4次)6位,占35.3%;低频使用者(一周低于2次)6位,占比35.3%。使用态度分为积极、中立、消极三种。结果显示有7位持积极态度,占41.2%;4位持中立态度,占23.5%;6位持消极态度,占35.3%。详见表2。

表2　　　　　　　　　　使用频率与使用态度

受访者编号	使用频率	使用态度
t7	高频使用	积极
t6	高频使用	积极
t12	高频使用	积极
t13	高频使用	积极
t1	高频使用	积极
t17	中频使用	积极
t3	中频使用	中立
t9	中频使用	中立
t8	中频使用	中立
t5	中频使用	消极

续表

受访者编号	使用频率	使用态度
t2	中频使用	消极
t14	低频使用	积极
t11	低频使用	中立
t4	低频使用	消极
t15	低频使用	消极
t16	低频使用	消极
t10	低频使用	消极

从以上数据可以看出：在使用频率上，受访者中中频和低频使用者较高频使用者稍多，但总体分布均匀，没有明显的倾向性；在使用态度上，持积极态度的受访者略多于持消极态度和中立态度的受访者。使用频率和使用态度的数据没有呈现出典型的正相关性，可能是因为虽然AI工具较受欢迎，但其使用也受到主客观条件限制；或有可能是受访者对日常使用情况没有准确反馈（如认为正在使用的翻译软件不属于AI工具，从而低估了使用频率）。其具体原因需要进一步研究。

（二）使用类别

语言学界曾将AI工具分为两类，一类跟自然语言有关，另一类跟自然语言无关（陆俭明，2021）。但为了应对复杂的应用场景和特定研究需要，有必要进行更为精细的分类。本研究依据AI工具在教学中的功能或用途，将AI工具大致分为：聊天机器人、图像生成软件、语音识别软件、翻译软件、视频剪辑工具、汉语学习软件、课件制作工具等7类。

1. 聊天机器人。基本功能是可以和使用者进行连续对话，同时也具有强大的综合服务能力，这类工具在所有受访者中使用最多。有14位受访者表示使用过ChatGPT、Copilot、Bard、MOSS、Kimi AI、文心一言等聊天机器人工具。其中ChatGPT使用者最多（共有6位）。受访者t12的看法反映了以ChatGPT为代表的聊天机器人的特点，"ChatGPT用起来就像跟一个'素未谋面'但又'相识已久'的朋友聊天，它在解决教学问题之余还能说冷笑话，比如我让它tell me a lie（告诉我一个谎话），它回答I am human（我是人类）。它可以绘图、写故事、改作业。当然这些都是冰山一角，它最强大的地方在于你可以（在合法的前提下）凭借任何想象去使用它"。

2. 图像生成工具。可以根据用户的输入或描述生成图像，展示创意或美感，如Sora、GPT 4o、DALL·E2。有3位受访者提到该类工具。受访者t2描述了在制作教学插图时使用这种工具的便捷性,"在制作插图时,只需要输入一个主题,1分钟内就能生成至少6张令人满意的图片"。

3. 语音识别工具。可以将语音信号转换成文本,实现语音输入或控制,如科大讯飞、腾讯云语音识别。共有4人提到这类工具。受访者t11表示:"在没有时间输入大批量文字的时候可以使用语音识别输入,省去了很多时间。"

4. 翻译软件。可以将一种语言转换成另一种语言,实现跨语言的沟通或学习,如必应词典和谷歌翻译。共有5人提到这类工具。受访者t12提到,在当地进行文化宣传工作时,对翻译软件"几乎一整天都离不开"。

5. 视频剪辑工具。可以帮助用户编辑和美化视频,提供剪辑、滤镜、特效等功能。如剪映是一款视频剪辑工具。有3位受访者提到该类工具。受访者t5指出:"人工智能加持下的视频处理工具极大简化了视频编辑过程,输入要求便会自动处理视频文件,添加滤镜、音效。"

6. 汉语学习工具。可以辅助教师课后评价,帮助学生学习和提高汉语水平,提供词典、教程、测试等功能,例如汉语字典软件和有道汉语学习软件都是汉语学习工具。有两位受访者提到了这类工具。其中受访者t17表示:"推荐给学生之后就看到很多学生在手机上使用这些软件学习汉语生词,他们的学习成果我也可以看到,这样很方便,省去了检查作业的时间。"

7. 课件制作软件。可以帮助用户制作文本、幻灯片,提供模板、排版、动画等功能,例如微软365、WPS AI智能办公软件。有3位受访者提到了这类工具。受访者t4在使用微软365系列办公软件之后表示:"在购买了昂贵的软件套餐之后,得到了从未有过的办公体验,制作一次课件可以在10分钟之内完成。"

总的来说,受访者因使用需求与使用场景等因素的差异选择不同的AI工具。聊天机器人因其多功能性和高度的适应性、灵活性得到了大多数访谈者的青睐。而一些专业AI工具例如汉语学习工具、课件制作软件等受到使用场景或收费因素影响,受到的关注和使用相对较少。但专业AI工具因其专精一隅,仍拥有不能被取代的价值。

(三) 使用场景

根据访谈数据,受访者对AI工具的使用场景可以归纳为以下3类。

1. 课前备课。在教学准备阶段,教师可借助人工智能技术创作与课程内容相契合的多媒体教学素材。例如,利用AI工具,教师能够设计出与汉语课程相联系的交互式课件,或为文学作品配制富有表现力的音频故事。这些创新的教学资源不仅提升了课堂的互动性和趣味性,而且有效提升了学生的注意力,为他们提供了在轻松愉悦的学习环境中掌握知识的机会。在使用 AI 工具进行备课、教案编写等工作时，可以避免程序烦琐但没有技术含量的工作，如文本的复制粘贴、教学幻灯片、办公文档、文化活动海报排版美化等，从而节省了大量时间，让他们可以更专注于教学内容设计，提升教学效率。共有 14 位受访者提到使用 AI 工具进行课前备课。受访者 t13 对 AI 工具的省时性进行了描述："我每天都用它（DALL·E2）备课，用它制作上课要用到的图片。如果没有这个工具，我每天要多花 60 分钟准备多媒体素材，在网上搜不到优质的、高清的图片……光是解决一张图片的问题就要浪费 10 分钟。"

2. 课堂教学。在课堂上利用 AI 工具可为教师或学生提供一些便利和支持，在汉语教学中解决课堂管理、知识补充、能力训练等问题，如学生签到、情景互动、个性化练习和疑难点解答等。共有 8 位受访者提到了该应用场景。他们普遍表示，这些教学应用能显著提高课堂教学效率。值得注意的是，由于教学经验的欠缺和知识面的局限，每位受访者都提到了疑难问题解答这一需求。受访者 t7 提到，"面对复杂问题时手足无措，相比于查询百度或者谷歌，我更喜欢直接问 AI（工具），它会直接把我急需的答案呈现在我面前"。另外，语言差异也是课堂教学和日常沟通的障碍，翻译软件成为受访者们解决这一问题的关键工具。受访者 t2 表示："我常用有道翻译，教师和学生能够跨越语言障碍，在课堂教学中实现了有效沟通。"这不仅提高了教学效率，也促进了不同文化背景人群之间的理解与尊重。

3. 课后评价。AI 工具不仅能对学生的作业进行评估，还能指出书写、语法、发音错误并给出改进建议。共有 13 位受访者表示，利用 AI 工具能够使他们更专注于学生学习课后评价的优化和学习成果的提升，有效提高课后评价效率。同时，还可以根据不同阶段的不同知识点自动生成期中、期末试卷。这些功能不仅节省了教师的时间，也保证了教学质量的稳定性。受访者 t4 表示："原本批改作业需要助教完成，现在 AI（工具）就可以做到。"

(四) 使用偏好

在国际中文教育领域，出于对教学工具效能、适用性以及教学资源丰富性的考量，志愿者对 AI 工具表现出不同的使用偏好，这一点在讨论 AI 工具使用类别时就已经有所反映。另外，使用偏好还受多种因素影响，如应用场景、订购价格、技术难度等等，但本次访谈特别关注了国产/国外这一维度。

通过访谈得知，国外 AI 工具更受欢迎，17 位受访者中有 11 位平时更多使用国外 AI 工具，有 6 位更多使用国产 AI 工具。t13 指出："国外工具在算法研发、信息处理效率方面具备显著优势。换句话说，国外的技术更成熟一些。" t6 表示："国内某些AI（工具）会因为算力不足而罢工，而目前为止没有发现国外的AI工具会有这样的情况。"可见，志愿者之所以更倾向于使用国外AI工具，主要是因为国外AI工具发展更早，相较于国产AI工具拥有技术优势，同时这也得益于它们在特定学科知识库的深度学习和训练积累等方面先人一步。

不过，这也并不意味着国产AI工具处处技不如人。访谈表明，文心一言、Kimi AI、混元助手等国产AI工具在中文信息处理上亦有独到之处。受访者们普遍认可国产AI工具的中文处理优势及其与教学相关资源良好的契合度。如受访者t3表示："国产工具在中文自然语言处理上表现出色，且提供了大量针对中文教学的定制化功能和资源。"由此，这些工具能够更好地满足中文教学的特殊需求，提升教学效率。这反映了志愿者们较为看重AI工具对中文教学环境的适用性以及本地化教学资源对教学效果的促进作用。相比之下，国外的AI工具虽然在全球范围内应用广泛，但在处理中文时可能面临一些局限。由于中文的复杂性和独特性，国外AI工具可能需要额外的训练和调整才能更好地适应中文环境。受访者t7描述了这些工具搜索中文问题时的不便，"我问AI工具（国外）什么是'佛系'，它却向我描述起佛教，它似乎无法完全理解中文词汇的引申义，也不能准确解释流行语词"。可见，国产AI工具在中文的语音识别和信息理解等方面通常表现出更高的精度和速度。这可能是因为它们针对中文语言特点进行了深度的优化训练，从而能够更好地理解和回应中文用户的需求。

总之，国产AI工具在中文信息处理上技高一筹，能够适应国际中文教学环境。国外AI工具虽然在中文信息处理上存在局限，但在技术成熟度和多语言支持方面更有优势，适配环境更广。不过对于志愿者而言，国产或国外AI工具的选择并非一成不变，而是需要根据具体教学环境、学生需求以及个人教学理念进行综合考虑。正如受访者t7指出："在选择教学工具时，我们应考虑其与教学目标的契合度、技术的先进性以及对学生学习效果的潜在影响。"

三　AI工具使用评价

（一）AI工具的优势

根据反馈，受访者提及的AI工具优势集中于如下3点。

1. 资源丰富。在现代教育体系中，AI工具作为一项创新技术产品，极大地丰富了教学资源的多样性和可用性。AI工具通过高级算法和大数据分析，能够为教育者提供广泛的教学内容和材料，这些资源不仅限于传统的文本和图像，还包括动态的多媒体教学模块、交互式模拟和虚拟现实体验。丰富的教学资源库，不仅满足了不同学习风格和需求的学生，还为教师施展灵活多变的教学方法提供了便利，从而增强了教学的适应性和有效性。有 7 位受访者提到了这一优点，其中受访者 t5 这样评价："AI（工具）的资源不仅限于网络上所有能搜索到的现成资源，其厉害之处在于'生成'二字，能够创造出不存在网络中的文本、图像、视频。"

2. 响应快捷。AI 工具为教师们减少了大量的课前备课时间，能够快速为课堂教学提供辅助。AI 工具的高效快捷不仅在于能够在不同使用场景下快速生成所需要的答案，还在于它能够化繁为简，化整为零。17 位受访者都提到了这一优点，其中受访者 t7 表示，"以前的备课需要在搜索引擎给出的几十个结果中自行筛选结果，再复制粘贴到 PPT 中；需要在上百页的语法书中找到那一节课的知识点以确保自己不出错，如果想让学生愿意听课，就要花更多心思去找精美的图片"，自从有了 AI 工具的帮助之后"只需要描述自己的需求，无论是图片、视频甚至整个 PPT 都能自动生成"。

3. 功能全面。在当代教育领域，AI 工具正以其强大的多功能性，逐渐成为教学过程中不可或缺的辅助手段。AI 工具不仅为教师提供定制化的教学资源和策略，同时为学生打造个性化的学习路径和实时的辅导支持。此外，AI 工具在数据分析和学习成效评估方面的能力，也为教育研究者提供了丰富的量化数据，从而促进了教育决策的科学化和精准化。有 9 位受访者提到了这一优点，受访者 t8 表示了个人对 AI 工具用途广泛的评价："毫不夸张地说，AI（工具）无论在任何领域都有其一席之地，且都有独特的使用方式，就好比我们可以拿它备课、出卷子，农民可以用来管理作物，股民可以用来预测行情。"

（二）AI 工具的缺陷

目前的 AI 工具普遍存在缺陷，给志愿者的教学工作造成了一定的影响。其中受访者反映最多的是以下 3 个方面。

1. 信息质量堪忧。AI 工具作为一个尚未成熟的技术，可能会给我们带来误导，提供错误的答案（孙茂松，2023）。对 AI 工具持消极态度、低频使用的受访者 t10 表示："不能完全信任 AI 工具，它会'一本正经地胡说八道'，当你'纠正'它时，它还会利用一切理由'狡辩'，这一点不仅让人恼火，同时让人不寒而栗。"另一位持积极态度、高频使用的受访者 t7 则提供了一段受挫经历："因为它的低质量信息在课堂上发生过一些教学失误。有很多是似是而非、具有迷惑性的信息，我无法甄别，将它用在了课件上，在领导审查的时候我受到了处罚。"可见，由于数据来源复杂、模型和算法的局限性等问题，AI 工具提供的信息质量无法保证，还需要使用者辨别和验证。

2. 情感能力不足。部分受访者对 AI 工具的交互能力表示不满,特别指出 AI 工具"人情味"不足的问题。如受访者 t2 认为,AI 工具不能完全替代真人的教师和同伴,有时候会缺乏人情味和亲切感,也不能解决一些复杂和深层的汉语问题。持消极态度的 t10 对此有着独到的见解:"人工智能,尽管能够在一定程度上模仿人类的思维方式,但它终究没有情感。当人类失去控制时,他们会感到生气,情绪会有所表现;然而,当人工智能失控时,它只能产生一堆毫无意义的乱码,而无法像人类那样表达出真实的情感。"情感的缺失,使得 AI 工具在教育领域尤其是在需要高度互动和情感投入的场合(如师生课堂互动、文化体验活动),显得力不从心。

3. 运行环境受限。在加纳和老挝等发展中国家,AI 工具的运行受到诸多法律政策或基础设施制约。来自这两个国家的 4 位受访者在接受访谈时都强调了这个问题,由于当地网络和电力的不稳定性,设备和资金的匮乏以及平台和账号的限制等问题,AI 工具的使用常常受阻,无法发挥其应有的效能。甚至有 2 位受访者表示,由于任教国家的政策制约以及教学环境的局限,他们仅使用过智能翻译软件这一基本的人工智能应用。另外受访者 t11 谈道:"在加纳,我有时根本无法使用这些先进的 AI 工具。这里的电力供应非常不稳定,停电是家常便饭,而且网络连接也时好时坏。这些基础设施的问题影响了我们正常使用手机、电脑等日常设备,更不用说依赖更高级技术支持的 AI 工具了。"这也揭示了发展中国家在推广和应用新技术时所面临的现实挑战。

四 困惑与期待

(一)使用困惑

新手教师的发展过程是其在教育教学活动中不断学习提高、积累经验、革新教育观念与教学方式、提高道德水平和专业能力、全面提升教育教学质量、造福于学生和社会的过程(贾益民,2014)。作为新手教师,AI 工具的使用会大大影响国际中文志愿者的教学方式、道德水平和专业能力的提升。受访者普遍谈及了 AI 工具对教学工作和专业发展造成的困惑或挑战,主要包括以下 3 个方面。

1. 弱化思考与教学能力。访谈中共有 8 位受访者表达了过度依赖 AI 工具可能使思考能力和教学能力下降的担忧。5 位高频使用的受访者都承认他们对 AI 工具有或多或少的依赖性,并反映频繁使用这些工具会导致他们有时在面对问题时会"懒得"深入思考。他们担心,长期依赖这些工具会使自己在教学设计、知识点解析和师生互动等方面的技能变得生疏。其中t6提到,"日常对AI工具的依赖可能会削弱我们处理复杂或简单问题时的独立思考能力,进而影响教学效果。在每天使用AI工具的过程中,对它的依赖性会日益加深,无论复杂或简单,首先想到的就是利用人工智能,因此独立思考和教学能力也会随之减弱"。

2. 影响价值观与思维方式。垄断性的技术可能会带来隐忧,并存在投射西方价值观和语言文化偏见的风险(苗逢春,2023)。从世界范围看,国外的AI工具具有垄断性的优势。受访者们在依赖这些AI工具的同时,也担心使用过程中自身价值观和思维方式受到的影响。受访者t4、t15、t16担心,"这些工具有文化与政治偏向","引导使用者形成错误的意识形态"。受访者t8则指出,随着技术的快速发展,尤其是当某些技术或平台形成垄断时,它们所传递的信息和文化内容就变得极为重要。而当前的技术环境,尤其是互联网和大数据,很大程度上受到西方文化和价值观的影响。长期暴露在这样的信息环境下,志愿者们可能会在无意识中吸收并内化这些西方的思维方式和价值观。他强调,虽然技术的便利性为国际中文教学带来了新的机会,但同时也带来了文化同质化的风险,这种风险不仅可能导致教师们逐渐丧失自己的跨文化交际能力,更可能让他们失去对中西文化的鉴别力以及对中华文化的深入理解和传播能力。

3. 威胁教师权威与就业。在许多情境下,相比教师尤其是新手教师,AI工具不受"文化休克"的影响,能够迅速解决学生问题,这令部分学生更容易信赖AI工具而非教师,从而对教师权威产生冲击。例如,持消极态度的受访者t5指出:"AI工具不仅被教师采用,学生也频繁使用,有时甚至超过教师。当教师因为知识局限、语言障碍或文化限制等问题无法完全解决学生的疑惑和需求时,学生会求助于人工智能。"t3表示,曾经在教学中出现过错误,学生知道后就对教师的教学水平产生了质疑,此后遇到问题转而直接询问人工智能或搜索引擎。另外,AI工具是否会抢走国际中文教师的"饭碗",也是访谈中常被提及的一个重要议题。尽管当前并无直接证据表明AI工具已对受访者的就业造成影响,但持中立态度的受访者t9表达了他的担忧:"目前,所有可联网设备均植入了人工智能技术,包括智能手机、电脑浏览器、语音助手及汽车智能系统等。虽然目前尚未出现能与教师匹敌的AI工具或实体机器人,但这似乎只是时间问题。"

(二) 对AI工具的期待

尽管存在着以上种种困惑,但几乎没有受访者计划让AI工具彻底远离自己的生活和工作,而是对它的未来发展表达了一些期待。这反映了年轻教师对AI工具在教育领域中的角色认知以及对于如何平衡技术进步与人类价值的思考与期待,主要包括以下4个方面。

1. 信息内容更加精确化。随着AI工具及相关技术的广泛应用，人们越来越依赖这些工具来获取知识、解决问题和作出决策。然而，信息内容的准确性直接关系到AI工具的可信度和实用性。这也是困扰不少受访者的问题，因此提供更加精确的信息内容成为一个重要期待。如t3就指出："我希望我能够完全信任它给出的结果，而不是需要再去甄别一遍，因为它经常出错。"

2. 交互体验更加人性化。新技术虽然有着海量的数据及快速算力，但它的情感表达、精神传承以及知识创造却尚未成熟（方中雄、吉利、程聪，2022）。因此，AI工具是否能给予教师人性化的体验，是衡量它在教育领域应用效果的重要标准，也是实现人工智能与人类社会无缝对接的关键。受访者们期待下一阶段的AI工具能够洞察并响应用户的情感、文化和个性化需求，通过自然语言处理和情感计算技术，提供更加贴近人类交流习惯的交互体验。如t8表示："希望优化一些反人类的UI设计，希望AI（工具）的回答更像人类，而不是冷冰冰的机翻味。"

3. 知识文化更加多元化。在当今多元化和全球化的教育背景下，AI工具必须超越单一垄断模式，实现真正意义上的百花齐放。有6位受访者提到了类似诉求。其中t11反映："每次（生成内容）来源几乎都是单一的维基百科。"t15表示："希望这些工具没有文化和语言的障碍，知识可以涵盖更广。"知识多样化和文化多元化，意味着AI工具能够覆盖广泛的知识领域、教学方法和用户群体，以适应不同背景和需求的学习者。这样不仅能增强工具的适用性和吸引力，而且还可以促进教育的个性化和包容性，为构建一个更加开放、灵活和富有同理心的智能教育环境奠定基础。

4. 法律政策与市场定价更加合理化。有2位受访者提到了AI工具使用的法律政策问题与收费问题。不同地区的限制措施和高昂的收费都限制教师使用AI工具，这不仅凸显了在全球化背景下技术普及的地域差异性，也反映了经济门槛对教育公平性的潜在影响。法律政策的制定需要在创新激励与普及需求间更加平衡，而合理的定价策略则应考虑到不同用户的经济能力，以确保AI工具的广泛应用不会加剧数字鸿沟，而是成为推动教育平等、提升教学质量的有力工具。因此，政策制定者、技术开发者和教育工作者之间应加强对话与合作，共同探索如何在保障技术发展的同时，实现资源的公平分配和教育机会的最大化。

五 启示与建议

通过以上访谈，我们对国际中文教育志愿者在教学工作中的AI工具使用现状有了一定的认识。我们发现，国际中文教育志愿者在利用 AI 工具服务教学时体现的某些能力素养是超出我们预期的，主要有如下 4 点。

第一，使用 AI 工具时，体现了不同程度的操控能力。多数受访者了解各种 AI 工具的优势和潜力，懂得如何根据教学目标和学生特点，选择最合适的 AI 工具，进行有针对性的教学资源开发和教学活动设计。在准备课程时，部分受访者能够利用 AI 工具对大量的教学内容进行筛选和重组，快速形成结构化、系统化的教学材料。在教学过程中，部分受访者能够实时利用 AI 工具收集和分析学生的反馈，及时调整教学策略，确保教学活动的有效性。此外，一些受访者还能够利用 AI 工具进行课后的评估和跟踪，为学生提供个性化的学习建议和辅导。这些表现说明，尽管作为个体，每个人的操控能力有较大的差异，但整体上他们已经对 AI 工具快车具备了全方位的驾驭能力。

第二，使用 AI 工具时，体现了一定的教师主体意识。虽然 AI 工具在许多具体工作上可以替代教师，但多数受访者能够正确看待教师自身的作用，不忘教育初心。他们意识到，尽管 AI 工具能够提供强大的技术支持，但教师的专业判断、情感投入和创造性思维仍然是教学成功的关键，在教育中具有不可替代的作用。如受访者 t7 就指出："我们应该让人类去谱写诗歌，而让人工智能处理烦琐的任务。"另外，受访者在利用 AI 工具的同时，也在不断地反思和探索，如何更好地将工具与教育相结合，创造出更加丰富、多元和有深度的教学体验。

第三，使用 AI 工具时，体现了初步的知识批判能力。受访者不同程度地认识到各种 AI 工具的不足，对 AI 工具的信息质量问题有一定的觉察。如受访者 t17 就指出："虚假信息不可怕，可怕的是某些 AI（工具）会用各种方式让你信服虚假信息。"多数受访者对 AI 工具的"信息投喂"并不盲从，认同需要通过多渠道、多角度的考察，对 AI 工具提供的数据和结论进行独立思考，避免不加分析地接受，确保信息的来源是权威可靠的，并且与现有知识体系相一致。尽管他们在实践中未必都能时刻践行，但这种批判精神是值得嘉许的。

第四，使用 AI 工具时，体现了强烈的职业危机感。多数受访者对过度使用 AI 工具可能造成的价值观与思维方式改变、教学能力削弱、教师权威下降、就业机会减少等问题保持着高度的警惕和忧虑。"生于忧患，死于安乐"，这种职业危机意识同样恰恰是教师走向成熟所必不可缺的素质。

尽管有上述积极表现，但我们也不能过分乐观，"无为而治"。针对国际中文教育志愿者教学工作中遇到的问题和挑战，应当从多方面提供应对策略，为他们排忧解难。以下是 3 点建议。

第一，促进AI工具操控能力与基础教学能力的平衡发展。志愿者应主动自觉地处理AI工具操控能力与基础教学能力培养的关系，促进两者的平衡发展。如在日常教学中，应有意识地评估AI工具的使用频率、必要性及其对思维方式和教学效果的影响，防止沉迷或滥用，以降低其对志愿者思考能力和教学能力的负面影响；平时多采用混合教学方法，兼顾传统教学手段与AI工具应用，如增加面对面讨论、案例分析和实践操作，以促进深入思考和互动。另外，培养机构也需加强对志愿者AI工具操控能力与基础教学能力的整体规划与综合训练，尤其是语合中心和各大高校更应关注AI工具对于国际中文教育志愿者的影响，加以正确引导。

第二，多渠道破解技术文化垄断。志愿者应利用其跨文化交流的优势，深入了解和研究AI工具及技术垄断给人在意识形态和思维方式上的影响，学会以跨文化公民的多元视角传播中国文化。培养机构可以开设相关课程，系统地提升志愿者对AI时代跨文化传播的认识和思考能力。政府部门应加强对人工智能技术垄断问题的研究和监管，如设立专门的研究项目，深入探讨人工智能技术垄断的形成机制、影响范围及潜在风险、建立一套完善的监管体系，对人工智能技术进行合理的引导和规范，确保其应用符合社会伦理和法律规定。人工智能企业则应当与政府部门、教育机构合作，推动技术创新和公平竞争，提供多元化的信息资源，打破文化壁垒，为社会的和谐发展贡献力量。

第三，与时俱进，适应变革，保障就业。首先，国际中文志愿者应积极了解AI工具的前沿动态。随着AI工具及技术的不断发展，越来越多的行业开始与科技融合。对于志愿者来说，了解并掌握这些技术，能够更好地适应科技变革对就业市场的影响。通过学习数据分析、机器翻译等技能，志愿者可以提升自身在未来职场中的竞争力。其次，提升自身专业素养和综合能力是关键。国际中文教育志愿者应不断提高自身的语言水平、教学能力和跨文化交际能力，还应注重培养自身的创新思维和解决问题能力，以便在数智时代脱颖而出。再者，志愿者需要密切关注教育、科技和文化交流等领域的最新动态，了解行业发展趋势和市场需求。这有助于志愿者及时调整自身发展方向，把握更多就业机会。此外，寻求新的合作机会和发展空间也是必要的。随着"一带一路"倡议等国际合作项目的推进，国际中文教育志愿者的服务领域将不断拓展。志愿者可以积极关注这些合作项目，寻找新的就业风口。

最后，我们也呼吁社会各界重视和回应国际中文教育志愿者的期待，提升AI工具在教育领域的信息服务能力，降低过高的使用成本，解除不合理的使用环境限制，更好地促进数智化国际中文教育事业的发展。

参考文献

崔希亮. 人工智能——语言教学的机遇与挑战［J］. 华文教学与研究，2024（2）：20—29.

范慧琴，王璐璐，曹芳，等. 生成式人工智能赋能国际中文教师数字素养提升研究：评估框架、现状及建议［J］. 天津师范大学学报（社会科学版），2024，(3)：72—83.

方中雄，吉利，程聪. 智能化时代职业教育面临的挑战与对策［J］. 北京工业职业技术学院学报，2022，21（3）：60—63.

贾益民. 关于海外华语文教师专业发展研究的思考［J］. 世界汉语教学，2014，28（3）：345—355.

刘利，史中琦，崔希亮等. ChatGPT 给国际中文教育带来的机遇与挑战——北京语言大学与美国中文教师学会联合论坛专家观点汇辑［J］. 世界汉语教学，2023，37（3）：291—315.

刘玉屏，李晓东，郝佳昕. 国际中文教师数字能力现状与影响因素研究［J］. 民族教育研究，2021，32（3）：139—146.

陆俭明. 亟需解决好中文信息处理和汉语本体研究的接口问题［J］. 当代修辞学，2021（1）：1—9.

苗逢春. 生成式人工智能技术原理及其教育适用性考证［J］. 现代教育技术，2023，33（11）：5—18.

孙典，王莉，商立媛. 人工智能赋能我国高等教育高质量发展的内涵、困境及路径［J］. 现代教育管理，2024，(6)：34—42.

王帅，赵润泽，孙朝阳. 国际中文教师信息化教学能力研究：框架、现状与提升路径［J］. 语言教学与研究，2023（6）：1—14.

附录 访谈大纲

人工智能作为目前飞速发展的一项技术和工具正在逐步改变我们的生产生活，改变教师的教学方式，我想倾听您的基本信息和宝贵意见。本次访谈信息和记录完全保密，请您放心。

1. 基本信息

（1）介绍所教授的课程类型。

（2）介绍任课年限、任课国家。

（3）介绍使用 AI 工具的时长与经验。

2. 访谈问题

（1）您在汉语教学过程中使用过哪些 AI 工具？每周使用几次 AI 工具？

（2）请选择您对 AI 工具的使用态度更偏向哪种（积极、中立、消极）？

（3）您使用这些 AI 工具的主要目的是什么？

（4）您能给我们举例描述您在教学中使用 AI 工具的具体场景吗？

（5）您认为使用 AI 工具有哪些优势或好处？

（6）您认为这些工具是否存在一些劣势或不足？

（7）在使用 AI 工具辅助教学的过程中，您遇到过哪些困难？

（8）您平时用国产的 AI 工具多还是外国的 AI 工具多？为什么？

（9）您在当前 AI 工具的使用过程中有哪些反思或困惑，它对您的教学工作或者事业发展产生了挑战吗？

（10）您对 AI 工具在汉语教学领域的使用前景有什么期待？

责任编辑：石琳

华语代际传承的困境和启发
——以21世纪移民澳大利亚的中国家庭为例*

王依宁　王　健**

提　要　21世纪的华语代际传承和维持正处于十字路口：一方面，汉语资本价值的不断上升，为华裔家庭维持祖语提供了新的动力；另一方面，代际语言转移和汉语流失的模式还在延续。本文关注澳大利亚新一代中国移民家庭在祖语传承实践中所面临的挑战和矛盾。这项民族志质性研究涉及16个第一代华裔移民家庭和4位华语学校的从业人员。数据来源包含半结构式访谈、田野记录、问卷调查和收集的语言材料。结果显示当前华语代际传承的主要干扰因素为当地主流学校的同化、华裔子女的抵触情绪和华裔家长双重期待下的矛盾。本文将对祖语维持和海外汉语传承的实施具有实践参考价值。

关键词　华语传承；祖语；家庭语言政策；澳大利亚；21世纪

The dilemma of intergenerational transmission of Chinese heritage language and its implications-The first-generation Chinese immigrant families in 21st century Australia

Wang Yining　Wang Jian

Abstract　Chinese heritage language transmission in the 21st century is currently at a crossroads. On one hand, the rising value of Chinese provides new motivation for Chinese immigrant families to maintain their heritage language. On the other, the patterns of intergenerational language shift and Chinese language attrition continue to persist. The current research focuses on the challenges and contradictions faced by newly arrived Chinese immi-

---

*　本文系2023年度校级引进人才科研启动项目"后疫情时代海外华文教育的挑战、变革和机遇——以澳大利亚华文学校为例"（项目编号：2023SKQD31）研究成果。

**　作者介绍：王依宁，博士，广西民族大学外国语学院讲师，研究方向为语言传承，语言情感和家庭语言政策。王健，硕士，广西民族大学外国语学院副教授，研究方向为跨文化交际和英美文学。

grant families in Australia in terms of their heritage language maintenance. This ethnographic qualitative research involves 16 first-generation Chinese immigrant families and four Chinese language school practitioners. Data sources include semi-structured interviews, field notes, questionnaire surveys, and collected language materials. The findings indicate that the main interfering factors include assimilation from mainstream schools, resistance from Chinese diaspora children, and the contradictions arising from the dual expectations of Chinese parents. The findings have practical implications for Chinese heritage language maintenance and overseas Chinese language education.

Key words　Chinese Language Transmission；Heritage Language；Family Language Policy；Australia；21st Century

引　言

全球化和技术进步推动了21世纪跨国流动和移民趋势的进一步增长，但移民后代祖语的维持及可持续性学习是各族裔移民家庭不得不面对的严峻问题之一（Fuentes，2020）。21世纪的华语代际传承和维持正处于矛盾焦点：一方面，汉语资本价值的不断上升，为华裔家庭保持祖语提供了新的动力（Wang & Li，2024）；另一方面，代际语言转移和汉语流失的模式还广泛延续，如居住在加拿大（李国芳、孙茜，2017）、新加坡（Curdt-Christiansen，2014）、美国（Zhang，2012）和澳大利亚（Wang，2020）等国的华裔家庭。

澳大利亚是中国移民的主要英语国家之一。21世纪以来，中国一直是澳大利亚排名第三的移民来源国，仅次于英国、新西兰或印度（Jupp，2001；Australian Bureau of Statistics，2017、2022）。中国出生的移民澳大利亚的人口自20世纪末呈显著增长趋势。1991年到2021年的31年间，中国出生的澳大利亚移民数量增长了近7倍，从79000人增加到549618人，占全澳总人口的2.2%（Australian Bureau of Statistics，2022）。在澳大利亚移民政策向技术移民和商业移民倾斜的背景下，近年来抵达澳大利亚的中国出生移民群体普遍具有高技能、高学历和高收入的特点（Colic-Peisker & Deng，2019）。这些来自中国不同地区、具备良好教育背景和经济基础的移民重新塑造了澳大利亚华人社区的语言生态环境（Wang & Li，2024；Wang et al.，2023）。在20世纪末之前，澳大利亚的华裔主要来自广东沿海地区，因此粤语长期以来是澳大利亚华人社区的主要语言（Jupp，2001）。然而在2011年人口统计中，普通话使用者已超过粤语使用者，成为澳大利亚除英语外使用最广泛的家庭语言（Australian Bureau of Statistics，2017）。2021年，澳大利亚家庭中普通话使用者（685274人）已达粤语使用者（295281人）的2倍多，占全澳大利亚人口总数的2.7%（Australian Bureau of Statistics，2022）。根据2021年的统计数据，这些普通话使用者中有62.7%是中国出生的第一代澳大利亚移民（Australian Bureau of Statistics，2022）。这进一步说明了汉语普通话在华二代及以上华裔人群中以惊人的速度流失。

一 文献回顾：华语为祖语的代际传承和家庭语言政策

华语传承指的是海外华侨华人对中华民族语言和文化的延续，这一过程涉及不同代际之间的纵向交流（郭熙，2023a）。对于在海外长大的华裔青少年来说，华语已不再是他们主要使用的语言，更多地成了他们父辈或祖先的语言，也称之为继承语或祖语（heritage language）。近年来，学术界构建了以"祖语"为核心概念的术语群，如祖语生、祖语传承、祖语能力、祖语丧失和祖语退化等（郭熙，2023b）。本文采用并探讨这一新兴的"祖语"概念。"祖语"通常指的是少数族裔（如华裔）的家庭语言或社区语言，而非社会主流语言。对于华裔祖语生的定义存在差异，广义上可以包含祖先为华裔但未必懂华语的后代；而狭义上可定义为在以汉语为主要语言的家庭中长大、具备一定汉语能力的华裔后代（He，2008）。对于在中国出生后移民海外的儿童来说，是否将汉语视为母语或祖语是一个难题，因为虽然汉语是他们的第一语言，但汉语很可能成为部分移民儿童的弱势语言；而对于另一些儿童而言，汉语在很长一段时期内是他们的主要语言之一。对此，Mu（2015）提出以儿童的移民年龄来确定汉语是否为其祖语。根据他的定义，祖语生的标准适用于13岁或之前移民他国的华裔儿童，因为13岁以下的儿童受母国语言文化的影响尚且有限。本文研究的中国移民儿童移居澳大利亚的年龄段为4—10岁，可以被定义为祖语生，同时也属于1.5代移民的范畴（Venturin，2019）。

祖语生双语能力的发展既是学术研究的重要课题，也是移民家庭面临的教育难题。对于很多中国移民家庭而言，培养孩子掌握包含祖语在内的双语能力既被视为是家长的责任，也是对孩子未来的投资（Zhu & Li，2016）。掌握移居国的主流语言，尤其是英语，是各族裔移民家庭一项紧迫的任务，因为社会主流语言能力直接关系到祖语生能否获得移民国当地的服务、教育和就业机会（Curdt-Christiansen & La Morgia，2018；Wang et al.，2023）。新一代中国移民非常重视孩子的祖语能力，特别是普通话能力。对他们而言，具备足够的普通话水平不仅维系身份和文化认同，还连接着21世纪中国崛起之际带来的机遇（Wang，2024；Wang & Li，2024）。然而，祖语传承和维持已成为一个世界性难题（郭熙，2023a），在包括华裔在内的各少数族裔群体中祖语的退化现象普遍存在（Li，2006；Romanowski，2021；Sevinç，2020）。很多学者提出了"三代转化"定律，即大多数移民家庭在第二代时以英语为主要语言，并在第三代时变成只会说英语的人（Piller，2016；Alba et al.，；Portes & Rumbaut，2002）。对于英语能力有限的第一代中国移民家庭，其（祖）父母通常发现在澳大利亚长大的（孙）子女已成为只精通英语的"外国人"，而不再是能用母语交流的"亲密家人"（Wang，2023）。

面对祖语维持的困境，家庭语言政策被视为打破僵局的关键领域（Spolsky，2012），是推动华语传承和教育的原生动力（白娟，2019）。家庭语言环境成为跨国家庭子女双语能力建构的核心因素，有些孩子在跨国生活环境中获得了高水平的祖语表达和读写能力，而有些孩子则丧失了祖语或者祖语严重衰退（Curdt-Christiansen，2014）。然而，针对包含华裔移民在内的少数族裔家庭语言生活的研究显示，家庭语言政策的实施往往并非和谐、积极和愉快的家庭体验，有时家庭甚至变成了"无硝烟的战场"（Sevinç，2020；Zhu & Li，2016）。对于华裔家庭而言，保持语言政策的可持续性，培养子女相对均衡的双语能力，尤其是祖语的读写能力，是一个极具挑战和考验的过程，也很容易半途而废（Wang，2020）。每个家庭的语言政策反映的不仅是个人语言能力、语言态度、语言经历和家庭环境等内部因素，同时需要考虑社会环境、语言权力、经济形势和政治走向等外部环境（Curdt-Christiansen & Huang，2021）。目前，关于影响海外华裔家庭语言政策的深层因素以及执行家庭语言政策的困境的研究还很有限。为响应海外华语传承研究的国别化和本地化倡议（李宇明、施春宏，2017；王春辉，2023；文秋芳，2019），本文研究澳大利亚新一代中国移民家庭在制定和执行家庭语言政策的过程中所面临的挑战和家庭语言政策转变的关键原因，以丰富该领域的实证研究。

二 研究设计

（一）研究对象

本文从第一作者的前期课题（Wang，2020）中选取了16个华裔家庭和4位华校的校长或教师作为研究参与者，数据收集时间为2017—2019年。在选取的16个家庭样本中，父母（一方或双方）和孩子均参与了访谈。这16个家庭代表受过良好教育的中产阶级新移民华裔群体。在受访的18名家长中，12人拥有学士学位，4人有硕士学位，2人有博士学位。他们在移民前曾为学术界、政府部门、金融领域、信息技术或医学等领域的专业人士。受访家长在2004—2015年移民到澳大利亚后，均经历了不同程度的职业的下行（见表1）。这些家庭的子女在移民时的年龄介于4—10岁，访谈时的年龄在10—18岁。在第一次采访时（2017—2018年），这些孩子在澳大利亚的居住时间为2—13年不等，平均为6年。这意味着大多数家庭已经度过了最初的安置期，有足够的时间参与澳大利亚的社会生活，了解澳大利亚的学校体系，并形成自己的"语言习性（linguistic habitus）"，即"表达特定观点时的语言能力和语言倾向"（Bourdieu，1991：37）。此外，所选取的4位教师/校长来自四个不同的华语学校。他们在1992—2017年移民澳大利亚，其中包括2位在华校任教约4年的教师和2位华校的早期创始人（见表2）。这些参与者拥有丰富的澳大利亚生活经验以及教学和办学经验。

表1　　　　　　　　　　　　　受访家庭的基本信息

家庭	参与者	移民年份	移民年龄	教育水平	移民前职业	移民后职业	第一次访谈的年龄	访谈语言
1号夏家	母亲	2010	—	学士	护士	护士/家庭主妇	30—40	普通话
	父亲	2010	—	学士	律师	粉刷工	30—40	普通话
	夏天（男）	2012	4	3年级			10	英语
2号莫家	母亲	2012	—	学士	外企	儿童托管	40—50	普通话
	莫洁（女）	2012	4	4年级			10	普通话
3号杰家	母亲	2010	—	学士	程序员	家庭主妇	30—40	普通话
	杰克（男）	2010	4	5年级			11	英语
4号贝家	母亲	2013	—	学士	会计	会计	40—50	普通话
	贝妮（女）	2013	5	5年级			11	英语
5号麦家	母亲	2007	—	学士	会计	审计师	40—50	普通话
	麦瑟（男）	2007	5	9年级			15	英语
6号李家	母亲	2005	—	学士	审计员	老年护理	40—50	普通话
	李珑（女）	2007	5	9年级			15	普通话&英语
7号辛家	母亲	2004	—	学士	外企	公司行政	40—50	普通话
	辛迪（女）	2004	5	大一			18	英语
8号艾家	母亲	2013	—	硕士	教育咨询	移民咨询	40—50	普通话
	艾能（男）	2013	6	4年级			10	英语

续表

家庭	参与者	移民年份	移民年龄	教育水平	移民前职业	移民后职业	第一次访谈的年龄	访谈语言
9号凯家	母亲	2013	—	学士	公司行政	家庭主妇	30—40	普通话
	凯莉（女）	2013	6	4年级			10	普通话
10号葛家	父亲	2012	—	教育学博士	大学讲师	幼教	30—40	普通话&英语
	葛思（女）	2012	7	6年级			12	英语
	葛柏（男）	2012	5	5年级			10	英语
11号徐家	母亲	2009	—	学士	公司销售	家庭主妇	40—50	普通话
	徐李（男）	2009	7	9年级			15	普通话
12号杨家	母亲	2015	—	硕士	医学专家	家庭主妇	40—50	普通话
	杨美（女）	2015	8	4年级			10	普通话
13号邢家	母亲	2014	—	硕士	大学讲师	家庭主妇	40—50	普通话
	邢旦（男）	2014	8	5年级			11	普通话
14号马家	母亲	2010	—	医学博士	医学专家	组织学家	40—50	普通话
	马丽（女）	2013	9	7年级			13	英语
15号考家	母亲	2015	—	硕士	销售总监	采血员	40—50	普通话
	考文（男）	2015	10	6年级			12	普通话
16号吉家	母亲	2015	—	学士	销售经理	服务员	30—40	普通话
	吉米（男）	2016	10	6年级			12	普通话

表2　　　　　　　　　　受访校长/教师基本信息

参与者	移民年份	教育水平	移民前职业	第一次访谈年龄	访谈语言
校长1（男）	1992	博士	英语教师	60—70	普通话
校长2（女）	1992	硕士	大学中文教师	60—70	普通话
老师1（女）	2015	学士	外贸	40—50	普通话
老师2（女）	2017	博士	大学工科教授	40—50	普通话

（二）数据收集

本研究收集的数据包括家庭问卷、半结构化访谈、田野笔记（来源于非正式对话和参与式观察）和收集到的语言资料。家庭问卷使用英语设计，在访谈开始前由采访者（第一作者）与家长共同完成，旨在让采访者了解家庭的语言和教育背景，以便根据情况调整访谈内容。半结构化访谈涵盖了广泛的话题，包括华语传承在内的生活、教育、职业和社交等话题。非正式对话和参与式观察大部分发生在采访者和与华裔家庭正常社交时间段。语言资料由参与访谈的家长提供,并允许进行拍摄。在与家长和华校校长/教师的访谈中,默认使用普通话作为访谈语言,但来自10号家庭的家长(葛思和葛柏的父亲)在访谈开始几分钟后选择切换到英语。访谈时鼓励孩子们使用他们擅长或舒适的语言。共有7个孩子使用普通话接受了采访,9个孩子使用英语接受了采访,其中1个孩子(来自6号家庭的李珑)在两次采访中分别使用英语和普通话。在所有的采访中,普通话和英语之间的语码转换较为频繁。本文引用的访谈或对话材料摘自原始语言,如果是英语,则同时附有中文翻译。表中家庭的序号按照孩子移民时的年龄排序,所使用的人名均为化名。

(三) 数据分析

本研究采用了演绎和归纳相结合的主题分析法,借鉴了以往的民族志研究模型(Fuentes,2020)。首先,根据访谈内容的指导大纲和田野笔记的目录,进行初级分割并预设一级主题。然后,将相关数据分类到对应的一级主题文件中。随后,对一级主题文件下的内容进行具体的归纳分类,寻找共性和异性,对内容进行合并、分组和进一步编码,确定新的二级或三级主题(见表3)。此外,家庭问卷调查的内容用于数据呈现中的家庭背景介绍。收集到的语言资料的照片归类在一级主题下"语言维持结果"文件夹中,用于数据分析的支持材料。

表3　　　　　　　　　编码主题列表

序号	一级主题	二级主题
1	父母的语言态度	汉语是身份象征、汉语是家庭纽带、汉语是投资工具、汉语无所谓
2	孩子的语言态度	汉语是负担、汉语太难、汉语不是主要语言、会汉语很自豪
3	家庭语言管理	要求在家说汉语、家庭读写训练、送到华语学校、送回国短期学习
4	语言维持结果	家庭交流使用英语/双语/汉语、在家抗拒/被动接受/喜欢读写、在华校喜欢/不喜欢的体验、回国喜欢/不喜欢的体验、继续执行/放弃汉语管理

三　澳大利亚华裔家庭祖语维持的主要挑战

采访的18位家长均表达了对维持汉语尤其是普通话的强烈愿望。对他们而言,汉语的重要性体现在经济资本和职业价值、文化和身份属性,以及维护家庭和谐的重要手段(Wang,2020)。为了激励孩子学习汉语,这些家庭曾制定并实施了各种语言维护措施,积极推进孩子的汉语学习,如将汉语设为家庭唯一交流语言、父母使用国内教材亲自教学，或安排孩子参加社区汉语学校等（Wang，2020）。尽管如此，大多数受访家长承认，汉语学习计划难以持续执行，协助孩子具备一定中文读写水平极富挑战。在调研时，许多家庭已暂时或长时间中断了孩子的汉语学习。在受访家庭中，仅有 1 号和 6 号家庭对孩子的汉语成绩表示满意，而其他 14 个家庭则对孩子的汉语学习态度和成果感到失望和无奈。接下来，本文将从 3 个方面探讨澳大利亚的中国家庭在制定家庭语言政策和维持祖语传承过程中所遇到的挑战和矛盾。

（一）主流学校的同化力量

主流学校和社会的同化力量似乎是少数族裔语言维持的主要障碍（Curdt-Christiansen，2021）。这种同化力量主要体现在同伴交际的需求和学业成就的压力方面。首先，英语作为澳大利亚社会的主流语言，不论孩子在家庭使用何种语言，从上学初始，都面临着适应主流语言环境的压力和获得同伴认可的迫切需求，这使得他们在步入主流学校后迅速习得新的语言和完成语言转换。例如，5 岁来澳大利亚的辛迪的语言转换路径在同龄移民儿童中具有代表性。她的母亲描述道：

（1）刚来时学校基本都是中国孩子和印度孩子，小孩们基本上用汉语交流。后来，他们交流时夹杂着英语，一开始是很慢的英语，夹杂着中英文，半年后，他们自己之间就用英语交流了。后来到三、四年级的时候，她回给我们的都是英语了。(7 号家庭/辛迪母亲访谈，2017/4)

另外，移民儿童从母语向英语的转变也是出于个人和家庭对学业成功的期望。英语作为澳大利亚主流学校的唯一教学语言，也是各级考试中最重要的科目之一。英语水平直接影响到学生在各个科目上的学习表现，是获取优质教育资源的关键，也是连接未来经济机会的重要纽带。在以英语为主导的教育体系中，移民儿童很容易以英语为导向，从而忽视了自己的母语或祖语。尽管受访的家长们普遍对子女的汉语学习或双语能力抱有很高的期望，并且曾经积极投资孩子的汉语教育，但为了使子女在英语教育体系中取得优势，这些移民家庭往往会在孩子进入高年级时做出牺牲汉语学习时间的决定。

主流学校和社会的强大语言同化力量往往直接导致移民儿童的祖语能力退化甚至丧失。研究表明，孩子们从以母语为主到以当地语言为主的转变通常在上学后的一两年内发生（Li，2006）。本研究也揭示了类似的语言转换模式。尤其对于大多数幼年时移民海外的孩子，随着英语表达能力迅速超过母语，其作为母语的汉语则在他们的认知能力中迅速退化。例如，辛迪就表达了她无法与父母用汉语进行完整的交流：

　　（2）Because I can't, I can't speak a full Chinese sentence. I just don't know the right Chinese words, and I would put lots of English words into my sentence.（因为我说不了，我说不了一个完整的句子。我也不知道用哪个汉语词比较好，那我一句话里头大部分还得用英语词。）（7号家庭/辛迪访谈，2017/9）

　　儿童汉语能力的退化不仅影响了语言本身的传承，也往往导致父母在对祖语的期望上做出降低和妥协。尽管家长们有着强烈的语言传承愿望，尽管家长们普遍怀有强烈的双语传承愿望，但面对主流学校和社会的同化力量，家庭的语言传承规划常常难以持续。麦瑟的母亲曾坚持教他汉字，但两年后不得不放弃："太难了，没有这个环境，他回到学校，又是讲英语了，然后回家就忘了。"（5号家庭/麦瑟母亲访谈）这种挫败感在许多家庭中都有体现，家长在面对孩子语言能力退化的现实时，常常感到无力和无奈。因此他们不得不调整家庭语言政策和降低自己的期望值。麦瑟的母亲说："现在不敢奢望他能认识多少字，会说就行了。"（5号家庭/麦瑟母亲访谈）Shin（2006）曾表达过少数族裔家庭祖语维持的挫败感，父母希望孩子能流利掌握双语，但通常感到无力改变孩子语言转变的"自然"趋势。本研究的家庭访谈和长期语言观察发现，澳大利亚华裔家庭的语言政策背后，是家长对于子女未来社会融入、学业成就以及文化身份维持的深切期望与现实挑战之间的不断权衡和最终的祖语妥协。

　　在英语为主流语言的社会中，维持语言传承的深层挑战往往源自社会和教育体系支持的不足。澳大利亚虽然是最早从政策层面支持多语种和多元文化的英语国家之一，为少数族裔社区学校提供资金和政策支持，并将一些与国家利益密切相关的语言（例如阿拉伯语、汉语普通话、法语和日语）纳入主流教育体系，但语言传承的难题依旧存在。自1991年澳大利亚《语言与文化政策》发布以来，汉语教学开始在主流学校广泛推广，特别是在维多利亚州和新南威尔士州的引领下，普通话已经成为许多中小学教育课程的一部分（Chen & Zhang, 2014）。然而，澳大利亚教育体系在英语以外的语言教学上仍然缺乏系统性和连贯性，导致学生的语言能力长期处于较低水平（Clyne, 2005; Lo Bianco, 2008）。这种教学上的不足，部分原因在于课堂内二语学习者的语言文化背景和熟练水平差异巨大，这给教学和学习带来了极大的挑战。在本研究的访谈中，一些具有一定汉语基础的孩子及其家庭（如邢旦和其母亲）对主流学校提供的汉语课程表达了不满，认为课程内容过于"简单和幼稚",实际上"加速了孩子汉语能力的退化"。Li（2006）和 Wang（2020）的研究指出,如果没有主流学校和社会的有效支持,家长希望孩子传承华语的愿望很难实现,如同空中楼阁。这强调了社会和教育体系在支持语言传承方面所扮演的关键角色,以及在缺乏这种支持时,家庭和个人面临的挑战。

（二）华裔子女的抵制情绪

在笔者的调研和与华裔家庭的互动生活中,屡屡发现华裔青少年的语言态度与其父母对他们华语传承的希望背道而驰。Zhu & Li（2016）的研究指出,在主流文化和语言环境中,移民家庭培养子女的祖语能力往往伴随着不愉快的体验。这种不愉快往往源自家庭语言要求导致的代际冲突,以及父母对子女祖语能力期望与实际表现之间的差距。以下例子凸显了马丽与其母亲对汉语学习态度的鲜明对比：

（3）不认真嘛！看这日记,字写成这样,过分吧！写的什么话嘛：今天 8 点半起床。哎呀,她在国内三年级的时候（叹气）书法还得银奖呢！但你瞧这字！狗爬的一样。（笑）（14 号家庭/马丽母亲访谈,2017/10）

（4）No, it's just because I'm just not bothered. I should, I know I should, but I'm just not bothered.（不想,我觉得好烦。我知道也许我应该多学点汉语,但我还是好烦。）（14 号家庭/马丽访谈,2017/10）

这些华裔青少年（如马丽）对于家长安排的汉语学习,特别是阅读和写作训练,常常表现出抵制情绪。他们经常用"boring（无聊）"、"burden（负担）"或"torture（折磨）"等词来形容他们对阅读汉语书籍或拼写汉字的感受。这种抵触感与他们的个人身份认同、教育背景以及澳大利亚的教育体系息息相关。与那些看重汉语在文化传承和职业发展上重要性的华裔家长不同,青少年们更强调自己的英语身份,并认为英语是获得社会权力和认可的关键。例如,13 岁的马丽对于家长强迫她学习汉语的做法持有异议,她对家长提出的学习汉语的原因（包括其文化、情感和经济价值）不以为然：

（5）Oh heritage. Yeah, heritage and also because you know how China's becoming a superpower and everything, and like stuff, there's going to be opportunities in China. Also, because lots of my Chinese relatives like cousins, aunties, uncles, grandma, grandpa, they don't know how to speak English, so I have to like talk to them. It's a necessary like thing.（知道啊,无非就是什么文化传承之类的。还有

因为你知道中国正在成为一个超级大国，在中国会有很多机会这些说法。还有，因为我的很多中国亲戚，比如堂/表兄弟姐妹、姑姑、叔叔、爷爷、奶奶等，他们不会说英语啊，所以我必须要跟他们说汉语啊。）（14号家庭/马丽访谈，2017/10）

华裔家庭语言价值观的冲突反映了两代人身份建构和教育视野的差异。华裔家长（如马丽母亲）强调中文对于维持华人身份和文化传承的重要性，而马丽等青少年则表示在与华裔同学交流时很少或不使用中文，更强调自己的英语身份，比如"I am more Australian（我更是澳大利亚人）""because my main language is English（我的主要语言是英语）""even my Chinese friends speak English（我身边的中国朋友都说英文）"。对这些青少年来说，英语是获取权力话语和获得同伴认可的主要途径，而汉语或其他语言往往被视为阻碍他们参与学校生活和融入同龄人社交圈的因素。

两代人之间的矛盾也反映了他们在教育问题上的不同视角和经历。与在澳大利亚长大的1.5代华裔相比，他们的父辈似乎更加具有跨国视野。除了关注身份认同和文化根源，他们还重视汉语在中澳乃至国际市场上的流动资本价值，并将其与中国日益增强的政治经济地位联系起来。相比之下，华裔青少年更多地基于他们当前所处的环境和语言权力结构来考虑自己的语言需求。在澳大利亚等主流英语国家，教育体系和话语权威强调英语的优势地位，而汉语的文化传承和经济潜力对他们来说可能显得较为遥远和陌生，他们更倾向于掌握那些能够立即带来社会和教育优势的语言技能。

同时，孩子们对祖语的不重视很大程度上是由学校的"隐形语言政策"和所在国的教育体系造成的。虽然澳大利亚政府的语言政策鼓励发展社区语言，尤其是与澳大利亚经济发展密切相关的包括汉语在内的四种亚洲语言（汉语普通话、日语、印尼语和韩语）（Chen & Zhang, 2014），但这种以英语能力为最终导向的教育体系和评价标准强调英语的优越性，凸显其他语言的劣势。当学校贬低英语以外的语言并实施只讲英语的政策时，通常会导致学生对自己的母语或祖语和族裔文化产生负面态度，并迅速转向英语和主流文化体系（Li, 2006）。

（三）家庭语言政策的不持续性

家长们在访谈中表达了对子女中英双语能力发展的强烈期望，包括对汉语的读写能力和英语在学校的竞争能力。这种期望不仅源自对语言作为沟通工具的认识，更基于中英两种语言在全球化市场中显著的社会经济价值。李珑的母亲的观点在新一代移民的家长中非常有代表性：

(6) 中国是世界第二大经济体。对于我的女儿来说，她需要肩负两个重要任务：她 English（英语）不能掉下，她 Chinese（汉语）也不能掉下。（6号家庭/李珑母亲访谈，2017/7）

这种语言资本论是这一代移民家长明显的价值取向。家长们希望通过双重投资，使下一代获得更好的经济前景和更多的职业机会。对于来自其他少数族裔背景的家长来说，英语能力是子女在教育和就业中竞争力的核心要求（Wang et al.，2023）。而对于看到中国经济崛起的新一代中国移民家长们而言，仅掌握英语已不再足以在日益全球化的市场中保持竞争优势（Wang，2023；Wang & Li，2024）。他们将汉语（普通话）视为一种投资工具，承担着传承中华文化和优化子女职业前景的双重责任。因此，他们希望通过双重投资，使下一代获得更好的经济前景和更多的职业机会。

为了培养孩子在主流西方社会的英语竞争力和未来在中文职场的汉语读写能力，家长们制定了各种祖语维持策略，如家庭的读写辅导计划和社区学校的语言教育。然而，随着孩子们年级的提高，他们发现在主流学科学习和维持汉语学习之间找到平衡变得日益困难或者无法实现。实际上，家长们害怕在汉语上的时间投入会妨碍子女在英语语言及相关科目上的发展，从而阻碍教育目标的实现，比如进入精英学校或赢得奖学金。对于大多数华裔家庭而言，这些具有里程碑意义的考试为四年级的 OC 考试（决定五年级是否能进入更高水平的班级）、五年级的精英中学入学考试（决定是否能进入理想的公立中学）、私立中学奖学金考试（获得免费入学资格），以及 12 年级的 HSC 考试（澳大利亚的大学升学考试）。为了确保孩子获得更直接的教育成功，很多家庭最终选择牺牲汉语的学习时间，优先投入英语和其他被视为回报更高的科目的学习。在本文的 16 个家庭中，有 10 个家庭明确表示为了孩子取得更好的成绩而不同程度（短期或长期）取消了汉语辅导或汉语课程。例如，7 岁时移民来澳大利亚的徐李在澳大利亚的汉语学习经历可以说是很多华人子女的缩影，徐母说：

(7) 在 Year 4（四年级）时停了他的汉语课，全力以赴嘛，准备五年级的精英考试。考完试后，他死活都不肯去汉语学校了。一直到他初中，他在学校弄了个汉语选修课，倒是自己愿意把汉语捡一捡了。他上个 term（学期）跟我说想去上汉语补习班了，但是应该去不了了，他得准备 HSC（考大学）了，得重点补数学啊。（11号家庭/徐李母亲访谈，2017/7）

社区华语学校的教师们（比如老师2）也指出四五年级是中文学校学生流失的第一个高峰期：

（8）家长会停掉孩子很多的课外的科目和活动，汉语则是首当其冲。因为孩子的运动或乐器的成绩都可能为孩子私校的考核而加分，但没有学校会因为孩子的汉语好而优先录取的。（老师2访谈，2021/4）

家庭语言政策和决策并不是简单随意的语言选择，而是在权衡该语言的经济价值、预期产出以及与之相关的教育机会和社会权力等因素下作出的决定（Tannenbaum & Yitzhaki，2016）。这些新移民的中国家庭在教育现实和语言忠诚度之间选择了前者，即目前阶段更"重要"的学科，通常是以英语为教学媒介的学科，而放弃了相对"较无用"的汉语学习。这种分层语言选择反映了根植于当前教育体系中语言之间的权力关系和语言地位的不平等（Curdt-Christiansen & Huang，2021），同时增加了汉语代际传承的难度，进一步削弱了华裔子女语言传承的能动性。

四 澳大利亚华裔家庭祖语维持困境的深层原因

（一）语言价值观的代际差异

语言价值观的代际差异是一个复杂现象，它在华裔澳大利亚家庭中表现得尤为明显。这种代际之间的语言价值观的差异反映了两代人教育经历的不同，以及母国和移居国带给两代人不同的身份认同。

新一代华裔家长成长于中国崛起的背景下，他们目睹了汉语在国际上的地位提升，因此对子女的汉语教育抱有高度期望。对他们而言，祖语传承的信念不仅在于维系家庭和谐和族裔身份的传承，更是承载着阶级向上流动的需求。他们（如邢旦母亲）认为，"汉语将来超级有用，这已经不是一个什么 heritage（传承）的问题了"（13号家庭/邢旦访谈）。这一批华裔家庭认为培养孩子的祖语能力不仅仅是为了日常简单交流，而是为了使他们具备实用的读写能力和对中国文化的理解力，能为子女未来的职业开辟更广阔的空间。徐李的母亲曾说："因为你长大了，你很可能跟中国人打交道，如果你是个公司的高层的话，你要知道中国人是怎么想的，这一点很重要。"（11号家庭/徐李母亲访谈）

然而，在澳大利亚这样一个以英语为主导的社会中，他们的子女从小就受到西方文化和价值观的强烈影响，这导致他们对汉语的需求和认可度较低。他们更关注目前所在的社区环境或主流学校对语言的价值观。他们更倾向于崇尚英语能力，并可能认为汉语在日常生活中的实际用途有限。例如，10岁时移民澳大利亚的吉米表示："我觉得我汉语能认识字，出去点个菜就够了。"（16号家庭/吉米访谈）华裔新生代对待祖语的态度反映了澳大利亚本土文化对他们的同化力。对于在澳大利亚长大的华裔子女来说，英语可能是他们构建个人身份和社会认同的重要工具。他们可能认为掌握英语更能体现自己的澳大利亚身份，而汉语则与他们的父母和传统联系更为紧密。

尽管家庭是母语传承最初的摇篮和最后的堡垒（刘慧，2021），但在主流社会的英语主导下，家庭的努力往往难以抗衡外界的影响，实现双语教育的目标充满挑战。在本文的研究中，两代人的语言态度和价值观存在差异或对立，使得家长在语言传承规划，特别是读写计划的实施过程中面临重重困难和矛盾。这些问题不仅影响了家庭的和谐，也让家长处于费力不讨好的尴尬境地。

（二）语言权力体系的不平等

语言权力体系的不平等在全球范围内普遍存在。在澳大利亚，英语作为主导语言，在政治、经济和文化领域中占据着至高无上的地位。特别是在教育体系中，英语不仅是资源分配的核心，也是评价学业成果的标准，这种地位塑造了一种以英语为中心的教育模式。尽管汉语普通话是除英语以外在澳大利亚家庭中使用最广的语言，但其影响力与英语相比仍有显著差距。这种语言权力的不平等结构，不仅使得华裔子女忽视汉语的文化、语言和经济价值，而且也削弱了华裔父母维持祖语传承的决心，使得众多移民家庭面临失去家庭这一最后的文化堡垒的困境。

家长们在祖语传承上的妥协，虽然看似是出于实用主义的价值观，实则映射出在英语占据绝对优势的主流教育体系中，少数族裔移民群体所遭遇的无奈与生存现状。徐李和邢旦的母亲的话凸显了这一点："我们这种家庭肯定要争取进入精英中学，私立学校费用太高，而普通公立学校又不够好。"（11和13号家庭/徐李母亲和邢旦母亲访谈）华语学校校长和教师的谈话也证实了这一点。他们提到，学生在进入四年级和五年级，即OC考试和精英中学入学考试的冲刺阶段，也是社区华语学校面临生源流失最严重的时期。这种现象不仅体现了中国中产家庭对于社会阶层上升或稳固的追求，同时也是对英语主导地位的一种无奈妥协。

此外，澳大利亚作为一个英语为主要语言的移民国家，吸引了来自世界各地的移民，其中包括大量使用普通话的中国移民。虽然澳大利亚奉行多元文化政策，政府也鼓励多元语言文化的发展，但在实际操作中，英语的主导地位仍然对其他语言和文化产生排他性影响。这些移民在融入主流社会的过程中，往往不得不面对英语与其他语言之间的权力差距，这种差距在教育、就业和社会参与等方面表现得尤为明显。因此，这种政策与现实之间的差距，使得华裔家庭在维持祖语传承上面临更多挑战。

五 新一代华裔家庭祖语传承和海外华语教育的对策建议

（一）实现家庭和社区赋能

为了推进海外华语教育，学者们提出了多项建设性策略，其中包含华人社区的自我赋能和华语的活态传承（刘慧，2021）。曹云华（2020）认为，华语教育的进步应依赖于海外华人自身的力量。这种自我赋能的理念同样适用于澳大利亚的华语传承教育，即如何在家庭和社区层面进行赋能，在"华人家庭、华人社团、华文学校形成'华语传承联盟'，共同维持华语的活力和韧力"（刘慧，2021）。

家庭赋能的核心是提高华语传承的效率和维持语言学习的连续性。尽管华裔家长普遍重视汉语的传承，但在实际操作中，许多家长对于如何在家庭环境中培养孩子的汉语兴趣和提高学习效率感到困惑，导致汉语教育的投入往往未能带来预期的效果。例如，不少家庭（如9、10和11号家庭）使用国内的汉语教材反复教孩子认字，但由于内容枯燥，常遭遇孩子的反抗，收效甚微。然而，也有家长（如1号家庭夏天的父母）通过让孩子阅读各类汉语童书，成功激发了孩子的学习兴趣，并显著提高了阅读识字能力。因此，家庭赋能需要社区及各界的支持，帮助家长在非汉语环境中提高语言管理策略，丰富语言资源，实现高效学习。同时，鉴于很多家长因追求主流教育而放弃汉语课程，如何将汉语学习与家庭当前的教育需求相结合，是持续发展家庭祖语传承的关键。笔者先前的研究中（Wang，2020），有些家庭通过使用国内的数学教材，有效地促进了子女在澳大利亚学校的学科进步，这为结合汉语学习与主流教育需求提供了可行方向。

社区赋能的关键领地是华语学校。作为传承中华语言文化的专业机构，华语学校可以促进华语在家庭和社区中的活态传承，实现华人青少年的增益式双语教育（刘慧，2021）。然而，调研发现华校学生主要集中在低年级（如四五年级以下），随着学生年级提高，大量学生因学业压力退出华校，这也反映出汉语课程设置与澳大利亚升学需求的脱节。为增强华裔子女在澳大利亚教育体系中的竞争力，华校可考虑引入一些可行的课程，这些课程不仅以汉语为教学语言，也符合当地教育体系的重视点，如数学、科学、音乐、体育等。这样的课程设置既能提高学生的汉语能力，也能推动学生在其他学科的发展。研究还发现，多数华校课程面向在澳大利亚出生的学生，而对那些移民较晚、需要深化汉语能力的学生关注不足。例如，邢旦、马丽和吉米等在三四年级后移民澳大利亚的学生及其家长认为社区华语学校的课程过于简单，这是他们最终退出华校的主因。因此，华校需要开发更丰富的语言项目，满足不同汉语水平学生的需求，尤其是那些汉语水平较高的学生。当然，这对华语学校来说是一个挑战，需要提升教学质量，丰富教育项目，需要社会各界的支持、参与和资助。

（二）推动华语教育本土化和产业化

目前，澳大利亚大多数社区华语学校使用的教材源自中国，这些教材虽然包含了许多文化价值极高的经典篇章，但某些内容与澳大利亚的国情和当地华裔青少年的生活现实存在较大差异，难以激发学生的学习兴趣和文化共鸣。同时，华裔学生的汉语水平和语言环境极为多样，这要求华语教育在教学资源和课程设计上必须兼顾汉语的文化属性与澳大利亚的国情。教育设计需要创新，不仅要传播中国文化，还要考虑到不同国家的文化土壤和教育环境，以及学习者多样化的语言能力和兴趣爱好。

华人家庭对文化传承的重视与对汉语资本价值的认可，使得他们将祖语视为一种既能促进语言文化传承又能拓展子女职业前景的宝贵资源。正如惠天罡（2019）所指出，国际中文教育融合了经济和文化价值，形成了其综合的产业价值。因此，国际中文教育可以看作是"集生产、服务、消费为一体的产业化过程"（惠天罡，2019）。华语传承教育作为国际中文教育的关键组成部分，其发展必须兼顾国家战略需求与本土化国情。这要求教育内容和方法须针对学习者的社会及个人需求，同时充分发挥汉语教育的经济与文化价值，以实现在全球范围内的更广阔发展。

（三）创建中英双语学校

在澳大利亚，汉语教学多作为单一的语言课程教授，而非融入学科教育的教学语言，这限制了学生汉语能力的全面发展。为了提升教学效果，可以借鉴如加拿大的英法双语教育和马来西亚的中英双语体制等成功的双语教育模式。这些模式通过将双语融入各个学科，不仅促进了学生双语能力的均衡发展，也实现了对祖语的高质量传承。目前，澳大利亚已有一些受其母语国支持并且与当地主流教育体制接轨的双语学校，如英日、英德、英法等双语学校，但尚未有政府层面的中英双语学校。因此，华语教育的未来发展策略应当考虑在海外建立中英双语学校，这不仅有助于培养均衡的双语使用者，同时更好地服务于海外华语的传承和中国软实力的全球传播。

总之，华语教育的各个方面——无论是教育赋能和模式创新，还是本土化和产业化的推进——都应当重视对教学资源的充分利用、对教学方法的持续创新、对数字资源的深度融合，以及对国家政策支持的积极争取。

结　语

华裔家庭在维持祖语传承过程中面临着多重挑战。主流学校的同化效应导致孩子们迅速从母语转向英语，这使得祖语维持在早期阶段即遭遇巨大屏障。此外，固化的主流语言权力体系加强了华裔子女对英语的认同，导致他们可能抵制汉语学习，严重影响了家庭语言政策的实施和家长对于语言传承的信心。而家长们在追求孩子在英语教育体系中的学业成功与维持汉语能力之间不得不做出祖语妥协，从而使得家庭语言政策难以持续。这些挑战相互交织，凸显了华裔家庭在制定和执行语言规划时所面临的复杂矛盾和困境。

在21世纪英语尚且为绝对强势语言的环境下，且在中国综合国力进一步增强的大背景下，如何有效地赋能华裔家庭和社区、如何推动华语教育的本地化和产业化，如何培养华裔子女均衡的双语能力是当前华语传承教育需要思考的重要问题。此外，还需要提高华裔青少年的语言文化认同，克服其对于自身祖语缺失或退化的合理性认知的局限，例如"英语是我的未来，中文是用来点菜的"这种观念。只有克服这些障碍，才有希望打破华裔青少年双语发展的不平衡现状，真正实现华语代代相传、代代受益的目标，让华语真正成为"全球华人的共同语"（李宇明，2017）。

参考文献

白娟．华文教育中的家庭语言政策驱动机制和影响分析［J］．语言战略研究，2019（4）：81—89.

曹云华．全球化、区域化与本土化视野下的东南亚华文教育［J］．八桂侨刊，2020（1）：3—14+36.

郭熙．海外华语传承的历史经验与国际中文在地化传播［J］．云南师范大学学报（哲学社会科学版），2023（1）：46—55.

郭熙．试论海外华语传承话语体系的构建［J］．语言文字应用，2023（2）：2—10.

惠天罡．汉语国际教育产业化引发的若干思考［J］．语言产业研究，2019（0）：81—90.

李国芳，孙茁．加拿大华人家庭语言政策类型及成因［J］．语言战略研究，2017（6）：46—56.

李宇明，施春宏．汉语国际教育"当地化"的若干思考［J］．中国语文，2017（2）：245—252+256.

李宇明．大华语：全球华人的共同语［J］．语言文字应用，2017（1）：2—13.

刘慧. 柬埔寨华人家庭语言规划与华语传承调查研究［J］. 语言战略研究，2021（4）：29—43.

王春辉. 中文国际教育与传播的九大问题与思考［J］. 昆明学院学报，2023（1）：43—50.

文秋芳. 从英语国际教育到汉语国际教育：反思与建议［J］. 世界汉语教学，2019（3）：291—299.

Alba, R., Logan, J., Lutz, A., & Stults, B. (2002). Only English by the third generation? Loss and preservation of the mother tongue among the grandchildren of contemporary immigrants. Demography, 39 (3), 467-484. https：//doi.org/10.2307/3088327.

Australian Bureau of Statistics 2017. 2016 Census：Multicultural［EB/OL］.［2024-04-10］https：// www.abs.gov.au/ausstats/abs@.nsf/lookup/Media%20Release3.

Australian Bureau of Statistics 2022. Cultural diversity of Australia［EB/OL］.［2024-04-13］. https：// www.abs.gov.au/articles/cultural-diversity-australia.

Bourdieu P. Language and Symbolic Power［M］. Cambridge, England：Polity Press, 1991.

Chen S, Zhang Y. Chinese language teaching in Australia［M］. // X L Curdt-Christiansen, A Hancock. Learning Chinese in diasporic communities：Many pathways to being Chinese. Amsterdam/Philadelphia：John Benjamins Publishing Company, 2014：181-201.

Clyne M. Australia's language potential［M］. Sydney：UNSW Press, 2005.

Colic-Peisker V, Deng L. Chinese business migrants in Australia：Middle-class transnationalism and 'dual embeddedness'［J］. Journal of Sociology, 2019（2）：234-251. https://doi.org/10.1177/1440783319836281.

Curdt-Christiansen X L, Huang J. "Pride" and "profit"：A sociolinguistic profile of the Chinese communities in Britain［J］. International journal of the sociology of language, 2021（269）：47-72. https：//doi.org/10.1515/ijsl-2020-0005.

Curdt-Christiansen X L, La Morgia F. Managing heritage language development：Opportunities and challenges for Chinese, Italian and Pakistani Urdu-speaking families in the UK［J］. Multilingua, 2018（2）：177-200. https://doi.org/10.1515/multi-2017-0019.

Curdt-Christiansen X L. Family language policy：Is learning Chinese at odds with leaning English［M］. // X L Curdt-Christiansen, H Andy. Learning Chinese in Diasporic Communities：Many Pathways to Being Chinese. Amsterdam/Philadelphia：John Benjamins Publishing Company, 2014：35-55.

Fuentes R. Transnational Sri Lankan Sinhalese family language policy：Challenges and contradictions at play in two families in the U.S［J］. Multilingua, 2020（4），475-498. https：//doi.org/10.1515/multi-2019-0077.

He A W. An identity-based model for the development of Chinese as a heritage language［M］. // A W He, Y Xiao. Chinese as a heritage language：Fostering rooted world citizenry. Honolulu：University of Hawai'i Press, 2008：109-121.

Jupp J. The Australian people: An encyclopedia of the nation, its people and their origins [M]. 2nd ed. Cambridge: Cambridge University Press, 2001.

Li G. The role of parents in heritage language maintenance and development: Case studies of Chinese immigrant children's home practices [M]. // K Kondo-Brown. Heritage language development: Focus on East Asian immigrants. Amsterdam/Philadelphia: John Benjamins Publishing Company, 2006: 15-31.

Lo Bianco J. Language policy and education in Australia [M]. // S May, N H.Hornberger. Encyclopedia of language and education. New York: Springer, 2008: 343-353.

Mu G M. Learning Chinese as a heritage language: An Australian perspective [M]. Bristol, UK: Multilingual Matters, 2015.

Piller I. Language and migration [M]. // I Piller. *Language and migration*. London: Routledge, 2016: 1-20.

Romanowski P. A deliberate language policy or a perceived lack of agency: Heritage language maintenance in the Polish community in Melbourne [J]. The International Journal of Bilingualism, 2021 (5): 1214-1234. https://doi.org/10.1177/13670069211000850.

Sevinç Y. Language anxiety as a negative emotion in home language maintenance and development [M]. // A C Schalley, S A Eisenchlas. Handbook of home language maintenance and development: Social and affective factors. Berlin: De Gruyter Mouton, 2020: 84-108.

Shin S J. High-stakes testing and heritage language maintenance [M]. // K Kondo-Brown. Heritage language development: Focus on East Asian immigrants. Amsterdam/Philadelphia: John Benjamins Publishing Company, 2006: 127-144.

Spolsky B. Family Language Policy-The critical domain [J]. Journal of multilingual and multicultural development, 2012 (1): 3-11. https://doi.org/10.1080/01434632.2011.638072.

Tannenbaum M, Yitzhaki D. 'Everything comes with a price…'; family language policy in Israeli Arab families in mixed cities [J]. Language and Intercultural Communication, 2016 (4): 570-587. https://doi.org/10.1080/14708477.2016.1195395.

Venturin B. I don't fit in here and I don't fit in there': Understanding the connections between L1 attrition and feelings of identity in 1.5 generation Russian Australians [J]. Heritage Language Journal, 2019 (2): 238-268. https://doi.org/10.46538/hlj.16.2.6.

Wang Y, Li J. Changing discourses of Chinese language maintenance in Australia: Unpacking language ideologies of first-generation Chinese immigrant parents from People's Republic of China [J]. Frontiers in Psychology, 2024 (14). https://doi.org/10.3389/fpsyg.2023.1259398.

Wang Y, Williams T V, Dube S. Parental emotionality and power relations in heritage language maintenance: Experiences of Chinese and African immigrant families in Australia [J]. Frontiers in Psychology, 2023 (14). https://doi.org/10.3389/fpsyg.2023.1076418.

Wang Y. Linguistic anxiety, insecurity, and fulfilment of bilingual parenting: Emotional complexities experienced by Chinese immigrant families [J]. *OLBI Journal*, 2024 (13): 167-198. https://doi.org/10.18192/olbij.v13i1.6631.

Wang Y. Speaking Chinese or no breakfast: Emotional challenges and experiences confronting Chinese immigrant families in heritage language maintenance [J]. International Journal of Bilingualism, 2023 (2): 232-250. https://doi.org/10.1177/13670069221126043.

Wang Y. The heritage language maintenance of Chinese migrant children and their families [D]. Macquarie University, Sydney, Australia, 2020. https://doi.org/10.25949/19435982.v1.

Zhang D. Co-ethnic network, social class, and heritage language maintenance among Chinese immigrant families [J]. Journal of Language, Identity & Education, 2012 (3): 200-223. https://doi.org/10.1080/15348458.2012.686408.

Zhu H, Li W. Transnational experience, aspiration and family language policy [J]. Journal of Multilingual and Multicultural development, 2016 (7): 655-666. https://doi.org/10.1080/01434632.2015.1127928.

责任编辑：吉晖

【语言与新科技】

互联网时代"文字失语症"的表现形式与对策[*]
——基于豆瓣社群"文字失语者互助联盟"的大数据分析

刘永厚　汪　杉　邹　煜[**]

提　要　随着互联网和社交媒体的迅猛发展，以青年群体为代表的各年龄段网民中普遍出现了"文字失语症"的现象。本研究以豆瓣"文字失语者互助联盟"小组为研究对象，采用大数据分析和深度访谈相结合的方法，系统考察了文字失语者的语言使用困境。研究发现，这一群体在情感表达、场景描摹、文学性词汇运用等方面普遍存在语言表达能力弱化的问题；同时，文字失语者普遍存在对网络用语的过度依赖，催生了语言惰性；此外，该群体语言焦虑问题突出，交流意愿下降。这一系列问题的背后，折射出互联网语言生态失衡以及语言教育缺失的深层次原因。本研究在实证分析的基础上提出了强化网络语言规范引导，完善网络社区生态，开展语言素养教育等多维度治理建议，以期为破解"文字失语症"困局提供参考。

关键词　语言治理；文字失语症；网络语言；语言能力

Manifestations and Solutions of "Digital Dysphasia" in the Internet Age:
A Big Data Analysis Based on the Douban Group "Mutual Aid Alliance for
Digital Dysphasics"
Liu Yonghou　Wang Shan　Zou Yu

Abstract　With the rapid growth of the Internet and social media, a phenomenon

---

[*] 本文系国家社科基金重点项目"服务国家治理的语言舆情监测体系建构研究"（22AYY012）阶段性成果。

[**] 作者介绍：刘永厚，博士，北京师范大学外国语言文学学院教授，博士研究生导师，主要研究方向为社会语言学、应用语言学。汪杉，北京师范大学外国语言文学学院硕士研究生，主要研究方向为社会语言学、计算语言学。邹煜，博士，中国传媒大学媒体融合与传播国家重点实验室/国家语言资源监测与研究有声媒体中心教授，博士研究生导师，主要研究方向为社会化媒体与舆情监测、数字人文与计算语言学。

known as "digital dysphasia" has become widespread among netizens of various age groups, particularly within the youth demographic. This study focuses on the Douban group "Mutual Aid Alliance for Digital Dysphasics," utilizing a combination of big data analysis and in-depth interviews to systematically explore the challenges faced by individuals with digital dysphasia in language use. The findings indicate that this group commonly exhibits diminished language expression capabilities, particularly in emotional articulation, scene description, and the use of literary vocabulary. Additionally, there is a prevalent overreliance on Internet slang, which fosters language inertia. This group also experiences significant language anxiety, leading to a decreased willingness to communicate. These issues highlight deeper underlying factors, including an imbalance in the Internet language ecosystem and deficiencies in language education. Based on empirical evidence, the study proposes multi-dimensional governance strategies, such as strengthening the regulation and guidance of online language, enhancing the ecosystem of online communities, and promoting language literacy education. These recommendations aim to offer insights into addressing the challenges of "digital dysphasia."

Key words Language Governance; Digital Dysphasia; Internet Language; Language Ability

引 言

随着互联网和社交媒体的迅猛发展，网络语言以其独特的表达方式和传播特点深刻影响着人们的语言生活，数字语言生活已然成为语言生活的重要形态。数字语言生活推陈出新，形态复杂多变，语义语用更加细化，拓展了语言生活的空间和场域（戴曼纯，2024）。然而，语言生活的转型也带来诸多问题。伴随着表情包、网络热词、谐音字等网络语言现象的泛滥，以青年群体为代表的各年龄段群体中均出现了"文字失语症"的问题，引发了社会各界的广泛关注（沈爱国、徐汇紫琳，2022）。

"文字失语症"一词源自医学术语"失语症"（aphasia），原指由于脑损伤导致的语言表达或理解障碍（高素荣，2006；Kuzmina & Weekes，2017）。随着数字语言生活引起社会的广泛关注，"文字失语症"这一概念逐渐被引申用于描述网民在语言使用中出现的能力弱化问题（刘远军、陈立瑶，2024）。例如，人民日报发表题为《拒绝"伞兵梗"，更该警惕网络失语症》（钟于，2021）的文章，将过度使用网络语言、语言表达能力弱化称为"网络失语症"。同年11月，豆瓣成立"文字失语者互助联盟"小组，吸引了大量存在语言表达困境的网民入驻讨论。截止到2024年9月，该小组总人数超38万人，反映出文字失语问题的普遍性。

目前，针对文字失语现象的研究主要聚焦于从不同视角对该现象的表现、成因和对策进行初步探讨（方艳等，2023；刘远军、陈立瑶，2024；沈爱国、徐汇紫琳，2022；余斌斌等，2023；张银虎，2023）。然而，现有研究多聚焦于宏观层面，从整体上描述文字失语现象的特点和危害，对文字失语者在具体语言使用中存在的问题尚缺乏系统而深入的实证研究。要精准施策以解决文字失语问题，了解文字失语者具体的语言表达障碍至关重要。

豆瓣"文字失语者互助联盟"小组聚集了大量存在语言表达困境的网民，通过对该小组相关帖子的分析，可以直观而细致地了解文字失语者在日常交流中的语言使用情况。基于此，本文以豆瓣"文字失语者互助联盟"为研究对象，采用大数据驱动的量化分析和质性访谈相结合的方式，了解失语者在哪些方面存在语言表达障碍，倾听失语者的真实声音，并进一步提出应对文字失语问题的建议，以期为语言生活和网络空间治理提供参考。

一 互联网时代"文字失语症"概念界定

作为一个新生概念，"文字失语症"的内涵界定尚未形成广泛共识。方艳等（2023）从语言能力和使用偏好两方面来描述文字失语现象，认为其核心表现为"表达欲衰退与语言组织能力下降，进而产生对网络语言高度依赖与表达困难"。沈爱国和徐汇紫琳（2022）则更加关注语言表达清晰、准确方面的问题，将"文字失语症"定义为"常常张口难言，词不达意，组织语言能力衰退，无法运用语言清楚地表达自己的情绪和观点"的表达困境。余斌斌等（2023）的定义突出了语言使用方式和媒介依赖的变化，认为"文字失语症"指人们"长期受网络环境影响，主动或被动地在网络社交平台或是在社会生活中过度使用网络流行符号进行社交活动，并沉迷其中，逐渐弱化自身语言文字表达能力"的现象。张银虎（2023）则侧重从语用角度分析其影响，指出"文字失语症"导致"言不由衷、词不达意"，进而"影响了代际之间的交流并产生无法弥合的代际间数字鸿沟"。

梳理以往研究可以看出，尽管目前学界对"文字失语症"的内涵表述各有侧重，但基本达成了2点共识：其一，该现象的形成与长期沉浸于网络语言环境密切相关；其二，其典型特征是语言表达的组织能力与准确性的下降。这些共同点实际上反映了学界对"文字失语症"内涵和形成机制的基本认识。

鉴于此，本文在继承已有表述合理内核的基础上，提出以下内涵更加凝练、外延更加明晰的概念界定：互联网时代的"文字失语症"是指个体长期浸染于网络语言环境后，在日常交流中形成对非规范的网络语言表达的过度依赖，以及语言组织和表达能力退化的一种语言使用困境。

在厘清概念定义的基础上，下文将聚焦"文字失语症"的具体表现。通过对豆瓣"文字失语者互助联盟"小组的考察，揭示这一语言使用问题在现实语境中的实际影响，进而思考可能的应对路径。

二　数据来源

本文的量化分析数据来源于豆瓣"文字失语者互助联盟"小组的帖文题目数据。该小组对加入者有严格的认证要求，发帖内容须与文字失语求助相关，禁止发布闲聊、广告等无关内容，且由管理员定期清理不符合要求的帖子，这提升了帖文数据在研究中的针对性与有效性。小组内帖文呈现形式如图1所示。

帖文主题	发帖用户ID	回应量	发帖时间
怎么替换"摆烂"	宋朗辉（影帝版）	31	05-18 1：35
要怎么形容这种感觉啊啊啊啊啊	kid	75	05-15 20：13

图1　豆瓣"文字失语者互助联盟"帖文呈现形式举例

我们获取了该小组2021年1月至2024年5月内的帖文题目数据，包括帖子主题、发帖用户ID、回应量、发帖时间，共计21689条原始数据，通过对原始数据进行系统的清洗与预处理，最终得到了20583条有效帖文。

本文所采集的数据均为豆瓣小组公开发布的帖子，不涉及群组成员的隐私信息。且该小组为公开小组，发帖内容无须注册和审核即可浏览，因此本研究不涉及研究伦理问题。在后续分析中引用原始发帖内容时，我们也对敏感信息进行了脱敏处理，以保护群组成员隐私。

除量化分析外，本文还采用质性访谈的方法，对文字失语现象进行了深入探讨。我们在"文字失语者互助联盟"小组中招募了10位成员进行一对一半结构式访谈，受访者的基本情况如表1所示。

表1　　　　　　　　互联网时代"文字失语症"研究访谈对象信息概况

序号	化名	性别	年龄	入组时长	语言使用现状自述
1	绿云	男	25	半年	惯用网络用语表达感受，感觉自己语言变肤浅、低俗
2	昏枝	女	20	半年	产生强烈或微妙的情感时，无法用达到预期效果的兼具文学性和精准性的语言表达出来
3	Fiona	女	24	半年	遇到特别戳自己的文学或影视作品的时候，感觉一句话都说不出来，整个人都在情绪里面了
4	白鹭	男	27	一年	无法用合适的词表述情感、感受
5	三冬三鱼	女	18	一年半	很多较为简洁的词语或俚语说不出来，脑子一片空白
6	SEVEN	女	29	两年	无法即时表达和描述感受，只能发出语气词
7	水银	女	24	两年	描述事物时常去网上搜索、照抄文案
8	温风	女	43	两年	语言能力下降明显，常常词不达意
9	一潭星	女	26	两年	对于某个事物很难描述准确、清楚
10	冠晓荷	男	31	四年	面对一些印象深刻场景，不知道该用什么措辞

由表1可知，受访者的年龄跨度为18—43岁，入组时长最短为半年，最长达四年。从语言使用现状来看，受访者普遍反映在准确表达情感、描述事物方面存在不同程度的困难。访谈过程全程录音并转写为文本，每次访谈时长约为1小时。

三　豆瓣"文字失语者互助联盟"求助帖文主题分析

（一）词频统计与词云图

为深入分析"文字失语者互助联盟"小组成员的语言使用困境，本文首先对小组内20583条求助帖的标题数据进行了词频统计。图2展示了求助帖标题数据的高频词词云图。词云中，词语的字号越大，表明其在语料库中出现的频率越高，也就意味着小组成员越集中地表达了相关诉求。表2列出了与图2对应的求助帖标题数据中出现频率最高的30个关键词。

图2 "文字失语者互助联盟"帖文题目词云

表2　　　　　　　　"文字失语者互助联盟"帖文题目高频词

单词	词频	单词	词频	单词	词频
描述	2565	文案	225	晚霞	120
形容	1361	阳光	219	日落	107
感觉	1361	月亮	216	路灯	87
表达	1180	代替	216	太阳	82
照片	743	朋友圈	201	时间	82
场景	428	夕阳	199	玫瑰	81
图片	397	心情	178	景色	79
朋友	371	类似	176	地方	74
画面	293	天空	154	城市	73
成语	248	落日	125	意境	73

从图2和表2中可知，从词性上看，"文字失语者互助联盟"帖文题目高频词主要可以分为2大类：一类是"描述""表达""形容"等表征语言行为的动词，另一类是"感觉""心情""照片""场景""图片"等指代语言表达对象的名词。

这些高频词的频繁出现，折射出文字失语者在日常语言表达中遇到的主要障碍和困惑：动词高频词反映出文字失语者在进行语言表达行为时普遍感到困难，或在描述事物特征时感到词不达意；而名词高频词则从内容角度揭示了文字失语者对语言困惑的关注焦点。名词高频词内部在语义指向上呈现出一定的分化态势，其中"感觉""心情"等词汇指向主观感受，而"照片""场景""图片""阳光"等词汇则指向客观物象。这种分化初步反映出，文字失语者在语言表达中遇到的困难，可能既与对外部世界的把握和描摹有关，也涉及对内心情感的觉察和传译。换言之，他们在主客观两个方面都不同程度地经历着"失语"的困扰。

(二) 帖文主题聚类

为深入剖析文字失语者在语言表达方面遭遇的具体困境，本研究在梳理求助帖高频词的基础上，对"文字失语者互助联盟"小组的求助帖进行了主题聚类分析。如表3所示，通过对高频词的语义归类和典型帖文的解读，可以将求助主题归纳为2大类：描述类求助和替换类求助。

表3　　　　　　　　　　互联网时代"文字失语症"求助主题分类

求助主题	子主题	高频词	求助帖文示例
描述类	如何表达抽象情感、心理活动	感觉（1361）、心情（178）、氛围（61）、状态（46）、情感（37）、情绪（30）、	"要怎么形容这种感觉啊啊啊啊" "如何形容对复杂的东西丧失了兴趣" "如何形容遗憾"
	如何描述场景、风景、画面	照片（743）、场景（428）、图片（397）、画面（293）、阳光（219）、月亮（216）、景色（79）、意境（73）	"怎么形容这张照片" "如何形容这片乡村景色" "怎样描述火红落日" "如何形容这美丽的晚霞"
替换类	如何替换网络用语	笑死（36）、yyds（30）、绝绝子（11）、绝了（7）	"如何用书面语表达'笑死'" "用什么代替yyds"
	如何运用成语、古诗词或修辞进行替换表达	成语（248）、诗句（63）、俗语（33）、诗词（34）、比喻（39）、古文（14）	"用什么成语表示'相互交流思维碰撞'" "锦上添花、浓墨重彩寓意的诗句" "用什么来比喻母亲和孩子之间的关系"

描述类求助主要集中在情感表达、景物描摹两个方面。高频情感类词汇"感觉"（1361）、"心情"（178）、"情感"（37）等的集中出现，反映出文字失语者在描述内心情感时常常感到词穷、表意不明。他们往往难以用简练、准确的语言来传达微妙、复杂的情感变化，如"如何形容对复杂的东西失去了兴趣"，反映出个体

情感体验与语言表述能力的错位，难以用有限的词汇传神地再现复杂的内心世界。而高频词"照片"（743）、"场景"（428）、"画面"（293）等的集中出现，则反映出小组成员在描绘真实场景，再现美好意境时面临的窘境。许多求助者试图用文字来再现眼前的美景或难忘的场景，却难以捕捉细节，塑造意境。如帖文示例中的"如何形容这片乡村景色""如何形容这美丽的晚霞"，体现出在描摹意境、刻画美景方面，失语者往往苦于难以找到丰富、生动的语言，最终只能留下空泛、苍白的印象。

与描述类求助相比，替换类求助主要体现为对网络用语的替换需求和对成语、诗词等传统修辞手法的替代性表达诉求。这类求助一方面反映出文字失语者意识到要跳出网络语言的套路，追求更加考究、精准的表达；但另一方面也暴露出他们在运用传统语言资源、驾驭多样化表达方式上的能力缺失。以"用什么代替 yyds"为例，求助者试图用相对正式的词汇来替代网络流行语，折射出他们想要摆脱网络语言依赖的主动性。再如"用什么来比喻母亲和孩子的关系"，则反映出求助者意识到比喻是增强语言生动性和表现力的有效手段，但苦于难以灵活运用隐喻、类比等认知方式来组织语篇或表征抽象概念，其语言思维能力有待提升。

四 互联网时代"文字失语症"的表现形式

文字失语者这一群体的语言表达困境呈现出鲜明的时代烙印。通过对豆瓣"文字失语者互助联盟"小组求助帖的大数据分析，结合对小组成员的深度访谈，本研究发现文字失语者在语言使用中普遍存在以下 3 类问题。

（一）语言表达能力弱化，文学性表达受限

首先，文字失语者普遍感到难以清晰、准确、生动地表达自我，语言表达能力呈现出明显的弱化倾向，集中体现在情感表达、场景描述、文学性表达 3 个方面。

1. 情感表达肤浅化，难以准确传达复杂感受

互联网时代，随着网络语言符号的泛滥，以青年群体为主的网民在情感表达方面陷入了前所未有的困境。对豆瓣"文字失语者互助联盟"小组的求助帖进行分析后发现，"感觉""心情""情绪"等词汇高频出现，情感表达能力的匮乏成为文字失语者群体面临的突出问题。他们难以用恰当的语言来传递内心的喜怒哀乐，细腻的情感体验无法得到充分、准确的言语再现。

这一现象在访谈中得到进一步印证。多位受访者坦言，抽象感受的表达是他们目前语言使用中最大的难题。受访者"冠晓荷"在叙述见证孩子出生那一刻的感受

时表示:"一些细腻情感的表达对我来说最困难……我在产房外面等着,感觉生小孩是一件很伟大的事情,当时就想写点什么,但写来写去只有'宝宝出来以后要对妈妈好一点,要好好爱妈妈'这种肤浅的表达。我其实是个心思细腻的人,后面也想写日记记录,但就是写不出来,不知道该用什么来表达那时候的感受。"

由此可见,面对人生重要时刻涌现的复杂情感,失语者往往无法运用丰富、传神的语言加以呈现。然而,深层次的情感体验既难以言说,也无法被充分感知。正如访谈对象"白鹭"所言:"近些年因为失语,(我)觉得越来越麻木了,因为表达不清,我平时对很多事的评价只是匆忙地用一些语气词带过,我很想多说一点,但像在雾中一样,我不会表达了,同时好像也失去了感受的权利。"可见,语言表达能力的缺失,不仅体现为难以用语言外化主观感受,更深层次地影响了内心情感的感知和意识。语言与思维密不可分,语言和文字是思考的外显结果,而表达的过程反过来也会促进思考的深入。因此,语言能力的退化必然伴随着思维能力的弱化。所谓"文字失语",失去的不仅仅是文字,更是辨析概念、搭建逻辑以进行深度和系统思考的能力。

2. 场景描述能力退化,缺乏细节刻画能力

场景描述能力的退化也成为文字失语者面临的又一语言使用困境。对求助帖文主题的分析结果显示,"照片""场景""图片""画面""阳光"等词的高频出现,揭示出这一群体在描摹意境、刻画景物时普遍感到力不从心,难以用丰富、传神的语言生动再现美景。

访谈对象"SEVEN"的表述进一步印证了这一现象。她坦言,面对旅途中令人心驰神往的美景,她常常"想表达一下对它的描述,但是说不出很细节、具体的描述","当时发表出来的就是'好美',一直都是'真好'或者'真美',然后就没有了"。

由此可见,文字失语者在进行景物描述时,往往难以用细致入微的语言勾勒出景物的神韵和细节,这无疑加剧了语言表达的平庸化、单一化倾向,在一定程度上也削弱了个体感知美、表现美的能力。

3. 古诗词、修辞使用能力下降,文学性表达匮乏

除情感表达和场景描述外,文字失语者在运用古诗词、修辞手法方面也呈现出明显的能力不足。这一点在求助帖文主题数据分析中得到充分体现。如"成语""诗句""俗语""诗词"等与语言修辞相关的词汇频繁出现,这反映出失语者群体对传统语言形式的渴求,同时也揭示了他们在追求文学性表达时面临诸多困难。修辞能力和文学素养的匮乏,已成为制约其语言表现力提升的关键障碍。

一位来自汉语言文学专业的受访者"昏枝"对此现象提出了自己的看法。她坦言，即便作为语言专业的学生，在追求艺术性和文学性表达时也常感困难重重："我们是有语言锻炼机会的，但是我们的学术类作业或论文是要求用比较科学化的语言，追求表达的准确和清晰，遣词造句偏向'死板'。我也很想在表达中追求一些艺术性和文学性，但现在来说有点难……我觉得我周围的同学也常有这样的困扰。"

语言生活应当崇雅崇典，从传统文化中汲取养分，规范、优雅的语言才能有持久的生命力（刘永厚，2022）。在中国语言文化的历史长河中，文学性言语向来受到推崇。运用古诗词、修辞手法装点语言，通过意象和韵律传情达意，是语言表达的重要内容。一个生动的比喻，一句精准的古诗词，往往能给人耳目一新之感。然而，文字失语者常常难以灵活运用丰富的修辞手法来表情达意，导致语言表达趋于单一和僵化。

（二）过度依赖网络语言符号，催生语言惰性

随着网络语言的日益泛滥，以网络用语和表情包为代表的非主流语言符号正逐渐成为年轻群体表达情感和观点的主要载体。这一趋势在求助帖文主题分析中得到了充分印证。"yyds""绝绝子"等网络热词的高频出现，反映出许多网民在日常交流中过度依赖网络用语，试图用这些简洁、新颖的词汇来替代相对正式和准确的表述，从而导致语言表达趋于同质化和肤浅化。访谈对象"SEVEN"也谈到网络用语对日常语言生活的"入侵"现象："（网络用语）是一种粗略的概括，挺暴力的，我觉得。我其实不太想用，但我经常觉得就真的是被绑架了，我自己明明已经是很排斥的了，但是还是有一些词会进入我的生活，进入我的输出里，我平时会用上它们。"

访谈对象"三冬三鱼"对网络用语的泛滥之害有着深刻反思，她坦言："网络用语阻碍了我们深度思考的能力。我要描述一个东西，第一时间想到的就是那些网络词汇。等我把这些词用来描述东西之后，就不会再深入思考了。我到底想要表达什么？我究竟要表达一个什么样的情感和情绪？这种深度思考的能力被剥夺了。久而久之，就像蒙了一层布一样，无法真正意识到自己想要表达的东西了。"可见，网络用语的简洁性虽然提高了信息传播的效率，但也消解了个体在表达过程中反复思量、斟酌字句的过程，导致语言和思维的惰性相互促生，进而影响了语言表达的准确性和深刻性。

任何一个词语的使用都有其特定的语境和语用条件。Baron（2008）较早关注到网络语言对书面语言规范的影响，并在研究中指出，网络交流中不注重语法、句法

规范的习惯易被带入正式书面语言使用中，导致语言质量下降。网络用语作为一种非正式语体，往往带有幽默、夸张等语体色彩，更多地停留在口语层面，且更适用于轻松、随意的交流场合。然而，当前许多网民未能意识到这一点，而是不分场合、不论对象地滥用网络词汇，将本属于亚文化群体内部交流的隐语、俚语等带入正式表达中，造成语用失当，进而影响表达的严肃性和权威性。

更值得警惕的是，许多网络用语已经超出了原本的指称意义，被赋予了更为广泛的内涵（李明洁，2013），这种语义泛化现象使词义日益模糊，难以准确传情达意。以"yyds"为例，该词最初是用来形容在某一领域表现出色的人物，后来逐渐被泛化用于评价各种事物，从而逐渐丧失了原本的内涵（王译，2023）。类似的情况比比皆是，"绝绝子""乌鱼子"（意为"无语"）等用语的使用也呈现出泛化和随意化的倾向，其所指对象和使用语境越来越不明晰。该情况并非汉语中独有，研究表明，英文中广泛使用的流行语"lol"（意为"laugh out loud"）也出现了语义泛化的趋势，由原来指代"大笑"，到如今可以用来表达反话、讽刺，甚至仅仅作为语气填充词使用（Schneebeli，2019）。如此一来，语言表达的模糊性、歧义性日益突出，个体"口是心非"的现象日益普遍。

（三）语言焦虑凸显，表达意愿降低

随着语言表达能力的弱化，文字失语者群体普遍存在语言焦虑问题。他们在面对现实表达场合时，常常感到信心不足，进而影响交流的有效性。

这种焦虑感在访谈对象"绿云"的表述中得到了充分体现："现在语言表达这个事给我心理压力很大，我以前很喜欢写日记，现在我不敢写，因为一写就会让我觉得我不会说话，说不出话，真的很焦虑，而且我每次跟别人发消息前我都要编辑好久，到底我要怎么表达。"

语言表达能力与自我效能感密切相关。语言表达的顺畅与否，直接关系到表达主体能否准确、充分、有信心地传情达意，这是自我价值实现的重要体现。然而，当语言能力无法匹配表达需求时，个体往往会经历挫败感和无力感，对自身的语言行为失去信心，进而对表达产生焦虑和恐惧，陷入自我怀疑和否定的怪圈。

语言焦虑的一个重要后果是语言表达意愿的普遍下降。许多文字失语者为规避表达中的挫败感，宁愿将自己封闭在沉默中，回避表达、交流。正如访谈对象"SEVEN"所言："表达欲变低了很多。我以前还发发微博、朋友圈，现在基本不怎么发了。我就觉得可能是因为我表达太少了，才导致我表达能力下降。"另一位访谈对象"Fiona"也表示："我一开始肯定是想理清楚讲出来的，因为我毕竟，看到一个好作品的时候，我就想把我的那种喜欢表达出来。但是因为它堵着出不来，然

后我就开始摆烂，我就说算了，我不说了行吧。"由此可见，面对表达困境，很多文字失语者选择了自我封闭的策略，进而加剧了语言能力的退化。

这种语言回避倾向在社交媒体的使用上表现得尤为明显。访谈对象"温风"谈道："在微信我现在跟人的交流比较少了，没什么想法，以前还会评论朋友圈，现在最多去点点赞。"访谈对象"水银"也谈道，就算需要联系某人，她也会"用小红书或者用豆瓣搜一下，看大家怎么说，然后我就改几个关键词再发过去，不想自己编辑"。这体现了文字失语者对微信、QQ等需要即时互动的聊天平台存在抗拒心理。他们更倾向于使用朋友圈、微博等单向度传播的平台，借助点赞、转发等非言语手段参与交流，却鲜少通过语言来表达观点、传递情感。久而久之，文字失语者缺乏语言实践的环境，反而加剧了其"自说自话"的习惯，使他们难以适应现实交流中的即时反馈和动态调整，交流信心和表达能力进一步下降，最终导致语用能力的退化。

五 针对互联网时代"文字失语症"的语言治理建议

互联网时代，"文字失语症"问题日益凸显，严重影响了网民的语言表达能力，不仅阻碍了数字语言生活的健康发展，甚至对现实语言生活造成了负面影响，亟须引起社会各界的重视，采取系统的治理措施。针对这一现象，本文提出以下几点治理建议。

（一）加强网络语言规范引导，强化用户语言规范意识

互联网平台应发挥把关人和引导者的作用，积极倡导文明、规范的语言表达方式，抵制网络语言中的低俗、粗鄙倾向。一方面，应建立健全网络语言使用规范，明确禁止使用侮辱性、歧视性等有悖公序良俗的词汇，并纳入平台管理规范予以规制。另一方面，可借助算法推荐等技术手段，对文明、积极、有内涵的优质语言内容予以更多曝光，引导用户形成良好的语言使用习惯。同时，互联网企业应切实履行社会责任，加大网络语言问题的科普宣传力度，提升公众语言规范意识，为营造清朗网络语言环境贡献力量。

（二）完善网络语言社区生态，营造互助互鉴交流氛围

针对文字失语者普遍存在的语言焦虑问题，互联网平台应注重发挥社区的互助互鉴作用，为用户构建相互支持和语言实践的交流场域。应鼓励成立类似于"文字失语者互助联盟""语言爱好者""文字修炼社"等主题社区，组织文学、语言等领域的专业人士和资深用户开展经验分享、技能指导，以解决网民在语言表达方面遇

到的实际困难。另外，可以定期开展"语言学习打卡""每日写作"等趣味性语言实践活动，营造轻松、愉悦的参与氛围，调动网民运用语言的主动性和积极性，帮助其重拾语言表达的信心。平台还可对优质语言内容创作者给予积分、勋章等形式的奖励，以进一步强化其语言实践的内驱力。

（三）开展语言素养教育，提升语言综合能力

从根本上破解"文字失语症"，还需从教育入手，系统提升广大网民特别是青少年的语言综合素养。访谈中，多位受访者不约而同地提到高中毕业后词汇量和语言表达能力骤降的问题，例如受访者"水银"就直言："我的语言能力下降我猜测跟高中毕业之后不上语文课有关系，因为后来大学都是专业课，缺少这方面的输入，离语文很远。"这些反馈揭示了目前我国高等教育阶段普遍缺乏系统的语言文学类课程设置，许多非语言专业的培养方案中，语言表达能力培养课程往往处于边缘化的地位。

对此，教育主管部门和高校应高度重视大学生的语言表达能力培养，将其视为应对"文字失语症"挑战的重要切入点。一方面，应重视并加强大学语文等相关课程的设置和教学质量，确保为更多专业的学生提供系统的语言能力训练。对于尚未开设此类课程的院校，可以考虑将其纳入通识教育课程体系。另一方面，还可开设写作、口才、文学鉴赏等多样化的选修课，满足不同专业学生提升语言文学素养的需求。同时，高校还应充分利用第二课堂资源，广泛开展诗词创作、演讲辩论、读书分享等语言实践活动，创设丰富的语境，在实践中提高学生语言运用能力。

结 语

本文以豆瓣"文字失语者互助联盟"小组为研究对象，采用大数据分析和深度访谈相结合的方法，揭示了互联网时代文字失语现象的多重表现形式。研究发现，这一群体普遍存在语言表达能力弱化，过度依赖网络语言符号，语言焦虑突出、表达欲下降等问题。"文字失语症"的背后反映出互联网语言生态失衡以及语言教育缺失等深层次问题。

数字时代的语言治理关乎国民整体语言素养的提升和中华优秀语言文化传统的传承。面对互联网时代的种种语言乱象，我们既要意识到问题的紧迫性，更要保持战略定力。破解"文字失语症"困局，需要多方协同发力、标本兼治。互联网平台应加强网络语言规范引导，强化用户语言规范意识，完善网络语言社区生态，营造互助互鉴的交流氛围。教育部门和高校则应高度重视大学生语言表达能力培养，开

设丰富多样的语言实践课程，提升学生的语言综合素养。如此方能实现网络空间与现实世界的良性互动，推动语言生活健康发展，为培育时代新人、构建社会主义文化强国贡献力量。

参考文献

戴曼纯. 数字时代的语言生活及其研究［J］. 外国语（上海外国语大学学报），2024，47（1）：17—25.

方艳，王鑫云，刘兵. "网络失语"的生成机理与症候之治［J］. 新闻前哨，2023（24）：4—5.

高素荣. 失语症［M］. 北京：北京大学医学出版社，2006.

李明洁. 作为流行文化的流行语：概念与特质［J］. 武汉大学学报（人文科学版），2013，66（1）：113—118.

刘永厚. 通称·变迁·规划——汉语称谓综合研究［M］. 北京：知识产权出版社，2022.

刘远军，陈立瑶. 归因·困境·转向：互联网时代文字失语的亚文化症候［J］. 新闻世界，2024，（1）：17—20.

沈爱国，徐汇紫琳. 文字失语症：互联网时代语言表达困境分析与对策［J］. 传媒评论，2022，（12）：44—46.

王译. 应对泛娱乐主义思潮对青年精神生活的解构［J］. 中学政治教学参考，2023（35）：89—93.

余斌斌，叶志伟，张谷香. 简析网络"文字失语症"的成因与对策［J］. 极目，2023（1）：27—31.

张银虎. "文字失语症"的网络动因、心理表征与亚文化症候［J］. 新闻传播，2023（13）：31—33.

钟于. 拒绝"伞兵"梗，更该警惕网络失语症［N］. 人民日报评论，2021-9-6.

Baron N S. Always On：Language in an Online and Mobile World［M］. Oxford：Oxford University Press，2008.

Kuzmina E, Weekes B S. Role of cognitive control in language deficits in different types of aphasia［J］. Aphasiology，2017，31（7）：765-792.

Schneebeli C. The meaning of LOL：patterns of LOL deployment in YouTube comments［C］. ADDA 2-Approaches to Digital Discourse Analysis，2019.

责任编辑：罗恬颖

中国政务新媒体的机构语体性质[*]

宋 晖 王玉红[**]

提 要 中国政务新媒体兼具新媒体和传统媒体的部分特征。政务新媒体与纸媒标题在构成、形式和语法语义等方面均有差异。作为政府和群众沟通的桥梁,政务新媒体更多地承担了服务功能。这就要求政务新媒体增强编读互动,对读者的留言主动、及时反馈。同时,在交际策略上,发布者需要考量语言选择、共情效应和语用表达等因素。政务新媒体的发布人具有机构属性、角色固定和话语发布目的唯一等特点,其语体应明确归为机构语体。

关键词 政务新媒体;语体;标题;回应;机构语体

On theInstitutional Language Style of the New Media of China's Government Affairs
Song Hui　Wang Yuhong

Abstract The new media of China's government affairs combines the characteristics of both new media and traditional media. The headlines in new media are different from those in print media in terms of composition, form, grammar and meaning. As a bridge for communication between the government and the public, the new media of government affairs has taken more responsibility in providing services. This requires the new media of government affairs to enhance the communication between readers and editors, and provide feedback to readers in an active and timely manner. In addition, publishers need to take communication strategies such as diction, empathy effect and pragmatic value into consideration. The new media of China's government affairs have institutional functions, plays fixed roles, and hold unique discourse dissemination purposes. Therefore, their discourse

---

[*] 本文系国家社会科学基金重点项目"语言与媒介互动视阈下当代汉语创新演变研究"(23AYY008)的成果之一。

[**] 作者介绍:宋晖,博士,北京第二外国语学院文化与传播学院教授,主要研究方向为社会语言学。王玉红,华中师范大学文学院教授,主要研究方向为汉语语法学。

style should classified as institutional language.

Key words New Media Of China'S Government Affairs; Style; Headline; Response; Institution Language

引　言

政务新媒体是在移动互联网语境下产生的一种语言载体，兼具新媒体和传统媒体的部分特征。美国政府2012年发布《公共部门社交媒体指南》，该指南旨在帮助公共部门在自己的组织内顺利制定有效的新媒体战略和政策。其中提到一个非常有意思的案例，在沟通的向性问题上，"尽管政府部门已经熟练地在特定渠道方面为许多领域提供信息，但基本上仍然是单向沟通流。就像在纳税过程中民众与政府强制性互动。根据众所周知的时间表，公民提交纳税申报表，支付欠款，也许还有罚款，同时政府也会发放退款。但建立额外的、局部的、双向的沟通机会（如在公开论坛中征求关于改进发布税务法规）可以提高民众对政府的认识，以及信息透明度"（Mergel, I. &Greeves, B, 2012）。这种双向沟通，在政务新媒体上可以得到很好的实现。美国的政务新媒体主要体现在推特的发布上，无论是联邦还是地方层面，推特在对话信号传递、对话议题框架、对话的节点选择以及对话形式与目的等方面都起到了巨大作用（杜明曦、侯迎忠，2020）。

中国政务新媒体数量庞大，矩阵化特征明显。据第47次《中国互联网络发展状况统计报告》，截至2020年12月，我国共有政府网站14444个，政务微博约140837个，政务头条号82958个，政务抖音号26098个。据第49次《中国互联网络发展状况统计报告》，截至2022年2月，我国共有政府网站14566个。据2023年3月发布的第51次《中国互联网络发展状况统计报告》，截至2022年12月，我国共有政府网站13946个，经过新浪平台认证的政务机构微博为14.5万个，我国31个省（区、市）均已开通政务微博。2022年，政务小程序数量达9.5万个，同比增长20%。

政务新媒体数量庞大，且在语言表现上有别于其他媒体，从国家治理以及应用语言学的角度来看，其涉及的语言问题具有领域语言学特征。在新时代语境下，如何在学理上深刻认识政务新媒体，使政务新媒体的言语交际活动既符合语言自身的发展规律，又有创新性和灵活性，是一项崭新的课题。政务新媒体涉及政务和媒体属性，目前研究多归囿于管理学和新闻传播学领域，从语用学角度展开的研究不多。而中国政务新媒体的蓬勃发展，有赖于研究者对其语体性质和语体特点进行刻画和思考。

一 政务新媒体的语体特点

政务新媒体是一种工作目的的媒体,由政府部门开发并形成,在中国主要体现为"两微一端"(微博、微信和新闻客户端),在欧美可体现为个人推特发布政务信息。从语体学的角度看,政务新媒体使用语言的语体尚未有明确归类。从其产生看,是政府为了满足政务沟通的需要而采取的一种信息发布模式,这就构成了其在公务活动的交际领域进行公务信息公布时,表达手段和形式多种多样。同一内容,可以通过报纸、函件、告知等不同方式表达。这符合语体的一般特征,即语言使用中的一种功能有多种实现形式。语体是运用民族共同语的功能变体,是适应不同交际领域的需要所形成的语言运用特点的体系。语体的构成可明确分为语言要素和非语言要素,其中语言要素主要分为词语、句子和辞格要素。非语言要素包括副语言、体态语以及符号、表格、图形、公式等(袁晖、李熙宗,2005)。政务新媒体作为一种语体既符合以往的一般看法,但也必须认识到政务语体作为一种特殊的语体,其在语言要素层面有诸多特点,尤其是在标题和回应上。

(一)凝炼标题的个性

政务新媒体具有新媒体的一般通性。移动互联网背景下海量信息充斥,媒体必须要用最短的时间抓住读者,这要求信息发布者有必要把标题要素作为发布的一个重要环节加以考量。

除少数情况必须采用语音播报外,政务新媒体多采用书面形式呈现内容,这与书面语体的严谨性有关,同时这对微博的话题设置、微信的标题选择也提出了较高要求。好的标题可以提高阅读兴趣,这是不争的事实。我们有必要把"标题党"和"好标题"区分开,前者常被称为点击诱饵(clickbait)。"你可以忽悠读者进来,但一定不能忽悠他转发"。由于"标题党"具有显著的欺骗性,所以,注定要被读者唾弃。后者是经过锤炼的、生动鲜活的标题。笔者根据自身运营自媒体的经验认为,在"微时代",衡量标题的好坏,可以通过微数据中的"分享"做出简单判断。标题是微内容生产的眼睛,眼睛漂亮与否直接影响内容的整体呈现,所以,我们必须要"描眉画目",要"粘睫毛""纹眉毛"。微内容标题创作有4种策略,即数字类标题、悬疑性标题、评价性标题和穴点式标题(宋晖,2015)。结合"分享"指数,我们用以下图表做简要例证,见图1。

图1是某公众号的月分享指数,包括分享次数(上曲线)和分享人数(下曲线),两者呈正比例分布,分享人数一定比分享次数低,因为分享人可以分享多次。

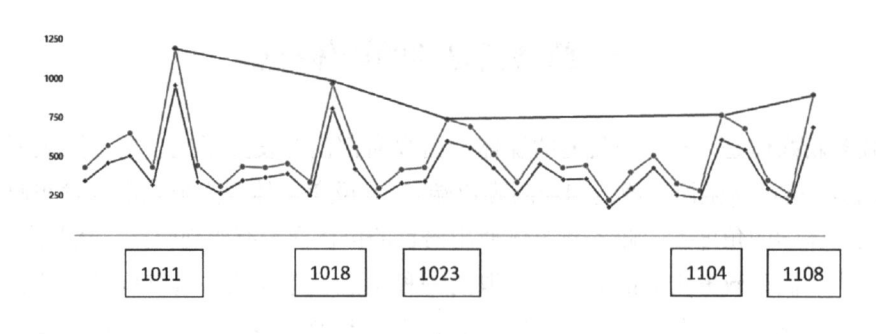

图 1　某公众号的月分享指数（2020 年 10 月 9 日—11 月 8 日）

我们选取分享次数的 5 个高点，并摘出这 5 个高点的文章题目，见表 1。

表 1　高点文章题目

日期	高点文章题目
10 月 11 日	北方人天天挂嘴边却不会写的 26 个字，你认识几个
10 月 18 日	为什么中国人要讲方言？这是我听过最好的答案
10 月 23 日	用热水烫猫的那个人，你可知道猫咪的叫声有多惨！猫咪有 19 种叫声，来自人猫沟通学的研究
11 月 4 日	这些热词，你知道几个？李姓消费、琦乐吾穷、马已今服
11 月 8 日	川普拜登相争中的高级段子手

表 1 呈现的是高点文章题目，我们发现有的题目实际上包含了两种题目创作策略，如 10 月 11 日的题目包含数字和悬疑策略。10 月 23 日的题目包含数字和评价策略。10 月 18 日和 11 月 4 日的题目符合悬疑策略。11 月 8 日的题目符合穴点策略，因为当时美国正在进行总统大选。所以，为了广泛地传播，一般的新媒体在标题设置上通常会有意无意地利用上述策略。

政务新媒体因其带有官方性质，在标题设置上不可能像一般新媒体那样"任性"，但与传统媒体仍有明显的形式区分。政务新媒体的标题设置"凝炼标题"特点突出，语用学和修辞学的相关理论为其提供了理论维度。在"炼题"的策略上，既要符合"质"的准则，又要"修辞立其诚"，也就是说在"保真"的前提下，适当的修饰或者雕琢是"炼题"必要的选择。具体到如何设置标题，我们首先强调的是重要信息前置，按照语用学一般原理，句子的自然焦点也就是要表达的新信息通常是出现在句尾的。那么，重要信息前置，一定是发布者有意为之。王建华等（2020）比较政务微信和政务微博发现，"浙江发布"微博多数会提供标题性质的第一句话，格式上以中文中括号括起来，但因为微博通常短小精悍，属于碎片化信息，一般第一句话将全文主题提示出来，不需要特别长，而且微博打开后，如果不是长微博就可以看到全部内容，自然不需要对起标题作用的第一句做特殊考虑。与此同时，在对微信标题进行观察后，提出一个假设，"因为不知道接受主体能看到多少标题文字，那么，对于表达主体而言，仅可确定的是，越短的标题越有可能完整呈现，标题中越靠前的部分越有机会被接受主体看到，所以，短标题以及重要信息放在标题起始部分是最佳的选择"。这里我们不妨提出一个策略，政务新媒体的标题设置首先要处理好信息焦点突出与信息完整的关系问题，但究竟应该如何操作，因为微博和微信的发文策略是经常调整的，这需要发布者根据实际情况做出灵活调整。

政务新媒体的内容往往是配合纸媒发布的，由于媒介性质的不同，其标题必然不能既适应新媒体又适应传统的纸媒。两者的差异主要表现在构成、形式和语法语义等方面。

构成差异。政务新媒体的标题通常只有主标题一种构成方式。纸媒的标题可由引题、主标题和副标题构成。构成上的差异导致政务新媒体的发布者在题目凝炼上必须首先要考虑符合语言经济性原则的标题，这与上文所言的信息焦点突出具有一致性，在操作上即使是重点信息，也要有所取舍。纸媒标题则有较大调整空间，发布者既可以采取循序渐进的策略，也可以采取重点突出的策略，可以做到有效信息不损耗，同时兼顾高屋建瓴与接地气。

形式差异。纸媒标题的形式在相当长的语体化过程中形成了自身的特点。题文合一，这就使题目可长可短，有一定伸缩性。在移动互联网语境下形成的政务新媒体题文分离，内容一般是通过超链接的形式打开，题目受技术和版面的限制，不可能太长。颜晓尹（2018）研究《人民日报》所辖的媒体特点发现，传统报纸最长的新闻标题有106个字符，人民网最长的新闻标题有70个字符，微博最长的新闻标题有66个字符，微信最长的新闻标题有37个字符。传统报纸媒体每条新闻标题的字符平均数为12.5个字符，人民网新闻标题的字符平均数为19.5个字符，微博发布的新闻标题平均字符数为16.5个字符，微信发布的新闻标题的字符平均数为25.5个字符。新媒体的新闻标题长度一般长于纸媒的新闻标题。观察字符的长短差异，我们可以判断新媒体是尽可能将信息最大化展现给读者，即使读者不点开看内容，也可起到浏览的作用。

语法语义差异。纸媒的标题虚实结合。政务新媒体的主标题可以从纸媒的引题、主标题和副标题中凝炼，通常是实题。主标题需要精细化提炼，重点信息可以采用倒装句式。在词语选择上"多实少虚"。但微信的主标题过于简短，受话人往往会忽略发话人的交际意图，如果没有特殊交际目的，很难关注副标题，或者打开文章寻求对标题的内容支撑。颜晓尹（2018）注意到新媒体和传统纸媒上都普遍存在的A：B句式。传统纸媒上的新闻标题倾向于使用A为地点场所的句式，这符合传统报纸强调突出新闻事件发生的地点。《人民日报》的标题很少使用有鲜明感情色彩的句类。人民网上疑问句的使用比例多于《人民日报》。《人民日报》微博和微信的新闻标题更为自由，句类使用不拘。

除此之外，政务新媒体和社会语境还有相互影响的关系，"由虚变实"。新媒体使用网络语言或者把一些基础词汇"升格"为热词或者"语体"也是比较常见的，比如2017年6月新华社发布的"刚刚"标题的文章，随后迅速形成"刚刚体"。

（二）回应民声的主动性

政务新媒体作为政府和人民群众沟通的桥梁，承担了更多的服务功能。对读者的留言，尤其是质疑或询问等留言不能置之不理。回应民声必须成为政务新媒体运营的应有之义。

与传统媒体比较，政务新媒体回应民声有时间上的优势。及时响应民声，是政务新媒体的突出特点。在自媒体时代，"人人都有麦克风"。政务新媒体不仅要第一时间出现在"质疑"面前，同时还要利用新媒体矩阵、融媒体优势引导舆论。周伟（2018）指出，信息传播的即时性与互动性突出表现为网络舆论生成与传播的迅疾性。政府回应行动迟缓往往造成网络舆论的进一步扩散与蔓延，甚至引发网络舆情危机事件，这就对政府回应速度提出了更高的要求。2017年9月1日，在上海发生的"警察绊摔事件"舆情之后，上海市公安局和松江分局的微博、微信都做到了及时性的"黄金反应"，对社会关切迅速反馈，从事件发现，到上报研判，再到"发布"处理意见仅用了3小时左右。可以说，舆情应对的时间从微博时代的"黄金4小时"发展到微信时代的"黄金1小时"。

与非政务新媒体比较，政务新媒体回应民声要主动作为。最主要是体现在直接反馈上。读者留言与言语交际学中的"话轮"有相似的地方，都属于反馈。只要说话人仍有交际目的，就需要继续下一话轮。对受众意见，要主动出击，切忌视而不见。本奈特和恩特曼（2011）具体区分了民众意见、活跃的公共意见、潜在的公共意见和感觉到的多数。不管是哪一类，只要读者留言中带有质疑或询问的语气，就是期待发布者有所响应。涉及大多数受众的问题或者同一类问题，更要及时反馈。发布者回应后，往往可以通过一些技术手段，如置顶方式达到普遍告知的语用目的。

释放民意也是政务新媒体语体上的一个重要特点。"防民之口，甚于防川。"民意"能疏则不堵"，周伟（2018）强调，回应方式双向沟通，不能只是政府意志单向灌输，回应是政府与社会双方的互动关系，信息输入与输出的平衡，应建立政府与网民的对话与交流机制，实现网络信息输入与输出的平衡。只有在不断地对话与交流中才有可能消除疑虑、增进认同、达成共识。"警察绊摔事件"的舆情处理可作为典范个案，当留言或评论无法一一回复，切忌关闭留言，将一些有代表性的留言筛选后释放出来。释放留言的行为就可视为与受众互动。上文提到的"上海发布"的微信发出后，阅读量迅速破 10 万，同时获得了数千次点赞和评论。这种案例分析对政务新媒体实践极具参考价值。不同视角的留言放出后，前四条的点赞都在 2000 次以上。以往有一个非常值得商榷的观点，即"微时代，发布就认同"，我们认为要人人心中有杆秤，公道自有分说，准确地说，"微时代，点赞即认同"。

回应上的言语交际策略需要更多管理智慧。按照交际主体的群聚方式，言语交际模式可分为"一对一"和"一对多"两种情况，所谓"一对一"就是由一个言语交际主体对一个言语交际客体。所谓"一对多"就是由一个言语交际主体对多于一个的言语交际客体。如果不特殊说明，我们通常会默认言语交际模式为"一对一"。政务新媒体属于典型的"一对多"的情况。如何在与受众的交际过程中实现良好互动，答疑解惑，纾缓民意，必须要对这种模式的言语交际策略加以深入研究。

语言选择上需要更多的学理支撑。"见什么人说什么话，到什么山唱什么歌"，选择合适的语言形式进行交际并非易事。2011 年甬温动车相撞事故发生后，针对记者的疑问，时任铁道部新闻发言人王勇平回答"至于你信不信，我反正信了！"公众认为这是一种语言傲慢，学界至今未从学理上进行解释。这类句子，在复句研究领域有定论，属于一种典型的让步复句，具体而言是无条件让步复句，这种复句的一个重要特点就是后小句表示的"结果"不因前小句中条件的变化而变化。说话人在语气上也不容置疑。由此，我们提出，在政务新媒体的回应中，使用让步复句，尤其是无条件让步复句和忍让类让步复句时要特别谨慎。除此之外，反问句的使用也是如此。反问句实际上是对对方的问题质疑或者否定，消解掉了对方的疑问，使对方的言语交际活动无效。当然，对于言语交际策略的研究还远远不够，我们也只是抛砖引玉，姑妄言之。

努力实现共情效应有助于帮助政务新媒体彰显话语温度。每个人在社会中都有不同的角色，随着语境的改变，话语角色也会改变。作为政务新媒体的发布者可以通过角色转换，实现与受众拉近话语距离的效果。不要让权力成为人际关系的延长线。"在机构语境中，角色间存在明显的权力不对等的关系"（代树兰，2007）。这种不对等，有可能成为言语交际的障碍。作为政务新媒体发布者要设身处地，从对方的角度考虑问题，这有助于和谐社会的发展。语言是人类最重要的交际工具。语言也是共情的"利器"。社会语言学有一个经典案例，有一个尼泊尔商人被印度海关查没违禁品，尼泊尔商人听出海关官员说的是他的家乡话，于是用家乡话与之攀谈成功过关。"老乡见老乡，两眼泪汪汪"，实际上就是"共情"。

除此之外，政务新媒体发布者要极力避免"官话体"。2015年1月哈尔滨市仓库发生火灾，哈尔滨市公安局政务微博回应网民关切时发布了585个字的信息，"领导高度重视"占258个字。这种"高度重视体"恰恰是政务不自信的表现。周伟（2018）认为，政府的回应要做到实事求是地公开信息，不能因为政府利益或部门利益实行信息封锁、"以谣辟谣"，应向社会公众提供真实信息，满足公众知情权，赢得公众的理解与支持，提升政府公信力，增强政府话语影响力。客观全面公开事实。回应话语专业亲民，不能简单粗暴地说教。

公众不愿听到官话、套话和大话。因此，基于事实做出的回应，清新、接地气的语言，才是最容易被公众接受的。实际上，政务发话主体怎样构建一个良好的互动氛围或者空间，主要还是表现在语言载体的呈现方式上。王建华等（2020）发现，政务发话主体多以隐喻亲缘关系的称谓词，营建政务受话主体的温暖情感，以各类表情包打破现实中自身的权力身份，实现与受话主体的共情化。在政务话语的语用表达上，权威重要信息采用图文并置的微叙微说方式，政务话语的多模态组合在追求庄重的同时适度俗化。

政务新媒体本身的权威性质与清新接地气的语言并不矛盾，拿腔拿调不仅是远离人民群众的表现，同时也是造成交际主体间隔阂的人为动因。

二 政务新媒体的机构语体性质

（一）机构语体的定义

机构语体是一个衍生概念，是机构话语的语体化。机构话语是指"发生在机构语境中的交流活动，它具有明确的与机构相关的交际任务，参与者中至少有一方是具有机构背景的专业人员，具有代表该机构的身份特征……机构话语的机构性不完全取决于场地，还取决于交际者的职业身份和职业背景在交流中的体现。"（Drew &Heritage, 1992）政务新媒体的话语完全符合这一定义，在其语体化的过程中逐渐形成了自身的特点。

1. 发布人具有机构属性。政务新媒体的发布人一定是代表政务机构的公职人员。其发布人的身份特征是政务机构的角色常量，这种角色常量是一把"双刃剑"，使政务新媒体具有权威性，而一旦出现"话语危机"，又会触发政府深陷"塔西佗陷阱"。

2. 发布人的角色固定。发布人具有公务身份特征，角色固定。无论是在幕后的运营者，还是走上台前的发言人，都是被标签化了的。"你不再是你，你是机构"。媒体所展现的是一种遥远的和抽象的力量，对于大众，如果这种有力量的媒体不能贴近他们日常生活经验的话，人们是不愿意给出绝对的表扬的。当人们想到媒体的时候，他们最有可能联想到的是有一个有权力的机构，它在社会中所扮演的角色，什么样的人为他工作，而不是想到某个具体的报纸、电视节目或是某个新闻故事（Schneider & Lewis，1985）。在言语交际过程中，发布人天然具有了角色常量中的强语势地位，语势压力的传导性不言而喻。

3. 话语发布的目的唯一。政务新媒体实现的目的具有唯一性，即政务语用，政务新媒体就是在机构和民众之间建立一座桥梁，实现单向发布，双向互动。西方学术界根据言语交际主体的性质，将话语主体间结构分为3个领域：（1）某一特定机构的话语；（2）不同机构间的话语；（3）机构人员与大众之间的话语（转引陈丽江，2007）。政务新媒体属于第三种，即机构人员与大众之间的话语。无疑这是一种特殊的语言实践。而"语言可以通过两种方式进行概念化，即在系统或结构中实现，或作为话语在沟通实践交流中实现。"（Linell，1998：3）政务新媒体的发布是为了实现主体的交际意图，同时在实践中争取得到受话人积极反馈。

(二) 惯例化的表达方式

惯例化主要指政务新媒体具有权威性，在信息发布时受到制度规约。政务新媒体话语具有政治话语和新闻话语两种特征，其发布目的主要是代表政府对外传递相关决策或者活动信息，其政治机构话语性质比单纯的新闻机构话语性质要突出。"为人民服务"首先是要用人民的语言和人民对话，而不是"居高临下"，甚至"盛气凌人"。服务型政府必须要用人民喜闻乐见的沟通方式表情达意，任何晦涩、冠冕堂皇的话语都会有损政府形象。政务新媒体发布的话语，与其他话语相比具有不同特征。政务新媒体发布人（言者）的话语行为属于公务行为，言语交际模式是一对多，影响大。所以，要针对这种公务发布行为制定严格的发布审核制度，每步审核必须有踪可循，有迹可查，有源可溯。

政务新媒体发布人使用规范的语言文字。严格遵守《国家通用语言文字法》第二章第九条之规定：国家机关以普通话和规范汉字为公务用语用字。发布人的个人语言风格不应被关注或者放大。由于政务新媒体的机构语体性质赋予发布者特定的话语角色，其语言风格即代表机构话语风格，其个人语言风格对机构话语可能产生强化或者弱化作用，这都是需要尽量规避的。

结　语

作为政府和群众沟通的桥梁，政务新媒体的服务功能定位清晰，是政务新媒体实践操作的逻辑起点，这必然要求发布者增强编读互动，对读者的留言主动、及时反馈。在交际策略上，发布者需要考量语言选择、共情效应和语用表达等因素。政务新媒体的发布人具有机构属性、角色固定和话语发布目的唯一等特点，其语体也应明确归类为机构语体。

政务新媒体的语用学视角切入虽然已经迈出了重要的一步，但我们认为该领域还处于理论草创阶段，话语体系（话语结构、话语角色等）、研究方法、基于大数据的政务舆情监测、大规模的语料库建设都值得进一步加强并深入研究，尤其是对文本的分析亟待开展，文本的语篇研究、"两微一端"的语体差异性研究、言语交际的策略问题以及不同政务主体的对比研究都需要形成有共同学术旨趣的研究团队攻坚。

参考文献

本奈特，恩特曼. 媒介化政治：政治传播新论 [M]. 北京：清华大学出版社，2011.

陈丽江. 文化语境与政治话语 [D]. 上海外国语大学，2007.

代树兰. 电视访谈话语研究 [D]. 上海外国语大学，2007.

杜明曦，侯迎忠. 美国地方政务新媒体在危机传播中的应用启示——基于飓风"佛罗伦斯"期间政务推特信息的实证分析 [J]. 新媒体与社会，2020（1）：365—383.

宋晖. 微内容生产的传播语境观照 [J]. 新闻研究导刊，2015（12）：6—7+22.

王建华等. 政务新媒体语言表达模式建构研究 [M]. 杭州：浙江大学出版社，2020.

颜晓尹. 新媒体和传统纸媒新闻标题语言对比 [D]. 上海外国语大学，2018.

袁晖，李熙宗. 汉语语体概论 [M]. 北京：商务印书馆，2005。

周伟. 自媒体时代网络舆情政府回应困境与消解路径 [J]. 情报杂志，2018（4）：100—105+99.

Drew, P. & Heritage, J. *Talk at Work: Interaction in Institutional Settings* [M]. New York: Cambridge University Press, 1992.

Linell, P. *Approaching Dialogue: Talk, interaction and contexts in dialogical perspectives* [M]. Amsterdam: John Benjamins Publishing Company, 1998: 3.

Mergel, I. & Greeves, B.. *Social Media in the Public Sector Field Guide: Designing and Implementing*

Strategies and Policies［M］. San Francisco：Jossey-Bass／Wiley，2012.

Schneider, W. & Lewis, I. A.. Views on the News［J］. *Public Opinion*，1985（4）：10.

责任编辑：吉晖

【博硕士新视点】

涉老纠纷调解话语中的老年人面子维护策略分析[*]

李双双　黄　萍[**]

提　要　随着中国人口老龄化进程的不断加快，老年人口比例日益增加，经济社会生活领域中的涉老纠纷也越来越多，调解成为处理涉老纠纷的重要方式。然而，老年人受我国社会面子文化的影响，在参与调解活动时对维护面子的需求更加强烈。本文以 Brown & Levinson 的面子维护论为理论基础，以调解过程中有老年人参与的言谈互动为研究语料，重点从调解员和老年人自身两个角度出发来探讨如何维护老年人的面子，运用定性和定量相结合的方法进行分析和讨论，对于改善老年人的调解体验，提高调解过程的效率以及转变社会对老年人的固有印象具有一定的参考价值。

关键词　老年语言学；涉老纠纷；调解话语；面子维护

An Analysis of Face-Saving Strategies for the Elderly in Dispute Mediation Discourses
Li Shuangshuang　Huang Ping

Abstract　With the acceleration of China's population aging, the population of the elderly is increasing, and there are more and more disputes involving the elderly in economic and social life. Mediation has become an important way to handle disputes involving the elderly. However, the elderly, who are influenced by Chinese culture of face saving,

---

[*] 本文系国家社科基金"多模态语用学视域下的老年人维权会话行为与语言服务提质研究"（24BYY156）阶段性成果；2021年度中央支持地方高校改革发展资金人才培养项目（青年骨干项目）"面向语言服务提质的老年维权语用能力研究"阶段性成果。

[**] 作者介绍：李双双，中山大学国际翻译学院博士研究生，研究方向为语用学、功能语言学。黄萍，黑龙江大学外国语言文学学院（区域国别学院）教授，博士研究生导师，研究方向为语用学、法律语言学。

have stronger needs to maintain their own dignity and face in disputes. This paper adopts Brown & Levinson's face-saving theory to analyze the verbal interactions involving the elderly in the mediation process with the aim of understanding the ways how mediators and the elderly maintain the dignity of the elderly in mediation discourses. The paper provides reference for improving the mediation experience of the elderly, enhancing the efficiency of the mediation process, and changing the society's stereotype of the elderly.

Key words　Gerontolinguistics; disputes involving the elderly; mediation discourse; face-saving theory

引　言

中国社会自古以来受面子文化和传统观念的影响，老年人作为重视家庭和社会秩序的群体尤其需要维护自身的面子和尊严。随着中国人口老龄化进程的不断加快，老年人口比例日益增加，经济社会生活领域中的涉老纠纷也越来越多，调解成为处理涉老纠纷的重要方式。然而，在实际参与调解活动时，老年人往往会面临一定的沟通困境和面子威胁的情境。因此，了解涉老案件调解过程中的礼貌和不礼貌现象，研究如何在这一过程中维护老年人的面子对于改善老年人的调解体验、提高调解过程的效率都是非常必要的。本研究以 Brown & Levinson 的面子保全论为理论出发点，以调解过程中有老年人参与的言谈互动为研究语料，重点从调解员和老年人自身两个角度出发来探讨如何维护调解类话语中老年人的面子。

一　关于面子维护的研究

20 世纪 50 年代，Goffman（1955）从社会学的视角探讨了"面子"（face）这一议题，他把面子维护视为社会互动过程中一种重要的、具有独特性质和作用的礼貌现象。礼貌通常被人们理解为说话人为了实现某一目的而采取的策略，比如为了增加或维护交际双方的和睦关系（何自然、冉永平，2001）。对于礼貌现象的研究已经从多维度展开，这些现象的一个子集，即语言礼貌，或者说通过语言渠道展示正确和适当的社会认可和期望行为，同样引起了交际社会语言学家、社会心理学家、民族方法学家和人类学家的关注。虽然关于语言礼貌的定义没有形成共识，但学界普遍认为人类会通过多样化的语言礼貌策略来促进互动并使冲突的可能性最小化，以有效维护听话人或者说话人自身的面子，保持社交互动的无摩擦性，这些策略在特定社会环境中的实际运作往往因所处的社会文化不同而有所不同。

本文通过梳理与"面子维护策略"相关的主题词的文献资料，并使用关键词、互引文献和主题词3个参数来处理这些数据。通过聚类分析，发现与面子维护策略有关的研究成果呈现出逐年上升的趋势。总体而言，主要集中在面子维护策略的本体论研究和面子维护策略的应用研究两个方面。

（一）面子维护策略本体研究

这一研究领域涉及多位学者的理论贡献。Brown & Levinson（1987）将"面子"分为积极面子和消极面子。提出了避免面子威胁理论，区分了四种策略：赤裸裸的威胁策略、消极礼貌策略、积极礼貌策略和非公开礼貌策略。强调礼貌语言不仅保护他人的面子，也维护自己的面子，从而减少交流中的面子威胁。基于Grice的合作原则，英国语用学家Leech（1983）对礼貌行为进行了深入研究，提出了6项礼貌原则：策略准则、赞扬准则、谦逊准则、慷慨准则、一致准则和同情准则。Leech（2014）认为，故意违背合作原则往往是出于礼貌的动机，这种方式有助于保护对方面子并促进有效的沟通。顾曰国（1992）以语言作为工具研究面子问题，将礼貌视为交际策略，并从社会语言学角度进行分类，提出了5个礼貌准则：尊重他人而自贬的准则，社会层级与称呼准则，文雅与礼貌准则，"脸""面子"与求同准则以及德、言、行一致的准则。

（二）面子维护策略应用研究

学者们在关于面子和礼貌理论探索的基础上，利用已有的语言学理论和方法，对各种交际场合下面子维护策略的应用进行了探讨，主要分为日常话语面子维护策略和机构话语面子维护策略。

在日常跨文化交际过程中，交际双方提出自己主张的同时，要照顾对方的面子，尤其在观点、理念存在差异的情况下，不能伤及对方自尊，否则会导致交际失败。有研究表明，礼貌策略及形容词使用因文化背景而存在显著不同，凸显了对语言规范和变化更深入理解的必要性（Deichakivska，2024）。目前已有研究多集中在采用以下方法：语境法、概念法、交际法、语言文化法、分析综合法和对比法来重点分析了"礼貌"（Eslami，2004；Siebold & Busch，2015；Al-Abbas，2023；Mambetniyazova，et al.，2024；姚俊，2003），通过对比这些策略，学者们能够深入了解文化差异如何影响人际互动和沟通方式，从而为探索面子维护策略在不同文化背景下的应用提供了深刻见解和独特视角。

除了日常话语之外，机构话语也成为面子维护研究的焦点，主要涵盖了教育话语、商业话语、健康医疗话语等多个方面。

在教育话语中，保护学生面子已成为外语教育中的重要问题。目前已有研究多集中在课堂教学话语，探讨教师如何通过语言策略来维护学生的自尊和积极性（Tang，2016；Lopez-Ozieblo，2018；Turculet，2019；蔡翠云，2010）。面子保护的研究不仅限于课堂互动，还扩展到了课外学习和评估环节。例如，在写作反馈和口语测试中，教师如何通过措辞和评价方式来避免直接批评学生的不足，从而减少他们的心理负担（Economidou-Kogetsidis，2016；Savic，2018；Rohali，2018；Chejnová，2021）。此外，学生之间的互动也对面子维护产生重要影响。例如，小组讨论和合作学习中，学生如何相互支持，避免批评和争论，能够有效提升学习氛围和学生的自信心等（Alsubaie，Grant & Donyai，2023；Tang，2023）。

在商务活动中，谈判双方往往需要通过协商来确定各自利益，以维持自己的利益不受损失或受损最小。因此，在商务贸易的背景下，许多学者深入探讨了如何更好地保护对方的面子，目前已有研究多集中在国际商务通信（Jansen & Janssen，2010；Wu & Wu，2016）和国际商务交流（Hong，1998；Traverso，2001；Dunn，2011）中。这些研究表明成功的商业活动需要一些特定的策略，维护双方面子是其中最重要的技能之一，在商务谈判中发挥着至关重要的作用。

在健康医疗话语中，目前已有研究多集中在对医生话语策略的使用方面，医生在提出建议时会某种程度上对患者面子进行威胁，进而影响患者健康和身体活动，有效的面子管理策略能够减少患者反抗情绪，从而促进健康行为的参与（Hekelman, Blase & Bedinghaus，1996；Spiers，1998；Lopez-Ozieblo，2018；Turculet，2019；Dorrance-Hall, et al.，2023；Alsubaie，Grant & Donyai，2023；Romo, Alvarez & Taussig，2023）。这些发现对改善医患、家人间的沟通、增强健康行为的动机具有重要意义。

综观已有研究，关于面子与礼貌的理论研究以及面子维护的应用研究成果丰硕，既涉及日常交际场景，又涉及机构性谈话。但是对于机构性谈话场景中的面子维护研究更多集中在上述的教育话语、商业话语、健康医疗话语等领域，有少量研究涉及法庭话语中的礼貌和不礼貌现象（廖美珍，2023；廖美珍、彭雪，2021；高洁英，2019；柯贤兵，2014），但鲜有学者从面子维护视角研究调解话语中的礼貌和不礼貌问题。另外，从交际互动参与人身份的角度看，已有研究关注学习者、商务谈判者抑或是患者的面子维护问题，较少关注老年人面子维护问题。在我国已然进入人口老龄化的背景之下，关注老年人在社会生活中尤其是涉老纠纷中的面子维护问题，不仅有助于解决纠纷，维护老年人的合法权益，提升老年人的幸福感（黄萍、焦健，2022），也有助于从交际主体视角丰富面子理论，为特定社会背景下的面子维护策略研究提供新的视角和应用范围。

二 本文的理论框架与语料简介

（一）理论基础

Brown & Levinson 的"面子维护论"主要是以 Goffman 的"面子行为理论"（the theory of facework）为基础，在此基础上进行了修正和拓展，建构了自己的礼貌模式。Brown & Levinson（1987）认为在我们的日常生活中，经常会出现一些不可避免的、带有面子威胁的行为（face threatening acts，简称 FTA）。在本质上这些言语行为与说话者或听话者的面子需求是相悖的。它们可能威胁积极面子，也可能威胁消极面子。有些行为威胁说话人的面子，有些行为威胁听话人的面子，甚至可能同时损害说话者和听话者的面子。这些威胁面子的行为在一定程度上反映了社会文化和心理结构对个体交际策略选择的影响，是社会互动过程的重要组成部分。在社交互动中，参与者会根据交际的目标、所处的外部环境以及说话者与听者之间的社交联系，采用各种礼貌手段以降低对面子的潜在威胁。Brown & Levinson 理论的核心原则是，某些言语行为可能对面子构成威胁，因此需要用更为委婉的方式来表达。本文以 Brown & Levinson 的面子维护论为理论基础，致力于探析调解员和老年人在涉老纠纷的实际调解过程中采用何种面子维护策略来保全老年人的面子以及采用这些策略受到哪些因素的影响。

就影响因素而言，Brown & Levinson 提出了"在影响礼貌策略选择的语境因素中说话人通过3个互相独立的变量来估算面子威胁行为的大小，即社会距离、相对权势、强加级别"。本文基于这3个变量来划分3种影响因素，即说话人会基于这3个影响因素来衡量面子威胁行为大小，进而来决定采取何种面子维护策略。除此之外，由于本文的研究对象是中国社会文化语境下的老年人，调解员在处理涉老纠纷时除了确保老年人的合法权益得到保护，还常常会受到"尊老敬老"传统观念的影响确保老年参与者得到充分尊重。因而本文的分析框架将"文化因素"列入社会语境影响因素。

除社会语境因素外，还要考虑纠纷调解过程中老年参与者的个体因素。根据已有老年语言学研究的重要论断（Burke，1997；Havighurst，1963；Salthouse，1996；黄立鹤，2015；姜帆，2016），本研究需要围绕老年人这一特殊主体综合考虑其生理、认知、心理和情感等方面的特点进行分析。

（二）分析框架

基于此，本文构建了适用于在纠纷调解类话语中的老年人面子维护策略分析框架（如图1所示），旨在探寻在涉老纠纷调解过程中调解员是如何维护老年人的面子以及老年人如何进行自我面子维护，并借此探析其影响因素，希望对涉老纠纷调解话语实践有所启发。

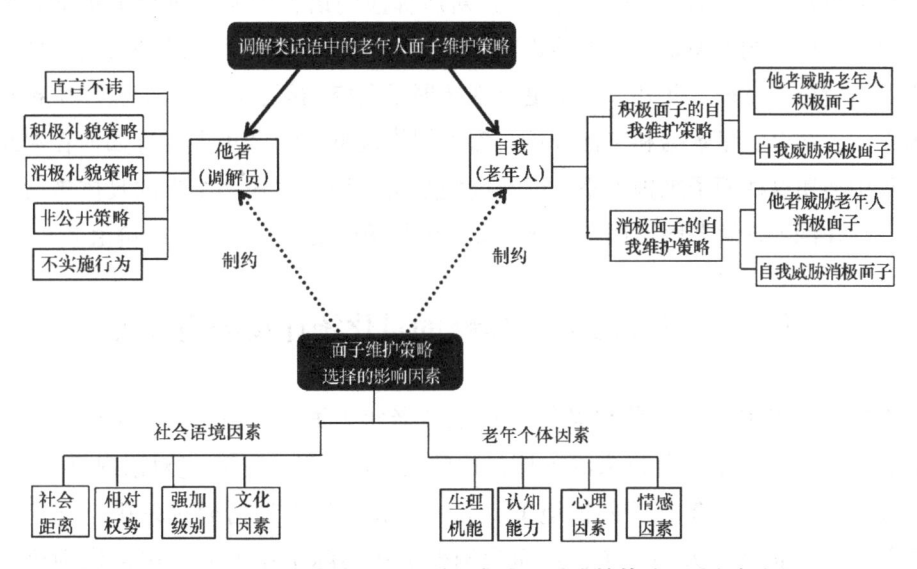

图1 "纠纷调解类话语中的老年人面子维护策略"分析框架

（三）语料简介

本文收集了真实的涉老纠纷调解类话语作为语料，对其进行转写和标注，对调解类话语这一典型的机构话语中调解员和老年人如何使用言语策略对老年人面子进行维护的过程和方式进行描写和分析。理论分析与经验描写并行，用定性和定量分析相结合的研究方法，对调解类话语中的面子维护策略进行多层次、多角度的描述和解释，归纳其特征。

本研究语料采集于北京广播电视台纪实科教频道调解类栏目《第三调解室》。该节目是国内第一档具有法律效力的排解矛盾、化解纠纷的电视节目。节目奉行3个真实：案例真实、纠纷双方当事人真实、调解过程真实，可最大限度保证语料的真实性、可靠性。本文利用《第三调解室》中有老年人参与的言谈互动为研究语料构建小型封闭语料库。共选取80组节目语料，通过语音识别软件和人工校对对所收集到的调解话语进行转写，形成20176字的语言数据，然后进行标注。标注内容及其界定具体包括："积极礼貌策略",指的是调解员通过赞美、恭维等方式积极提升老年人的面子;"消极礼貌策略",即调解员采用避免直接冲突、减轻对方面子威胁的表达方式等;"非公开策略",包括使用隐喻、含糊其辞等手法来维护老年人的面子;"直言不讳",指的是调解员直接但尽可能考虑对方感受的表达方式;以及"不实施行为",即调解员选择不采取行动以避免可能的面子损害。标注完成后,使用语料库分析软件 AntConc（4.0.6 版本）对所标注的语料库文本进行关键词频率分析、上下文语境词汇关系等数据检索和统计分析,提取各类面子维护策略的使用频次以及语境分布特征。此外,为了更直观地展示研究结果,我们从语料库中挑选出典型案例,结合定量数据和定性分析,深入剖析调解员和老年人自身如何在纠纷调解过程中使用这些面子维护策略,以及这些策略对调解过程和结果的具体施为力度影响,旨在深入理解调解话语中老年人面子维护策略的复杂性和实践价值。

三 老年人面子维护策略的量化统计及语用分析

本文将重点关注调解员和老年人在维护老年人面子方面所采取的具体策略,并通过量化统计和语用分析来深入探讨这些策略的有效性。通过对语料进行分析,我们能够更全面地理解在不同情境下,调解员和老年人如何通过采用不同的面子维护策略来维护老年人的面子,进而为调解员在实际工作中的应用提供理论和实证支持。

（一）他者（调解员）对老年人面子维护策略

调解员为维护老年人面子会根据其与受话者的谈话状态而对话语的处置方式进行动态调整,以推动调解活动的有序开展。

1. 他者面子维护策略的量化统计

通过对语料库的整理、归纳和分析,本文发现,在 80 组语料中,调解员在维护老年人面子时多运用积极礼貌策略和消极礼貌策略（参考 Brown & Levinson 对礼貌策略的分类,结合调解过程中的调解话语和转写语料,最终得到本研究的礼貌策略分类）。

表1　　　　调解话语中调解员实施的老年人面子维护策略分类表

面子维护策略：面子维护常用手段	频数	占比
直言不讳,但进行适当的修饰	21	19.6%

续表

面子维护策略：面子维护常用手段		频数	占比
积极礼貌策略	（1）留意对方的需求、感兴趣之事及所持之物；（2）夸大对对方的关心、认可、赞同等感情；（3）提高受话者的兴趣；（4）使用"集团身份标志语"；（5）寻找共同点；（6）避免不一致；（7）预设共同立场或以此为前提展开话题；（8）开玩笑；（9）假设已经知道受话者的需求并表现出关心；（10）提供建议或许诺；（11）表示乐观；（12）作为说话者和受话者的共同行为来表述；（13）给出（或询问）理由；（14）假设或主张互惠性；（15）给对方"礼物"（东西、共鸣、理解、合作）	42	39.3%
消极礼貌策略	（1）使用惯用的间接表达方式；（2）使用询问、缓冲表达方式；（3）悲观表达方式；（4）将给对方的负担抑制到最低程度；（5）表达敬意；（6）道歉；（7）说话者和受话者的非人称化、非人格化、非个人化；（8）将FTA作为一般规则来表述；（9）名词化；（10）让自己心理上负债或者不让受话者心理负债	35	32.7%
非公开策略	（1）提供暗示；（2）赋予联想的线索；（3）基于前提条件产生的联想；（4）含蓄表达；（5）夸张表达；（6）词汇重复；（7）矛盾表达；（8）讽刺表达；（9）使用隐喻表达；（10）使用修辞疑问；（11）使用多义表达方式；（12）使用模糊表达方式；（13）过度描述一般化情况；（14）替换对象；（15）话不说完，省略	9	8.4%
不实施行为	—	0	0
总计	—	107	100%

2. 他者面子维护策略的类型及语用分析

在实际调解过程中调解员考虑到自身的机构身份以及老年人这一特殊主体性，会选择使用特定的面子维护策略。本小节具体阐述调解过程中调解员采用的不同面子维护策略及其具体应用。

（1）直言不讳

直言不讳的策略实际上是公开进行面子威胁的行为。在调解互动过程中，调解员起到了关键作用，主要关注调解的目标达成和提高调解的效率。因此，当调解对象（即老年人）的表现不尽如人意时，调解者通常会给出否定的答复。如果调解中的老年人处于强势地位，调解员就需要采取一种礼貌策略来应对这种拒绝行为。这类礼貌的做法大致可以分为两种：①直言不讳，不做任何修饰；②直言不讳，但进行适当的修饰。因为本研究落脚点在于维护老年人面子，因而所收集的语料均为"直言不讳，但加修饰"这一类策略，旨在保持真实性和坦诚度的同时，保护老年人的自尊心，尽可能减少对他们面子的损害。为了降低面子威胁，调解员会添加一些描述性的词汇，如"吧""应该"等可商榷性的话语表达。通过对收集到的 80 组语料进行统计发现，调解员使用"直言不讳"策略 21 次。

例 1

调解员：那<u>可能</u>啊……<u>可能</u>如果说照您的这个方法分配的话，您儿子拿走的跟您这姑娘拿走的能差上十倍。

母亲：十倍？哪有那么多！我可是辛辛苦苦把他们两个都养大了！

调解员：是啊，我理解您的心情。可是根据我们知道的信息，您儿子现在拥有的比您女儿多得多。如果我们照您的方法分配，可能会导致他拿到的比您女儿多得多。

在例 1 中调解员通过重复使用"可能"这个词来表达观点的不确定性，即这个分配方案可能会产生的结果，而非直接否定母亲提出的方案，有效地减轻了老年人可能感受到的面子威胁。其中调解员也使用了带有商量意味的语气词助词"啊"来补偿行为趋向语的直接劝说对受话人产生的面子威胁，避免了其语气的绝对化，有效减弱了指令的语气，对于老年人来说起到了话语内容的缓和度和接受性，减轻了老年人被冒犯的不悦感，使得劝说调解话语不会太尖锐，这样的表达更为委婉礼貌，使老年人更易接受劝说。

由以上分析可知，"直言不讳，但进行适当的修饰"策略在维护老年人的面子和减轻可能对其面子构成威胁的同时，确保调解互动过程的顺利进行是至关重要的。通过对语料的观察，我们发现在调解过程中，调解员通常很少直接否定老年人的回答。即便需要提供否定性反馈，大多数调解员也会考虑到老年人的面子需求，以确保交流的和谐和尊重。

（2）积极礼貌策略

纠纷调解属于机构性谈话，调解员因其机构身份被赋予的权力和地位在调解过程中使其和老年人之间会存在一种约束与被约束的不平等关系，因而会产生一种距离感，对调解过程中的人际互动产生影响。积极礼貌策略的实施可以有效维护老年人的面子并促进调解目的的达成，缩短调解员与老年人的心理距离，从而更好地维护老年人的自尊和面子。语料中，调解员使用这一策略 42 次，采用多种积极礼貌策略手段来维护老年人面子。

如采用"作为说话者和受话者的共同行为来表述"这一手段，通过使用包容性的"我们"形式代替"你"或"我"，说话者可以提出合作假设，从而避免对受话者产生潜在的面子威胁，以确保受话者在活动中感到被尊重和包容。

例 2
调解员：我跟大嫂说了半天说了许多，也有用吗，能解决问题吗，解决不了你白转，激化矛盾。其实<u>咱们</u>也都知道这一家庭还是以和为贵，毕竟孝敬父母呢是咱中华传统的美德，是不？
老三：好好好，谢谢谢谢。

例 2 中，调解员采用了包容性的语言和态度，将老年人视为参与者和合作者。通过使用"咱们"这个词，调解员在实际调解互动过程中扮演了更多话语耐受力的角色，降低言语行为的驱使性，提高了其言语效果的可接受性，赢取到受话人的合作，也在一定程度上减弱了调解员的话语指使力度，有效维护了老年人的面子和尊严。

再比如使用"集团身份标志语"这一手段，通过使用一些群体内部的称呼语、语言或方言等方式表达内部集团成员身份。调解员对使用能向老年人表达亲近的亲属称呼语也表现出了更强的倾向性。比如通过使用"老爷子、李先生、王叔叔、张老师"等尊称，不仅可以彰显对老年人的尊敬，有效维护对方的面子，还可以营造出一种亲切和温馨的氛围，有利于建立起良好的互动关系，促进交流和沟通，从而更好地解决问题和处理事务。

例 3
调解员：<u>大姐，大姐</u>我跟你说啊。我不会说站在他那边，就让他拿一房子给您过渡，然后就蒙您。那是不可能的！我一定会让他给您租一个比较长久的地方来住，然后呢您把那两间房给了他，他还得给钱给您，这样行吗？
母亲马女士：嗯他当时就把钱拍出来！

从年龄和辈分关系来看，晚辈对长辈使用零形式加亲属词的称呼方式，比如例 3 中称呼长辈为"大姐"，在增加交际亲和力的同时，很大程度上降低并缓和了请求性言语行为的驱使性，维护了老年人的积极面子并提高了其言语效果的可接受性。

（3）消极礼貌策略

语言中的礼貌是一个连续体，在忽略语境等外部因素的前提下，用最直观的方式传达信息往往被视为最不礼貌的，而选择最不直接的方式传达信息的话语则被认为是最有礼貌的。"言语的间接性是交流者采用的一种沟通策略",当语言使用得更为间接时,所说的话就显得更有礼貌。消极礼貌策略是一种以回避为基础的策略,它为听话人提供了选择的空间,或者明确表示不希望妨碍对方的自由行动,在一定程度上满足了听话人对消极面子的需求。语料中,调解员使用"消极礼貌策略"35次,采用多种消极礼貌策略手段来维护老年人面子。

如"使用惯用的间接表达方式"这一手段,说话人面临着一种对立的紧张关系——既想通过间接的方式给受话人表达出自己的愿望,又想要受话人能直接明白自己的愿望。说话人建议或劝说受话人做某件事时,往往不使用命令的语气或意愿性很强的建议。

例4

调解员:这样呢,对于老三嗯对家的贡献最大,他拿的最多。嗯老四呢,人家爱人小韩对你们家也有贡献,也给他们回报了。老大呢哎,相应拿到了自己的部分。

老年人:对。

调解员:<u>我看看这样行不行</u>,<u>您能不能</u>试着听一听我的建议,如果这样行的话我们的节目呢将继续跟踪你们这个家里边这个事直到彻底解决为止,好不好?老四,你同意吗?

调解员因专业知识和技能而享有提出建议等职责权力,被调解人相较于调解员的身份权威则处于相对弱势的言语协商地位。"我V"类是最为常见的权势距离入场标记,为引起受话者关注,使受话者对调解员所言命题内容的立场和态度予以接受。如例4调解员在引入建议时,"我看看这样行不行"一方面显示了调解员有效调取调解经验所形成的权威性言语,从而使得受话者信服其所言;另一方面又使用"您能不能……"的间接表达方式减缓了后续话语对受话者的可接受性冲击,避免了直接命令或压力,给予了受话者尊重和自主权,给受话者留有选择余地,有效维护了他的面子。

再如采用"使用询问、缓冲表达方式"这一手段,避免直接质疑或指责老人的观点或行为。

例5

调解员:<u>那王阿姨您说您知道那么多干什么是不是</u>?您就只管现在把您自

己的日子过好就行了,自己家里不能住,门一锁去女儿家住,如果女儿家也住不成了,把这个房子租出去,通过房地产中介公司把您这家租出去,拿着钱到外面。不要告诉他您住哪,自己找一地就住。

"那"和疑问句句式及称谓语的连用,既前指老年人在上一话轮处的命题内容,同时又在话轮转接处对老年人的前述内容进行否定,但这层否定关系被"那"及称谓语"王阿姨"进行了面子维护与话语缓和,避免老年人因调解员的否定而产生不解情绪,其后的调解员解释叙事作为反思及补充说明进一步阐明调解员自身观点,有助于委婉表达对对方的指正,让老年人感到自己受到尊重和关注。

(4) 非公开策略

非公开策略是指在威胁对方面子的前提下,说话者选择使用含蓄、间接或非公开的方式来表达自己的观点。语料中,调解员使用"非公开策略"9次,采用多种非公开策略手段来维护老年人面子。

如采用"替换对象"的手段,说话者可能对面子威胁的目标保持不明确,或者虚构将 FTA 寄托给不会受到威胁的人,并希望真正的受话者能够看到面子威胁是针对他的。

例 6

调解员:老二,<u>咱们将心比心</u>,如果是你这样的话,你会怎么做呢?

老二:我知道我大哥挺不容易的,但要我的话我就得特意将此事告知几个兄弟姐妹,先看看大家是什么态度是吧?

调解员:对对,这也不失为一种解决方法。

社会规约下调解员承担了更多的责任,由此便要求说话人在面临受话人有不解、迟疑或负面情感表达时以特定的话语,如"咱们将心比心",来弱化自己的机构身份,使对方能够以己度人,并期许与受话者能够在调解语境中产生共情,从而在人际维度和话语确信维度达到语用均衡,有效维护了老年人的面子,形成良性的调解互动局面。

(二) 老年人自我面子维护策略

调解过程中老年人的面子不仅需要调解员来进行维护,当老年人的面子受到他人威胁时,老年人自己也会对自我面子进行维护,包括消极面子和积极面子,以便满足自身的面子需求,树立老年人自我认知的良好形象。

1. 老年人自我面子维护策略的量化统计

通过对语料库的整理、归纳和分析，本文发现，在 80 组语料中，老年人在维护自己面子时多运用主动反驳、自我肯定和模糊限制语策略（见表 2，参考 Brown & Levinson 对礼貌策略的分类，结合调解过程中的调解话语和转写语料，最终得到本研究的礼貌策略分类）。

表 2　　调解话语中老年人实施的自我面子维护策略分类表

类型	策略	频数	频率
他者威胁老年人积极面子	主动反驳	39	15.4%
	讽刺	8	3.3%
老年人自我积极面子维护	自我肯定	42	16.6%
	效果回应	34	13.4%
	保持幽默	10	4.1%
他者威胁老年人消极面子	含蓄表达	24	9.5%
	沉默	3	1.2%
老年人自我消极面子维护	强调互惠关系	19	7.5%
	模糊限制语	42	16.6%
	试探性语气	31	12.4%
总计		253	100%

（注：积极面子是指个体寻求他人的赞同和喜爱，表达了个体的社会需求；消极面子是指个体不希望他人想法强加于自身，表达了个体对自主权的需求。）

2. 老年人自我面子维护策略的类型及语用分析

本小节通过积极面子受损和消极面子受损两个不同维度对老年人自我面子维护策略进行深入探讨，以便更全面地理解自我面子维护策略的类型及其具体应用。

（1）他者威胁老年人积极面子

语料中，老年人在积极面子受到他人威胁时通常使用主动反驳策略（39 次）、讽刺（8 次）。

例 7

（花甲之年的儿子抱怨自己的人生被任意摆布，他说老母亲的干预早就让他喘不过气来）

冲突方：啊啊，你复婚吧。

调解员：哎这好话呀。
大儿子：哟好话。
调解员：这不是让你这个生活更幸福一点。
大儿子：<u>哎呦，太幸福了</u>。

对话中冲突方的提问"你复婚吧"实际上是在暗示大儿子的婚姻状态可能不如人意或需要改变，这可能给大儿子带来尴尬或不满，威胁到了其积极面子。此时老年人往往采用强势语言构筑高大的自我形象，维护自己的面子。例7中大儿子选择以讽刺的方式回击，回应"哎呦，太幸福了"，话语长度较短，贬义讽刺成分明显，有效维护了自己的面子。

（2）老年人自我积极面子维护

对说话者而言，他们自己的道歉、恭维、自嘲、自贬和接受赞美等行为，实际上都是在损害自身的积极面子。在这些面子损害中，威胁说话人自身积极面子的言语行为表现得最多，也最为直接和常见。如说话人对自己的行为表示歉意和忏悔；当说话者受到赞美时，他们往往不得不对自己所得到的赞美之物进行贬低；说话者表现出的自我否定和自我侮辱等行为。语料中，老年人自我积极面子维护时礼貌策略的使用通常有"自我肯定策略"（42次）、"效果回应策略"（34次）、"保持幽默策略"（10次）：

例8

老大：是，我买房这事确实没跟大伙说。但，但就我买这房，谁知道他后边升值，那我真是不知道啊。那时候1996年，我买这房4万多元，你跟我说现在300万元。我要是卖的话我给大伙分点也行，是<u>吧</u>?

例8中，老年人知道自己私自买房引起了弟弟妹妹的不满，故坦诚地承认了自己的错误，但与此同时也解释了当初买房的原因并非为了升值赚取利益，肯定了自己当时这一行为的合理性；同时句末语气词"吧"从语用功能而言属于礼貌标记，起到了话语内容的缓和度和接受性，有效维护了自己的面子，平衡面子受损情况。

（3）他者威胁老年人消极面子

语料中，老年人维护消极面子时礼貌策略的使用通常有含蓄表达（24次）、沉默（3次）：

例9

　　调解员：看您这儿媳妇说得挺好啊？这不给出的有理有据的。您觉得您儿媳哪做的不合您心意了啊？

　　老年人：我觉得没什么不好的，都还行。

例9中调解员表示对儿媳妇的看法与老年人描述不相符，威胁到了老年人的消极面子。后调解员问道"您觉得您儿媳哪做的不合您心意了啊"，老年人没有直接批评或指责儿媳，而是选择了一种含蓄的表达方式，表示"没什么不好的，都还行"。这种含蓄的表达方式避免直接表达对某事物过于负面或直接的评价，减轻了话语不礼貌程度，使老年人能够保持礼貌和谦和，避免了直接与儿媳产生冲突或引发不愉快的对话，维护自己长者的身份。

（4）老年人自我消极面子维护

语料中，老年人自我消极面子维护时礼貌策略的使用通常有"强调互惠关系"（19次）、"模糊限制语"（42次）、"试探性语气"（31次）：

例10

　　调解员：老人家您看是这么回事吗？您小儿子说的对吗？

　　老年人：……我这也记不清了，好像是有这么回事来着。我大女儿那不是有收据吗？

在例10中，老年人面对调解员的质疑时，通过使用试探性语气来维护自己的面子。没有直接确认也没有否定对方的说法，而是选择了一种似乎模糊但实际上相当巧妙的方式来应对质疑。他首先表示自己"记不清了"，这不仅表现出了一种自然的记忆力衰退的情况，也为他留下了回旋的空间；随后提到"好像是有这么回事"，这种试探性的语气既没有完全承认也没有否认，而是给出了一个相对模糊的回答，有效化解了潜在的冲突或尴尬局面。这种沟通方式有助于传递自己的想法和态度，同时起到缓冲和平衡的作用。后文又通过提及大女儿可能持有的收据，老年人巧妙地将话题转移到了另一个相关但不直接涉及自己记忆准确性的方面。这样做既能在一定程度上回应调解员的问题，又避免了直接面对质疑或需要证明自己记忆的准确性的情况，从而在保护自己面子的同时，也提供了一个可能的解决线索，让调解情况有更进一步的讨论空间。

四　发现与讨论

本文整合面子维护论和老年语言学理论构建面向老年人的调解话语分析框架，基于 Brown & Levinson 的礼貌策略对面向老年人的调解话语进行研究，主要发现如下。

第一，调解员在调解话语中面子维护策略的使用情况。经过本文的调研和分析，笔者认为调解员在调解时往往会将"老年人"这一特定的主体身份考虑进去，鉴于老人的年龄越大，生理机能退化，认知水平越低，这就使其更容易产生负面情绪。因此，调解员在调解时要考虑到老年人的面子，对其诉求要有更多耐心，不能用太过专业、复杂的语言，尽量用一种友好、易懂的方式进行交流，保证老年人对调解的整个过程以及双方所建议的解决办法都能得到充分了解，从而达到最后的调解目标。经过调查统计，在调解过程中调解员最常使用的策略包括积极礼貌策略和消极礼貌策略，分别占比 39.3% 和 32.7%。本研究在语料中未找到"不实施行为"的礼貌策略，考虑到在实际调解过程中为避免调解当事人（尤其是老年人）产生理解上的偏差，因而调解员会尽量避免使用这种策略，更倾向于采用直接的语言和沟通方式。

第二，老年人在调解话语中自我面子维护策略的使用情况。老年人重视自身面子是基于多种因素的综合影响。首先，随着年龄增长，老年人可能更多地关注自身形象和尊严，希望保持自尊和自信。面子对老年人而言代表着社会地位、尊严和价值感，且老年人历经了生活的挑战和变化，可能在身体健康、家庭关系、经济状况等方面面临各种压力和困难，因此通过维护自己的面子来保持内心的平衡和安全感也是至关重要的。此外，社会文化背景也对老年人产生影响，在我国传统文化中，尊重长辈、注重礼仪和面子是重要的价值观念，老年人受到这些文化价值的影响，更倾向于使用多种策略来维护自己的面子。本文通过调查研究发现，老年人在实际调解过程中会采用"主动反驳""自我肯定""模糊限制语""效果回应"等策略维护自己的面子，展现自己对于纠纷事件的态度，可以看出老年人为维护个人面子和社会地位也作出了积极的努力。

结　语

我国人口老龄化日益严重，涉老纠纷越来越多，通过调解的方法对老年人进行有效劝说以解决各类涉老纠纷问题显得尤为重要。本文从调解员和老年人两个主体身份维度对调解互动中的面子维护策略进行分析,探寻如何有效维护老年人面子,这不仅有助于我们从机构语境和交际层面了解涉老纠纷调解话语实践,同时在调解机构及其相关从业者在语言服务方面也具有启发意义。(1)重视老年人的情感问题,建立情感支持机制,确保调解员能够在调解过程中灵活应对老年人的情感变化。这不仅有助于处理老年人因冲突带来的情绪波动,也有助于提升他们的心理健康水平。(2)根据老年人的个体差异和文化背景,制定个性化的调解策略。尤其在解决家庭纠纷时,综合考虑家庭成员之间的情感联系和历史,有针对性地设计调解计划和语言服务。(3)建立调解后的评估和反馈机制,以便老年人及其家属分享他们的体验和感受。通过这种反馈,调解机构可以不断改进调解效能,提升老年人的满意度和参与感。(4)针对调解员和相关从业者进行面子维护策略的专门培训和辅导,包括情感支持技巧、文化敏感度和有效沟通策略,以便调解员更好地理解老年人的面子需求。不仅有助于解决涉老纠纷,也有利于促进社会对老年人权益的全面保护和尊重。

诚然,要深入全面地认识社会交往互动中的面子维护策略还需要更大的语料样本,从词汇、句法、语篇、语用、副语言等方面系统探究,加大定量研究力度;可以进行纵向研究,跟踪调查调解后老年人的心理状态和生活质量变化,更全面地评估不同面子保全策略对老年人自尊和自我认同感的影响,为构建老龄友好社会环境提供更丰富的理论支持和实践启示;可以进行对比研究,比较不同文化背景下的老年人面子维护策略的异同,揭示社会文化因素对"面子"的理解和重视程度,从而为跨文化调解实践提供有益的启示。

参考文献

蔡翠云. 外语教学中维护学生面子的礼貌策略 [J]. 教学与管理, 2010 (1): 140—142.

高洁英. 法庭不礼貌话语产生的语用影响因素及其人际语用取向 [J]. 五邑大学学报 (社会科学版), 2019 (2): 83—87+94.

顾曰国. 礼貌、语用与文化 [J]. 外语教学与研究, 1992 (4): 10—17+80.

何自然, 冉永平. 语用学概论 [M]. 长沙: 湖南教育出版社, 2001.

黄立鹤. 近十年老年人语言衰老现象研究: 回顾与前瞻 [J]. 北京第二外国语学院学报, 2015 (10): 17—24.

黄萍, 焦健. 老年维权话语研究的内涵、议题和路径 [J]. 外国语 (上海外国语大学学报), 2022 (6): 57—65.

姜帆. 国外老年人语言与认知研究及其启示 [J]. 吉林师范大学学报 (人文社会科学版), 2016 (5): 84—88.

柯贤兵. 法庭调解中不礼貌话语博弈策略研究 [J]. 湖北师范学院学报 (哲学社会科学版), 2014

(3): 45—50.

廖美珍, 彭雪. 中国刑事法庭审判话语打断现象与不礼貌研究 [J]. 语言与法律研究, 2021 (2): 17—40.

廖美珍. 中国法庭话语礼貌策略三维连续体研究 [J]. 语言战略研究, 2023 (1): 57—73.

姚俊. 从英汉拒绝策略的语用对比看中西文化差异 [J]. 山东外语教学, 2003 (1): 12—17.

Alsubaie, S., Grant, D., Donyai, P. An Applied Linguistics Study of How Students Prevent Embarrassments and Impositions During Interactive Examination OSCEs [J]. *American Journal of Pharmaceutical Education*, 2023 (8).

Al-Abbas, LS. Politeness strategies used by children in requests in relation to age and gender: a case study of Jordanian elementary school students [J]. *Frontiers Education*, 2023 (8).

Brown, P., Lexinson, SC. *Politeness: Some universals in language usage* [M]. Cambridge: Cambridge university press, 1987.

Burke, DM. Language, aging, and inhibitory deficits: Evaluation of a theory [J]. *The Journals of Gerontology Series B: Psychological Sciences and Social Sciences*, 1997 (6): 254–264.

Chejnová, P. Apology as a multifunctional speech act in Czech students' e-mails to their lecturer [J]. *Journal of Pragmatics*, 2021 (183): 53–66.

Deichakivska, O. Predicative adjectives in the composition of expressions as tactics of positive and negative politeness strategies [J]. *Amazon Investigation*, 2024 (74): 239–247.

Dorrance-Hall, E., Wilcox, S., Holmstrom, A., et al. Reactance to Healthy Eating and Physical Activity Messages: Face Threat and Face Management Strategies in Memorable Daily Conversations Among Couples [J]. *Health Community*, 2023, 38 (7): 1404–1415.

Dunn, CD. Formal forms or verbal strategies? Politeness theory and Japanese business etiquette training [J]. *Journal of Pragmatics*, 2011 (15): 3643–3654.

Economidou-Kogetsidis, M. Variation in evaluations of the (im) politeness of emails from L2 learners and perceptions of the personality of their senders [J]. *Journal of Pragmatics*, 2016 (106): 1–19.

Eslami, Z. Face-keeping strategies in reaction to complaints: English and Persian. *Journal of Asian Pacific Communication*, 2004, (14).

Goffman, E. On Face-Work An Analysis of Ritual Elements in Social Interaction [J]. *Psychiatry*, 1955 (3): 213: 231.

Havighurst, RJ. *Processes of aging* [M]. New York: Atherton Press, 1963.

Hekelman, FP., Blase, JR. Bedinghaus, J. Discourse analysis of peer coaching in medical education: A case study [J]. *Teaching and Learning in Medicine*, 1996 (1): 41–47.

Hong, W. Politeness strategies in Chinese business correspondence and their teaching applications [J]. *Foreign Lang Annals*, 1998 (3): 315–325.

Jansen, F., Janssen, D. Effects of positive politeness strategies in business letters [J]. *Journal of Prag-*

matics, 2010 (9): 2531-2548.

Leech, G. *Principles of Pragmatics* [M]. London: Longman, 1983.

Leech, G. *The Pragmatics of Politeness* [M]. Oxford: Oxford University Press, 2014.

Lopez-Oziebo, R. Disagreeing without a 'no': How teachers indicate disagreement in a Hong Kong classroom [J]. *Journal of Pragmatics*, 2018 (137): 1-18.

Mambetniyazova, A., Babaeva, G., Dauletbayeva, R., et al. Linguistic and cultural analysis of the concept "politeness" [J]. *Semiotica*, 2024 (258): 73-91.

Rohali. Politeness Strategy of Directive Speech Act by Students-Lecturers of French Department Fbs Uny [J]. *Proceedings of the Seventh International Conference on Languages and Arts (Icla 2018)*, 2018 (301): 545-551.

Romo, LK., Alvarez, C., Taussig, MR. An examination of visually impaired individuals' communicative negotiation of face threats [J]. *Journal of Social and Personal Relationships*, 2023 (1): 152-173.

Salthouse, TA. The processing-speed theory of adult age differences in cognition [J]. *Psychological Review*, 1996 (3): 403-428.

Savic, M. Lecturer perceptions of im/politeness and in/appropriateness in student e-mail requests: A Norwegian perspective [J]. *Journal of Pragmatics*, 2018 (124): 52-72.

Siebold, K., Busch, H. (No) need for clarity-Facework in Spanish and German refusals [J]. *Journal of Pragmatics*, 2015 (75): 53-68.

Spiers, JA. The use of face work and politeness theory [J]. *Qualitative Health Research*, 1998 (1) 25-47.

Tang, CH. Mandarin Chinese peer advice online: a study of gender disparity [J]. *Poznan Studies in Contemporary Linguistics*, 2023 (1): 159: 191.

Tang, T. A Study on the Influences of Politeness Strategies on Headteacher's Work [J]. *Proceedings of the 2nd Annual International Conference on Social Science and Contemporary Humanity Development*, 2016 (73): 413-416.

Traverso, V. Strategies for argumentation and politeness in business conversations. The sequence of request [J]. *Revue Romane*, 2001 (2): 304: 309.

Turculet, A. Politeness Strategies in Higher Education: A Student Approach to the Sense of Humour [J]. *Revista Romaneasca Pentru Educatie Multidimensionala*, 2019 (4): 302-308.

Wu, H., Wu, D. Research on Politeness Strategies in International Business Correspondence [J]. *Proceedings of the 2016 International Conference on Education, Management and Computer Science (Icemc 2016)*, 2016 (129): 883-888.

责任编辑：赵立博

"中文和英文都是我的母语"
——美国华裔青少年的双重语言与文化认同

唐溪若　郑咏滟*

提　要　当今全球化所产生的大量国际移民将多语多文化演变为人们社会生活的常态。双重语言与文化认同也正逐渐成为移民内部新兴的群体性认知。本文收取18名美国西雅图地区华裔青少年的访谈与家庭对话录像，通过现象学、会话分析（成员分类分析）和民族志观察的研究方法，考察他们的语言使用情况、文化认同感和日常交际模式。研究发现，他们作为流利的双语使用者并未对自己的中文和英文进行绝对化的区分，而是根据交际场景在实践中灵活地调用自己的语言资源来获取知识或进行社交。此外，他们也开始批判性地审视自己认同的双重性，不再将美籍华裔或移民二代看作固有的社会分类标签，而是在中美文化的影响下探寻自己的身份意义。华裔青少年在双语双文化认同中所呈现的语言实践策略和兼收并蓄的思考，有助于深化对认同理论的探讨、拓宽华裔移民的研究场景、并为华裔新生代的培养和教育提供启示。

关键词　华裔青少年；语言文化认同；双重认同；移民教育

"Chinese and English are both my mother tongue":
Bilingual and Bicultural Identity among Chinese American Adolescents
in the United States
Tang Xiruo　Zheng Yongyan

Abstract　The phenomenon of multilingualism and multiculturalism, propelled by globalization and international migration, has become the norm in people's social lives worldwide. Bilingual and bicultural identity, also identified as transnational identity, is

---

* 作者介绍：唐溪若，复旦大学外文学院—伦敦大学教育学院联合培养博士研究生，主要研究方向为社会语言学。郑咏滟，复旦大学外文学院教授、博士研究生导师，主要研究方向为应用语言学。

gradually emerging as a novel form of self-recognition within immigrant communities. This study employs phenomenographic interviews, conversation analysis (membership categorization analysis) and ethnographic observation to investigate the language use and cultural identity of 18 Chinese American adolescents in the Seattle area of the United States. The research reveals that these adolescents, as fluent bilingual speakers, do not rigidly distinguish between their Chinese and English identities. Instead, they flexibly utilize their linguistic resources based on the communicative context to acquire knowledge or entertain themselves. Furthermore, they critically examine their dual identity, no longer viewing themselves solely as American-born Chinese or second-generation immigrants, but rather exploring their life meanings and possibilities under the influence of both Chinese and American cultures. The language practices and inclusive thinking exhibited by Chinese American adolescents in their bilingual and bicultural identity contribute to a deeper exploration of identity theories in sociolinguistics, broaden the research scope of transnational Chinese communities, and provide insights for the cultivation and education of the new generation of the Chinese in transnational contexts.

Key words Transnational Chinese Adolescents; Language And Cultural Identity; Dual Identity; Immigrant Education

引　言

认同（identity），可以解释为名词的"身份"或是动词的"认同"。前者强调差异性，即承认语言、种族、阶层、性别等社会身份标识对个体存在的分类及识别作用；后者更强调个体的自我归类属性，认为个体会自主认识和选择自己所属的社会群体，并衍生出和群体成员相近的价值观和行为模式（Tajfel & Turner, 2004; Turner, 1975；李友梅等，2007）。尽管心理学、社会学、人类学各领域对此概念的讨论基于不同的范式，"认同"研究主要围绕着个体在具有差异性的社会中的自我身份认识，试图回答"我/我们是谁"，"我/我们从何而来"以及"我/我们到哪去"（周庆生，2016；方小兵，2018）。

据联合国移民报告2022年的最新统计显示，国际移民数量在过去50年中增长飞速，已达281亿人。其中，中国大陆以约1100万的输出量位居第四大移民来源国（国际移民组织，2022）。地理位置的变迁势必带来语言和文化环境的改变，移民们在多元的价值观碰撞中更渴望找寻到自己的认同和归属。伴随着中国经济政治实力历史性跃升，更多的海外华裔新生代开始在父母的引导下逐步成长为双语使用者（Curdt-Christiansen et al，2021；Li & Zhu，2019；Tang & Zheng，2023；姚敏，2021；曹贤文、金梅，2021）。响应近年来华裔移民研究的田野化和实证化趋势（郭熙，2021；方小兵，2018），本文将以双重语言认同和双重文化认同为理论视角，通过对美国西雅图地区华裔青少年群体的现象学访谈、会话分析和民族志观察，试图探索这一双语人群的语言使用及文化身份认知。

一 语言认同与文化认同

社会语言学对语言认同概念的关注可追溯至早期的变异社会语言学。如 Labov（1966）在《纽约市英语的社会分层》中发现绝大多数社会地位较高的纽约人会在正式场合使用/r/音，以凸显自己的身份；Milroy 和 Margrain（1980）则引入了性别和社会网络变量，发现贝尔法斯特的男性相较于女性有更闭合的社会关系网络，也因而更倾向于使用非标准方言。这一研究领域主要从宏观的视角观察某个语言变体的具体使用情况与不同社会身份概念之间的联系，挑战了同质性的语言观，也在后期逐渐认识到了个体能动性的影响（赵芃、田海龙，2022）。近年来，在后现代主义影响下，大多数研究不再仅强调社会结构的塑造作用，开始认为语言认同是在历史、文化、权力等因素作用下，由个人和群体在语言实践中持续不断建构而成的（方小兵，2018）。随着互动社会语言学的发展，研究者们开始通过对语言交际中口音、词汇、语码转换和元语言的分析来揭露人们在日常的交往中协商和构建认同的过程。如标准的普通话在中国很大程度上意味着较高的受教育程度和城市居民的身份，而中文和西方语言的语码混用则体现了海归新移民对自己作为全球化下新兴中产阶层的标识（董洁，2016）。可见，语言认同研究已逐渐从结构主义走向建构主义，更多指说话者通过具体的语言行为方式或使用方式，来体现自己的身份归属的过程（Blommaert，2005；董洁，2021）。值得一提的是，将语言认同看作社会化言语互动的产物（徐大明，2004）也意味着构建中的认同并非固化不变。人们可以在不同的社会实践中诞生出不一样的自我认识，也会在不同情境中拥有不同的身份标识（Blommaert，2005、2007；Canagarajah，2021；Rampton，2021；Li & Lee，2023；Zhu & Li，2020）。

文化认同通常被描述为多重身份的集合，其中最主要的是种族和国籍。和语言认同相似，文化认同既可以展现为社会对个体外显性特征的分类，也可以理解为个体对群体归属感的体现（Zhu，2017、2019；Darvin & Sun，2024；Kramsch & Uryu，

2020)。例如一提到欧洲，人们最容易想到的是金发碧眼的高加索人种，而黑头发和黄皮肤则最直观地展现了亚洲人的特征。尽管这种分类存在明显的本质主义倾向，但人无法改变的形体特征俨然是其文化印记最直观的载体。在 Tang 和 Zheng（2023：9）关于华裔家庭语言意识形态的研究中，一位母亲说道"我告诉她，她永远无法成为一个美国人，一个白人。如果你不学习中国的文化和语言，你将什么都不是"。这直观地展示了种族、语言和文化认同在多语移民家庭中密不可分的联系。随着全球化加剧，文化认同也变得更为复杂。人们开始使用其他社会和族群的语言变体来构建新的文化归属感，使得认同跨越（crossing）在日常交际中成为可能（Darvin & Sun, 2024；Li & Lee, 2023；Zhu, 2017、2019）。在 Ben Rampton（2021）伦敦的研究中，说旁遮普（Punjab）语的青少年会通过使用非洲加勒比地区的克里奥尔语（Creole）来构建一种新潮的街头身份，并建立起跨越其种族的社会网络。

无论中外，当今的语言和文化认同研究正呈现出蓬勃发展的态势，在后现代主义思潮的巨大冲击下逐渐从结构主义走向建构主义，从将认同看作特定社会因素影响（如性别、种族、社会阶层）下所诞生的构念，走向关注个体如何在多语多文化的交际实践中构建认同。这一从因素影响观到语言实践建构观的转向，也使得更多的认同研究开始采用民族志、访谈、会话分析等质性方法，以期更动态地描绘特定群体构建认同的交际实践和具象感知（Blommaert, 2010、2016；Canagarajah, 2021；Rampton, 2021；Li & Lee, 2023；Zhu & Li, 2020；方小兵, 2018）。

二 移民青少年的双语言与双文化认同特征

随着多语和多文化现象逐渐成为交际的常态，学界认识到双重和多重认同的可能（Duff, 2015；Zhu & Li, 2020；方小兵, 2018；吴超, 2023）。双重认同指个体同时拥有两个集体的属性和成员身份，是双母语的必要条件。一个人如果自幼同时习得两种语言，并且对两种语言拥有基本相同的语言态度和语言认同，其语言实践分别符合两个言语社区的规范，为社区所认可，那么这两种语言都可以是这一讲话人的母语（方小兵, 2018）。不同于过去的移民群体，新一代移民拥有通信和交通的便利，能更加自由地往返于母国和居住国，并建立与双方社群的紧密联系，也因而更有可能诞生出双重认同（吴超, 2023）。这一概念在很大程度上与国外近年来提出的跨国认同（transnational identity）相似（Darvin & Sun, 2024；De Fina & Perrino, 2013；Lam & Christiansen, 2022；Li & Zhu, 2013、2019；Zhu & Li, 2020）。跨国认同强调新一代移民文化的流动性和语言多样性，认为其语言库存中的所有资源可以帮助他们在跨越国界或是言语社区边界时随意调用，以达成特定的交际目的。他们通过不间断的多语实践和社群流动生发出归属感，不一定受限于母国或居住国的语言文化规范，而是一种自由和独特的跨国认同。多元文化的碰撞会重塑新一代移民群体对语言的创造性使用，而语言库存的重组和调用也有助于解构他们对文化的单一认同（Canagarajah，2021；Darvin & Sun，2024；Li & Lee，2023）。

伴随着国内外对双语和多语人群认同概念的发展，移民新生代的语言使用和文化身份逐渐成为了近年来实证研究中新兴的话题。研究发现这些年轻人们往往能有策略地调动多种语言资源来构建新的身份。例如在Park（2022）针对新西兰1.5代韩国移民语言意识形态、祖语使用和身份构建的研究中，他发现移民新生代会在群体之中混合使用韩语和英语，并将此语言实践视为他们共享的"韩裔—新西兰人"（Kowi）双语身份的重要组成部分。Li和Zhu（2013）在英国的华裔大学生人群中也观察到他们会通过创造性地混用英语、普通话和粤语，为自己建立起了一个独特的多语言社群，并从不同文化的学习中完善自己、加深对华裔共同体的认识。Lam和Christiansen（2022）的研究则关注了墨西哥跨国青少年在社交媒体和在线平台上灵活的语言使用和认同构建。通过分析他们的在线行为，揭示了他们在跨国背景下如何通过不同的语言和文化交际习惯在数字空间进行自我的认同构建和文化传承。相似的是，国内研究也发现，随着移民家庭双语或多语语言政策的实施、华语学校的发展和华语社区的建立，华二代的整体中文水平继续呈上升趋势，其中英双语能力将会不断增强（姚敏，2021；曹贤文、金梅，2021；董洁，2019）。周庆生（2023）基于这些移民语言适应会面临的双维度、双向性特点，总结出了"顺外传内"的移民语言适应类型，为后续的双重认同研究奠定理论基础。

可以说，双重认同和跨国认同概念的提出以及后续关注多语多文化实践的研究都挑战了对认同概念的本质和结构主义解读，符合当前社会语言学对认同的文化间性研究范式（Interculturality）（Kramsch & Uryu，2020；Zhu，2017、2019、2020；Zhu & Li 2020）以及应用语言学的超学科认识论发展趋势（Douglas Fir Group，2016；李茨婷、任伟，2021；郑咏滟，2023）。文化间性理论作为一种新兴的社会语言学研究范式，认为人们在多语多文化情境下的交际实践不仅是语言和文化的交流，更是协商和重新定义身份认同的过程。相关研究也因此不再将语言和文化差异视为固定不变的社会属性，而是肯定双重认同存在的可能性，并通过分析人们的互动实践来解释双语及多语人群在不同情景和语言环境中对自我和他人认同的定义（Kramsch & Uryu，2020；Darvin & Sun，2024；Zhu，2017、2019、2020；Zhu & Li，2020）。超学科认识论则为这一建构主义的认同观提供了打破学科边界，融合不同视角、语言和情境的思维模式。该趋势主张采用整体的、生态的路径探究语言使用和发展中的各种问题，也因此跳脱出了非此即彼、二元对立的牛顿思维（Newtonian thinking），不再认为信念、观念、情感等主观世界的特征是独立于个体之外，而倡导赋予个体能动性以理解其语言使用和发展中涌现出的新特征（Nicolescu，2002；郑咏滟，2023）。可见要进一步了解新兴的双重语言与文化认同理论，需要在解构固有语言和文化标签的同时，从个体的视角出发，理解他们如何通过语言选择及交际实践来表现和理解自己的身份。

青少年时期是移民新生代认同形成的关键阶段，具有复杂和流动的语言使用特征和文化认同观念（Duff，2015；Park，2022；Rampton，2021；Lam & Christiansen，2022；吴超，2023）。基于以上论述，本研究试图回答两个问题：

1. 双语和双文化的浸润下美国华裔青少年在多语情境下怎样看待自己的语言选择？

2. 通过这些语言选择他们构建了怎样的语言和文化认同，又如何在日常的语言实践中体现？

三 研究方法

本文数据来源于研究者在北美地区进行的一项为期两年的社会语言学民族志，主要聚焦华裔家庭的语言政策规划和祖语传承等问题。我们在招募家庭时着重考察了孩子的语言使用情况。通过父母和孩子的自我报告以及长期的民族志观察，我们选取了18位中英双语流利的青少年作为研究对象。参与者中有14人出生在中国，在读完幼儿园或小学后移民到北美。所有青少年均在家中需要和父母更多地使用中文交流并持续学习中文。他们中的一些人既能说普通话，也学会了父母的方言。同时，这些家庭也在线上线下和中国的亲朋好友保持着十分密切的联系，并每年定期回中国。参与者的具体信息请见表1。

表1　　　　　　　　　　华裔青少年基本情况

参与者	年龄	性别	语言能力	居住年限
Mary	13	女性	汉语四川话、英语、拉丁语	7年
Bill	16	男性	汉语四川话、英语、西班牙语	7年
Vicky	13	女性	汉语、英语、法语	13年
Kean	13	男性	汉语、英语、西班牙语	7年

续表

参与者	年龄	性别	语言能力	居住年限
Julia	16	女性	汉语四川话、英语、法语	5 年
Jane	12	女性	汉语、英语、拉丁语	9 年
Ella	13	女性	汉语、英语、拉丁语	6 年
James	14	男性	汉语、英语、拉丁语	8 年
Cecilia	13	女性	汉语、英语、拉丁语	4 年
Marshall	13	男性	汉语、英语、西班牙语	13 年
Tina	17	女性	汉语四川话、英语	15 年
Mini	10	女性	汉语、英语、法语、俄语	7 年
Peter	13	男性	汉语、英语、法语	8 年
Daley	15	男性	汉语上海话、英语、西班牙语	15 年
Shirley	14	女性	汉语、英语	4 年
Momo	14	女性	汉语、英语、法语	10 年
Ben	13	男性	粤语、英语	13 年
Ross	14	男性	汉语、英语、拉丁语	4 年

本研究数据主要来源于现象学访谈和家庭对话录像。现象学研究的是一种通过洞察生活经验以及我们理解这些生活经验的方式来建立世界图景的方法。现象学访谈作为一种半结构式的质性访谈方法，假设在人们共享的、可以讲述的经验中，存在某种现象结构和本质。这种类型访谈的目的是描述由个体共享的某些概念或现象的意义（Marshall & Rossman，2014）。因此在前半段的访谈中，研究者主要聚焦于受访者的经验，提出诸如"你会说多少种语言？""你是怎么学会这些语言的？"等问题来引发青少年对过往语言学习和移民经历的回忆。后半段的访谈则聚焦双重语言和文化认同概念，询问受访者"你如何看待自己的双语使用身份？""你怎么认识自己的文化身份标签（如华裔、美籍华裔）"等问题。

本研究共收取了 18 段时长在 45 至 80 分钟的访谈录像。数据分析和解释过程中借鉴了扎根理论的编码分析法，对涉及语言认同和身份认同的相关内容通过 NVivo 软件的辅助进行了 3 个步骤的编码，即开放式编码、主轴性编码和选择性编码（Strauss & Corbin，1990）。我们第一步从受访者本身所使用的话语中提取具有代表意义或多次出现的单词、短语或句子（如"护照""汉族"）形成开放式编码中的见识编码类型（Saldana，2021；Strauss，1987）。编码的第二步我们不再以个人访谈作为独立的分析单位，而是通过对多段访谈中见实编码的不断演绎和归纳，发现和建立编码之间的关系，并合并为具有概括性的主题（如"种族""国籍"）。数据分析的最后阶段为选择性编码，即通过整合与凝练，在已命名的主题类型中，提炼对所关注概念或现象具有解释效力的核心编码。

本研究使用的另一组数据来源于家庭对话录像。作为家庭语言政策研究中重要的数据收集方法（Curdt-Christiansen，2016；Said & Zhu，2019），该方法通过记录家庭成员之间的自然对话，提供真实、细致的语言使用数据，从而帮助研究者分析语言互动模式和语言政策的执行情况。本研究从收集的70多段家庭对话中选取了两段父母和孩子对中美认同探讨的片段，并以成员分类分析（Membership Categorization Analysis，MCA）对青少年们构建自我认同的方式进行了阐释（Dai & Davey，2023；Stokoe，2012；Sacks，1992）。这两则语料均采用了 Jefferson（2004）体系转写，并根据中文的语言特征进行了一些调整（见附录）。成员分类分析隶属于会话分析，旨在通过研究人们是如何通过日常对话中的语言表达和互动模式来构建自己的社会分类和角色分配（Hester & Eglin，1997；Stokoe，2012；Dai & Davey，2023）。该方法遵循语言实践的建构观，并未对特定身份加以宏观的社会或文化性解释，而强调身份认同是如何在日常交谈中互动产生，又如何被个体调用以理解自己与社会的关系。分析中我们主要关注双重语言和文化认同中涉及的类别，例如［中国］、［美国］、［中国人］和［美国人］。我们通过观察青少年在提及这些类别时所表现出的行为模式、描述方式、以及与父母协商这些类别的互动过程来了解他们对于这些身份标签的认知。

四　研究发现

（一）双语认同下灵活多变的语言使用

在访谈中，语言的灵活转换不仅是这些青少年们自然而然形成的说话习惯，更是他们乐于谈论的话题。中文和英文仿佛以某种特定的方式和谐地嵌套于他们的双语库存中，在需要被使用时进行调取。有趣的是，大多数受访者似乎都没有对这两种语言进行过母语或是第一语言的区分。为方便呈现，大段的英文自述已被翻译成中文。

访谈片段1

中文和英文都是我的母语，所以别人给我突然换一个 language，首先我可能会感到 surprise。但是也更能理解，因为更方便。对我来说都是母语，所以我也能够跟着他 switch 过来，去思考（Daley）。

Daley 所提出的双母语概念使得他的双语认同成为了可能。不难发现，他对自己语言能力的了解不仅便利了自己的沟通，更拓宽了他和对话者交往的方式。相似的是，Tina 也在访谈中说道，自己并不知道第一语言的真实含义，中文和英文的使用差异对她来说并不明显，更多只是体现在情景和功能的变换。和大多数华裔青少年一样，她会在学校使用英文而在家中使用中文。当遇到和自己一样的双语使用者时，她也会忽略语言的形式而更着重考虑沟通的内容。Cecilia 生动形象地使用了"开关（switch）"这个词来形容自己在不同语言之间跳跃的感受。

访谈片段 2

这就像我脑中的一个开关，我只需打开或关闭它。如果我想用英语，我就打开它，而当我使用中文时，我会切换到另一种状态。如果我与家人或同时懂英语和中文的人交谈，我就会随心所欲地在两者之间切换，只要能表达我想说的话（Cecilia）。

"随心所欲"使用语言的并非她一人。June 提到在谈论跟中国或者中文有关话题时她会用中文思考。是如果在纯粹的英文环境中，她也会习惯使用英文。其他的青少年在提到自己的双语实践时，也说这"并不奇怪，而是很自然"（Peter），因为"听/使用英语和中文几乎没有区别"（Mini），并且"混合这两种语言非常正常"（Jane）。正因如此，在访谈的过程中所有的青少年都存在各种程度上的语码转换现象。

当谈到作为双语者的自我认知时，他们大多呈现出积极态度，认为自己具备这样的能力是很"酷""有趣"，是"值得骄傲"的事情。例如，Momo 谈到自己有时会在美国遇到来自中国的游客向自己问路，当她可以用流利的中文向他们介绍这个地区时，自己会感受到一种独特的成就感。她很喜欢自己的双语者身份。

访谈片段 3

如果你只会说英语，那么你只能受限于一群人。但如果你会说英语和中文，你就可以与会这两种语言的人交流，从而获得双重信息，阅读双倍的书籍和收听双倍的脱口秀（Momo）。

和 Momo 一样，Daley 也很自豪自己的双语能力。他讲述了自己是如何在学校里和其他的华裔孩子用中文加密自己的对话，并精准识别出中英文脱口秀中那些单语者理解不了的"梗"。有时他甚至会故意去看中英文双字幕的电视剧或电影，试图找出字幕组犯了哪些错误。可见，无论是对知识的获取或是娱乐方式的选择，这群华裔青少年都凭借着自己出色的双语能力有效地提高了自己认知的广度和宽度。对他们而言，语言的认同似乎不再有主次之分，中文和英文也不存在绝对的二元对立，语言的切换和混用不过是在辅助他们与不同的人交流来获取更有意思的体验。

（二）双文化认同下的自我意义探寻

当语言的边界在这一群体中被消解时，他们对文化的认同也得到了一定程度的重塑。James 回忆起他刚来到美国时的经历，说道：

访谈片段 4

起初，我只觉得自己是一个特别好的人，意味着我不太想在意其他人的看法。我就是我，是颜色不一样的烟火（James）。

James 这里化用了一句中国流行歌里的歌词，隐性地展现出自己中国背景的同时更强调了自我的独特性。他似乎更不在意主流社会的价值观，也没有过分强调中美社会的差异性，而是聚焦于自身的体验，想要用自己的方式创造一个舒适圈。正因如此，让 James 在美国的 8 年里，他既能和华裔群体保持着亲密的关系，也可以在学校的幽默演讲赛中展示自己的实力。他会在 YouTube 上传自己极具创意的英文表演作品，也会跟着微博和小红书等中国年轻人常用的社交媒体了解中国的流行文化。

在多文化的接触中，华裔青少年们也开始思考自己的文化标签，试图解构单一的文化认同概念。

访谈片段 5

我觉得 Chinese American、second generation 这些词就只是描述我是什么人，其实不存在什么认识，也并不涉及身份。我认为人就不需要是一个东西。我可以既是美国人又是中国人。我父母都是中国人，所以我也是一半的中国人，但我是生在美国，所以我有一半是美国人（Ross）。

访谈片段 6

I'm an immigrant。但我觉得不是每个人都需要这种标签，你活成你想要的样子就好。以自己开心，自己快乐为主，不要受太多的限制。当然我也会考虑如果我从中国的角度来看，我会怎么做，我从美国的想法来看，我应该怎么做。我会采取两国和它们背景的 idea，但是我最后的这个 decision 还是由我自己来做。所以我觉得 identity 不是很重要，不是绝对重要（Bill）。

Ross 在提到自己华裔美国人和二代移民的身份时，更多强调了一种混合的概念。他首先不认为这些概念可以简化成为自己的文化归属感的来源，并接着给出了不同情境下自己定位存在的差异。这种"一半一半"的概念，正是双文化认同的写照。Bill 则进一步质疑了这些认同标签存在的合理性。在他看来，双文化背景赋予了他看待世界的不同角度，但真正能最后支持他做出决定的，不在于某个文化背景下的行为标准，而是自己对生活处境的判断。"开心"、"快乐"和"自己的想法"比按照特定的认同去生活更为重要。

Tina 在解构单一文化认同的同时甚至给双文化认同下了一个新的定义。她说自己不再想被看为 Chinese-American，而是 Chinese | American。她说道："既然你是个 American，不需要有前面什么 Chinese 或者是 African，但是如果你可能会去 identify with another country 或者 culture 的话，你可能又会是别的。"通过使用不同的连接符号，Tina 提出自我主张：华裔不再只是针对美国人身份的一个形容词，而是一种平行的认同。对美国和中国文化的归属感并不只局限于一个身份名词，而是可以由个人的意志选择、配置和组装。

无论是 Bill、Ross 还是 Tina，他们所代表的华裔青少年们已经开始逐步认识到文化身份的双重性给予他们的不应该是一个僵化的社会分类标签，而是一种更为广阔的世界观和自由的选择权。在如今多元文化碰撞的社会里，他们明白自己从何而来，也好奇自己要去往哪里。在这个探索的过程中，自我意识的不断浮现使得国家和民族的概念开始变得模糊。于是，宏大的结构开始在身份塑造中被解构，个体意义的探索逐渐成为了建构认同的目的。

（三）实践中构建的双语双文化认同

上文讨论的对身份认同的解构不仅体现在华裔青少年的自我认识中，也展现在他们的日常语言实践的方方面面。无论是谈及自己认同的特殊性或是对某种社会现象进行点评，他们都能巧妙地运用自己的语言库存来传达观点，并批判性地审视中美文化带给自己的不同影响。

这里选取的第一则语料是 Ella 和母亲就中学生是否应该出国交流进行的讨论。在讨论的过程中 Ella 回顾了自己作为华裔在美国读书的经历，并客观地点评了这种身份所带来的优势。我们能很明显注意到她在两种语言间的自由切换以更好地传达自己的想法。

语料1：2022年10月 Ella（E）和母亲（M）
1 E：我觉得如果你去外面，然后呢（.）因为现在中国人很少，也不是很少，很多了。
2 但不是所有的中国人都去美国上学什么的。所以如果你有一个美国的环境，
3 你可能会更 special，你可能会就是 stand up from your peers=
4 M：=嗯嗯你有不同的视角。
5 E：对。
6 M：你有不同的［想法］。
7 E：［对对］，你有不同视角，>然后你跟他们的 ideas 都不一样<。
8 所以你可能会被［acknowledged］。
9 M：［更脱颖而出 ］。
10E：对。

Ella 在对话的一开始便点明了［中国人］的概念，但将［中国人］在美国读书和［中国人］在"外面"旅行进行了区分，可见她清楚地知道自己和在中国生长的［中国人］的区别。然而这种区别被她定义为"特别的（special）"，能将她和其他学校里的孩子区分而来。这一观念也被她的母亲在对话中回应。Ella 的母亲在第4行帮助她塑造了［中国人］在美国读书这一类别可能获得的优势，即能拥有不同的视角。Ella 也在第7—8行回应了母亲的观点，表示这种特殊的身份可以让这类人有不同的想法，从而进一步"获得肯定（acknowledged）"。尽管这段对话之后母亲便转换了话题，我们仍然能通过 Ella 对自己身份的描述直观地感受到她具有双重的文化认同：一方面她肯定自己中国人的身份，另一方面她也将自己的美国背景加在了这层身份之上。对于 Ella 来说，她对自己的认同是特殊而有意思的，可以帮她看到更大的世界，从而"脱颖而出"。

在以下语料摘录中，Mary 和母亲的交谈则体现的不是她对自我认同的构建，而是对特定社会现象和话题基于双重文化下的理解。在这段对话中，她和母亲聊到了迪士尼公主和中国的神话故事，并从这之中男女角色的分配谈到了性别平等问题。

语料2：2022年6月 Mary（A）和母亲（M）
1 M：你从小到大读的迪士尼公主是不是都是最后王子来救，然后从此他们过上了
2 幸福的生活？（笑）。你觉得咱们中国的故事有这个吗？

3 A：嗯……

4 M：中国咱们从小读的这些故事里边？

5 A：中国（.）我觉得中国>花木兰那个故事<。我觉得她也就是说自己很勇敢嘛。

6 她好像也算是一个 Disney princess，但是她就不需要任何王子什么的=

7 M：=你有没有发现其实我们中国古代里边很少有女的要被男的拯救啊这个话题↑

8 相反，很多时候都是<女的去救男的>。很多时候中国的传统故事你发没发现

9 男的都是个穷书生，或者穷的一个 farmer。田螺姑娘里边是不是 farmer（笑）

10 这个田螺姑娘是个仙女嘛，然后来给他做好吃的。

11 A：嗯哼。

12 M：Oh 我觉得中国的故事里边都女的很能干的诶！（笑）你发没发现，

13 搞了半天我们中国不存在什么女权这个问题。因为我们一直都是女的是神仙，

14 男的是一般的穷秀才，对吧？（笑）

15 A：哈哈。

16 M：所以你读了你的感觉是什么？就比如美国文化 Disney 的 fairy tale 都是女的要

17 被男的拯救什么的，你的感受是什么？↑

18 A：我觉得可以多说一点，就是女生（.）公主她们自己来克服困难。因为我觉得如果

19 Disney 它每个都是同样地说女生遇到困难，然后男生来帮助她们的话，

20 就很 boring。而且这样子也显示说我们女生也可以很 brave and independent。

Mary 在母亲的引导下从第 5 行开始聊起了中国的传统故事，并认为花木兰相比起迪士尼其他的公主更加得勇敢和独立。接下来母亲的回应则是完全基于［中国］这文化类别下的故事，在告诉自己的华裔女儿更多有关中国的传统文化，以及文化中女性自立自强的精神品格。在第 12—14 行，母亲似乎是联想到了当前所处的美国社会所关注的女权话题，进而提出了中国古代社会似乎并没有那么强烈地打压女性的观点。这一［中国］和［美国］的对比引起了女儿的兴趣，也帮助她更深刻地反思了女权思想在中西方文化中的体现。也因此她在最后回应道迪士尼的故事也许没那么有趣，因为女性需要更加的勇敢和独立。在这段对话中，Mary 并没有固定将自己放置于［中国人］或［美国人］的身份标签之中，尽管母亲点出了"咱们/我们中国"这样的表述方式，Mary 仍然没有表现出明确的认同倾向性。但这样中立的表达并不妨碍她展现出对文化的双重认同。我们能看见 Mary 对中国文化呈现出积极的接纳，也能结合自己的美国文化环境对相关社会议题进行批判性的反思和对比。

由于篇幅有限，我们无法展开更多有意义的对话场景，但仅从选取的两则片段中可知这群华裔青少年们正在逐渐成长为熟练的双语使用者和双文化的接纳者。他们不仅能流动性地调动自己的语言库存，也在日常的语言实践中兼收并蓄地接纳着

不同的文化思想以了解自己与社会之间的连接。

讨论与结论

如今跨国人口的大量流动带来了语言和文化的碰撞，将多语多文化演变为人们社会生活的常态。双语和双文化认同也不再只停留于概念，而演变为一种新兴的群体性认知。本文基于对美国西雅图华裔青少年的现象学访谈和家庭对话分析，以双重认同理论为视角，对他们的语言使用和文化归属进行了深入探讨。研究发现华裔青少年内部存在双母语的语言实践。他们并未对中文和英文进行绝对化的区分，而是根据交际场景和对话人灵活地调整和调用自己的语言库存，完成交际目的。在语言实践中他们更在不断建构自己的特殊认同，并借助独特的语言和文化优势认识社会现象，了解自我与社会的关系。双文化认同现象体现在他们能结合自己对人生意义的思考，批判性地认识自己所拥有的社会分类标签，在中美文化的双重影响下拓宽对自我探索的途径。

本文丰富了语言与文化认同研究的理论，在建构主义观下为双认同研究的复杂与流变性提供了实证数据的支撑。本文引用访谈和对话数据揭示了华裔青少年是如何打破不同语言与文化之间的界限，自主认识和选择自己所属社会群体的过程。响应国内外认同研究的田野化和实证化的趋势（Darvin & Sun, 2024; Li & Lee, 2023; Zhu, 2017; 方小兵, 2018; 郭熙, 2013、2021），我们主要考察了语言和文化在移民个体的微观生活中所呈现出的关联。青少年们对语言和文化的双重性认同反对了非黑即白、二元对立的本质主义认同观，凸显出了一种既此又彼的超学科认识论（郑咏滟, 2023）也符合当前文化间性研究对认同流动性和复杂性的强调（Zhu, 2017、2019、2020; Kramsch & Uryu, 2020; Darvin & Sun, 2024; Zhu & Li, 2020）

与此同时，双语双文化认同所呈现的兼收并蓄的思想，揭示了双重认同作为一种新兴的社会语言现象，正在逐渐演变为人们在多元价值碰撞中找寻自我的一种积极策略（Canagarajah, 2021; Darvin & Sun, 2024; Li & Lee, 2023; Park, 2022）。语言与文化并非一定要在人们的生存空间里呈现出有层级的排列，而可以"顺外传内"，取长补短，得到更好的传承（周庆生, 2023）。移民群体往往是居住国的少数族裔，这种被边缘化的身份，使得移民群体会受到不同程度来自社会的不理解甚至是语言文化上的歧视，更容易陷入对自我的怀疑和身份认同的危机当中。本文华裔青少年的语言使用和双重认同可视作一个范例，为移民如何积极看待语言和身份、适应多语多元社会提供借鉴。

当前的移民社群正在进行新老更替，华裔青少年的教育关系着华语传承和中外文明的长远交流。华语传播是一种非排他性传播，它的目标是促进世界文化的交流，对语言文化多样性的保护具有重要意义。它应该成为和平传播、维护自己民族语言的范例（周庆生，2023）。这群具有双重认同的青少年无疑加强了华语的传播和中华文化今后世界性交流的可能性。如今世界各地正在形成华语传承的各种群体，这些群体的共同理想与中华民族共同体意识建构密切相关。对加强海外华人对祖国的语言文化认同有着举足轻重的社会价值（郭熙、雷朔，2022）。本文为相关家庭和研究者提供了观察华裔青少年的一个重要视角，以期能帮助他们在复杂多变的多语世界中找到自己的意义和归属感，并在此过程中成为中华文化的热爱者与传播者，为中国与世界的发展做出自己的贡献。

参考文献

曹贤文，金梅．美国新泽西州华二代华语传承调查研究［J］．语言战略研究，2021，6（4）：44—55．

董洁．城市新移民的语言身份认同［J］．语言战略研究，2016，1（1）：50—55．

董洁．从"农民工"到工人——城市化进程中流动人口的语言身份认同［J］．语言战略研究，2021，6（3）：25—34．

董洁．家庭中的"声音"：海外华人家庭语言规划案例二则［J］．语言战略研究，2019，4（2）：51—59．

方小兵．当前语言认同研究的四大转变［J］．语言战略研究，2018，3（3）：22—32．

郭熙，雷朔．论海外华语的文化遗产价值和研究领域拓展［J］．语言文字应用，2022（2）：38—46．

郭熙．华语传播和传承：现状和困境［J］．世界华文教育，2013，5（1）：1—9．

郭熙．主持人语：华语与华语传承研究再出发［J］．语言战略研究，2021，6（4）：9—10．

国际移民组织．联合国移民报告［EB/OL］．联合国国际移民组织官网，2022．［2023-06-15］．https://publicationsiomint/books/world-migration-report-2022-chinese．

李茨婷，任伟．社会网络分析与应用语言学交叉研究的前瞻与路径［J］．外国语，2021，44（4）：15—23．

李友梅，肖瑛，黄晓春．社会认同：一种结构视野的分析：以美德日三国为例［M］．上海：上海人民出版社，2007．

吴超．基于双重文化认同理论的海外华裔新生代培养路径［J］．教育评论，2023，42（7）：54—60．

徐大明．言语社区理论［J］．中国社会语言学，2004，2（1）：1—10．

姚敏．马来西亚华人社会、华语社区与华语传承［J］．语言战略研究，2021，6（4）：11—18．

赵芃, 田海龙. 变异社会语言学研究的新发展 [J]. 现代外语, 2022, 44 (1): 137—147.

郑咏滟. 超学科范式下应用语言学 Q 方法的创新与前瞻 [J]. 外国语, 2023, 46 (1): 2—10.

周庆生. 论移民语言适应 [J]. 语言战略研究, 2023, 8 (4): 57—68.

周庆生. 语言与认同国内研究综述 [J]. 语言战略研究, 2016, 1 (1): 72—79.

Blommaert, J. Discourse: A Critical Introduction [M]. Cambridge: Cambridge University Press, 2005.

Blommaert, J. From mobility to complexity in sociolinguistic theory and method [A]. In N. Coupland (Ed.), Sociolinguistics [C]. Cambridge: Cambridge University Press, 2016.

Blommaert, J. Sociolinguistic scales [J]. Intercultural Pragmatics, 2007, 4 (1): 1–19.

Blommaert, J. The Sociolinguistics of Globalization [M]. Cambridge: Cambridge University Press, 2010.

Canagarajah, S. Rethinking Mobility and Language: From the Global South [J]. The Modern Language Journal, 2021, 105 (2): 570–582.

Curdt-Christiansen, X. L., Zhu, H., & Li, W. Introduction: The changing faces of transnational communities in Britain [J]. International Journal of the Sociology of Language, 2021, 49 (269): 3–13.

Curdt-Christiansen, X. L. Conflicting language ideologies and contradictory language practices in Singaporean multilingual families [J]. Journal of Multilingual and Multicultural Development, 2016, 37 (7): 694–709.

Darvin, R., & Sun, T. Intercultural Communication and Identity [M]. Cambridge: Cambridge University Press, 2024.

De Fina, A., & Perrino, S. Transnational identities [J]. Applied Linguistics, 2013, 34 (5): 509–515.

Douglas Fir Group. A transdisciplinary framework for SLA in a multilingual world [J]. The Modern Language Journal, 2016, 100 (1): 19–47.

Duff, P. A. Transnationalism, multilingualism, and identity [J]. Annual Review of Applied Linguistics, 2015, 35 (1): 57–80.

Hester, S., & Eglin, P. (Eds.). Culture in Action: Studies in Membership Categorization Analysis [M]. Washington, D.C.: University Press of America, 1997.

Jefferson, G. Glossary of transcript symbols with an introduction [A]. In G. H. Lerner (Ed.), Pragmatics & Beyond New Series [C]. John Benjamins Publishing Company, 2004: 13–31.

Kramsch, C., & Uryu, M. Intercultural contact, hybridity, and third space [A]. In The Routledge handbook of language and intercultural communication [C]. London: Routledge, 2020.

Labov, W. Hypercorrection by the lower middle class as a factor in linguistic change [J]. Sociolinguistics, 1966, 84 (10): 84–113.

Lam, W. S. E., & Christiansen, M. S. Transnational Mexican Youth Negotiating Languages, Identities, and Cultures Online: A Chronotopic Lens [J]. TESOL Quarterly, 2022, 56 (3): 907–933.

Li, W., & Lee, T. K. Transpositioning: Translanguaging and the Liquidity of Identity [J]. International Journal of Bilingual Education and Bilingualism, 2023, 0 (0): 1-16.

Li, W., & Zhu, H. Imagination as a key factor in LMLS in transnational families [J]. International Journal of the Sociology of Language, 2019, 45 (255): 73-107.

Li, W., & Zhu, H. Translanguaging identities and ideologies: Creating transnational space through flexible multilingual practices amongst Chinese university students in the UK [J]. Applied Linguistics, 2013, 34 (5): 516-535.

Marshall, C., & Rossman, G. B. Designing Qualitative Research [M]. New York: SAGE Publications, 2014.

Milroy, L., & Margrain, S. Vernacular language loyalty and social network [J]. Language in Society, 1980, 9 (1): 43-70.

Nicolescu, B. Manifesto of transdisciplinarity [M]. New York: Suny Press, 2002.

Park, M. Y. Language ideologies, heritage language use, and identity construction among 1.5-generation Korean immigrants in New Zealand [J]. International Journal of Bilingual Education and Bilingualism, 2022, 25 (7): 2469-2481.

Rampton, B. Linguistic Practice in Changing Conditions [M]. Bristol: Multilingual Matters, 2021.

Sacks, H. Lectures on Conversation. Volumes I & II [M]. Oxford: Blackwell, 1992.

Said, F., & Zhu, H. "No, no Maama! Say 'Shaatir ya Ouledee Shaatir'!" Children's agency in language use and socialisation [J]. International Journal of Bilingualism, 2019, 23 (3): 771-785.

Saldaña, J. The coding manual for qualitative researchers [M]. London: SAGE Publications Ltd, 2021.

Stokoe, E. Moving forward with membership categorization analysis: Methods for systematic analysis [J]. Discourse Studies, 2012, 14 (3): 277-303.

Strauss, A. L., & Corbin, J. M. Basics of qualitative research: Grounded theory procedures and techniques [M]. Newbury Park: SAGE Publications, 1990.

Strauss, A. Qualitative analysis for social scientists [M]. Cambridge: Cambridge University Press, 1987.

Tajfel, H., & Turner, J. C. The social identity theory of intergroup behavior [A]. In H. Tajfel & J. C. Turner (Eds.), Political Psychology [C]. Cambridge: Psychology Press, 2004.

Tang, X., & Zheng, Y. Unpacking complex language ideologies toward heritage language maintenance: A case of Chinese migrant families in the US [J]. International Multilingual Research Journal, 2023, 17 (4): 1-18.

Turner, J. C. Social comparison and social identity: Some prospects for intergroup behaviour [J]. European Journal of Social Psychology, 1975, 5 (1): 1-34.

Zhu, H., & Li, W. Translanguaging, identity, and migration [A]. In The Routledge Handbook of Language and Intercultural Communication (2nd ed.) [C]. London: Routledge, 2020.

Zhu, H. Exploring intercultural communication: Language in action [M]. London: Routledge, 2019.

Zhu, H. Making a stance: Social action for language and intercultural communication research [J]. Language and Intercultural Communication, 2020, 20 (2): 206-212.

Zhu, H. New orientations to identities in mobility [A]. In S. Canagarajah (Ed.), Routledge Handbook of Migration and Language [C]. London: Routledge, 2017.

附录：转录符号

(.)：表示一个短暂的停顿，通常少于0.2秒

=：表示话语的连贯性或快速接续。

[ ]：表示重叠的对话

word：表示重音或强调。

<word>：表示减慢说话速度。

>word<：表示加快说话速度。

↑：表示升调。

( )：注释说话的状态，如笑声。

责任编辑：姜昕玫